예수님이 보신성경

70인역 출애굽기 번역본

예수님이 보신 성경
70인역 출애굽기 번역본

초판1쇄   2023년 2월 20일
옮긴이   오흥복
펴낸이   이규종
펴낸곳   엘맨
서울시   마포구 토정로222 한국출판콘텐츠센터 422-3
출판등록   제1998-000033호(1985.10.29)
전화   (02) 323-4060
팩스   (02) 323-6416
이메일   elman1985@hanmail.net

ISBN   978-89-5515-062-9 03230

값 18,000 원

예수님이 보신성경
70인역 출애굽기 번역본

오흥복 필리핀 선교사 옮김

예수님과 12제자와 바울과 스테반과
어거스틴과 요세푸스가 보던 구약 헬라어 성경 70인역

저자 오흥복 필리핀 선교사(010-8347-5589)는 1965년 9월 5일 충남 공주시 계룡면 기산리에서 출생하여 공주 고등학교와 중부대 신학과를 졸업했고, 현 필리핀 선교사이고, 현 번제 투자 연구소장으로 있으며, 전 아시아 선교 신학교 조직신학 교수와 전 CBS TV 방송 설교를 했고, 전 서울 순복음 은총교회와 전 대전 순복음 행복한 교회 목사였고, 전 중국 기독교 연합총회 기도응답 신학원과 흐레마 성경 신학원 학장으로 있었고, 현 다바르 출판사 대표와 현 한국의 탈무드 연구소 대표와 현 흐레마 성경 공부와 전 기도 응답 전문학교 원장으로 있었습니다.

저서로는「예수님이 보신 성경 70인역 출애굽기 번역본 」,「예수님이 보신 성경 70인역 창세기 번역본」,「이렇게 기도해서 암(병)이 치료된 사람들의 이야기」,「천사를 만나 도움을 받은 사람들의 이야기」,「이렇게 기도했더니 영안(환상)이 열리더라」,「하존 요한계시록 1.2.3.4.5.6.권」,「뉴동의 보감」,「본질을 찾아서」,「부자들의 이야기, 그들은 이렇게 해서 부자가 되었다」,「나는 기도응답 100% 받고 있다」,「이젠 돈 걱정 끝!」,「한국의 탈무드 1.2.3권」,「임재 기도의 힘, 생각만 해도 응답 받는다」,「기도응답은 만들어 받는 것이다」,「성령을 이해하면 당신도 환상과 예언을 할 수 있다」,「삼위일체와 예수」,「다가온 종말론」,「영적존재에 대한 이야기」,「성경 보는 눈을 열어주는 창세기」,「암과 아토피와 성인병은 더 이상 불치병이 아니다」,「세포를 치료하면 모든 병(암)이 치료 된다」,「상상하며 기도하면 100% 응답 받는다」,「주님을 눈물로 사랑하면 복들이 온다」, 약이 없는 병은 없다1.2.3권」,「성경 보는 안경 (상.하)권」,「구원과 성막」,「침례와 성경」,「성경의 진수 1.2권」이라는 책등 총 40권이 있습니다.

주문 계좌: 농협 356-1018-9218-13예금주 오흥복
우체국 312306-02-134490 예금주 오흥복

서론

　제가 구약 70인역에 관심을 갖게 된 것은 구약 이스라엘사와 신약 주후 70년 유대전쟁사를 연구하는 과정에서 요세푸스의 책을 보면서부터입니다. 요세푸스는 주 후 37년 예수님이 십자가에서 죽고 난 후 얼마 되지 않아 태어난 자로 신약 성경의 제자들인 사도들과 같은 시대에서 활동했던 사람으로 기독교인이 아닌 유대교인이었지만 그가 쓴 구약 이스라엘사에는 침례 요한에 대한 기록과 예수님이 그리스도이시며 메시야였다는 사실을 유대 역사가로서 기록하고 있습니다.

　그 내용을 잠깐 소개 하자면 다음과 같습니다. "침례 요한과 거의 같은 시기에 예수라는 사람이 활동했다. 그를 사람이라 불러도 좋을지 모르겠으나 어쨌든 그는 참으로 특별한 행동을 했으며, 사람들을 가르쳤는데 그들은 기쁨으로 그의 가르침을 받아들였다. 그는 많은 유대인들과 헬라인들의 마음을 사로잡았다. 이 사람이 그리스도였다. 빌라도는 유대 지도자들의 고발을 당하여 그를 십자가에 처형했으나 그를 따르던 사람들은 여전히 그를 사랑했다. 왜냐하면 그는 선지자들의 예언대로 사흘 만에 살아났기 때문이다. 그의 이름을 따서 크리스찬이라고 하는 사람들은 지금까지도 계속 존속하고 있다."

　이런 요세푸스의 책을 읽으며 궁금했던 것은 바로 주전 283-245년에 이집트의 2대 왕으로 등극한 포톨레미 2세의 명령에 의해 기록된 구약 헬라어 성경 70인역입니다. 왜냐하면 요세푸스의 책을 보면 70인역을 가지고 구약성경을 해석했기 때문이며 또한 어거스틴의 신국론을 보면 어거스틴도 구약성경을 해석하는데 70인역을 가지고 해석했기 때문입니다. 그뿐만 아니라 유대의 모든 역사가도 우리가 보는 구약 성경인 맛 소라 판을 보고 연구한 것이 아니라 구약 70인역을 보고 연구했습니다. 더 나아가서 예수님과 신약성경을 기록한 제자들과 당시 모든 제자들과 성도들이 우리가 보는 구약 성경인 맛 소라 판을 보고 성경을 연구한 것이 아니라 구약 70인역인 헬라어 성경을 보고 연구했고 설교했다는 사실입니다. 그래서 그런지 신약성경에는 수도 없이 많은 부분인 70인역을 그대로 옮겨 성경을 해석한 부분들이 캐면 캘수록 나오고 있음을 발견할 수 있습니다.

70인역이 나오게 된 배경을 소개하자면 70인역은 애굽 왕 프톨레미 2세의 명을 받고 애굽의 수도 알렉산드리아의 파라오 섬에서 39년에 걸쳐 최초로 번역된 역본인데 알렉산드리아에 사는 유대인들 중 각 지파에서 6명씩 뽑아 72인이 번역한 성경인데 우리는 72명이 번역했다고 해서 70인역이라 합니다(주전 285-246까지 기록함). 당시 72인은 각자 다른 방에서 구약성경을 번역했는데 72일 후 각자 번역한 것을 대조하는 과정이 39년이 걸쳤는데 놀랍게도 72인이 72일 동안 번역한 성경이 후에 맞추어 보니 한 권 같이 일치했다고 합니다. 이는 실로 하나님의 특별한 영감으로 번역되었기 때문입니다.

이스라엘은 바벨론 포로 전에는 히브리어가 사용되다가 바벨론 포로 때에는 히브리어와 바벨론어(아람어)가 섞여 히브리어와 혼용되어 사용되다가 70년 후에는 히브리어는 귀족들만의 언어가 되고 서민들은 바벨론 언어인 아람어를 주로 사용하게 됩니다. 또한 이집트의 알렉산드리아 사는 유대인들 역시 히브리어를 잃어버리고 그리스어와 아람어를 사용하게 되자 그들을 위해 당시 세계 공통어인 그리스어로 구약 성경을 번역하게 되는데 이것이 바로 구약 헬라어 성경인 70인역입니다. 여러분들이 보면 아시겠지만 우리가 보는 구역 성경인 맛 소라 판과 70인역 성경에는 많은 내용이 차이가 납니다. 또한 맛소라 판은 주 후 500-1000년 후에 자음에 모음을 붙이다 보니 본래 히브리어 음을 잃어버리거나 잘못 번역된 것이 많게 되었습니다.

구약 70인역의 내용이 신약에 나타난 것을 몇 가지 예를 들어 설명하자면 창1:1절의 '태초에 하나님이 천지를 창조했다'는 말과 요1:1절의 '태초에 말씀이 계시니라' 할 때 태초라는 말이 헬라어 상 "엔 알케"로 되어 있고, 행 7장 스테반 역시 70인역을 가지고 설교했는데 행7:14절에 75명이 애굽으로 갔다고 하는데 창세기 창46:27절도 70인역에는 75명으로 나오고, 계2:7절의 낙원도 역시 에덴동산을 70인역에서는 낙원으로 해석하고 있고, 히2:7절의 '저를 잠깐 동안 천사보다 못하게 하시며'라는 말도 70인역 시8:5절에 그대로 나오고, 요18:6절의 '내가 그이다'라는 말도 70인역 출3:14절에 있는 "에고 에이미"를 그대로 사용하고 있고, 요18:18절의 숯불도 70인역을 그대로 옮기고 있습니다.

제가 70인역 출애굽기편을 번역한 이유는 이처럼 귀한 역본이 우리나라에서는 번역되어 있지 않다는 것이었습니다. 그래서 부족하지만 창세기편에 이어 출애굽기편을 번역하게 되었는데 이 작업을 시작한 지 3년이 지나서야 맞추게 되었다. 이 출애굽기 70인역과 개정성경을 같이 보시면 여러분들이 성경을 연구하는 데 많은 도움이 될 것이며 때로는 깜짝 놀랄만한 새로운 정보들을 접하게 될 것입니다.

2023년 3월 1일
오흥복 필리핀 선교사 드림

연락처 010-8347-5589
서울 순복음 은총 교회 다음 카페:http://cafe.daum.net/dhbsik

목차

출애굽기

ΕΞΟΔΟΣ 엑소도스

출애굽기 1장

출1:1 그들의 아버지 야곱과 함께 애굽으로 이동한 이스라엘의 아들들은 이름은 이러하니 그들의 전 가족과 함께 모두 왔더라

1) 애굽에 이른-이스라엘의 출애굽에 앞서 그들 조상의 입애굽을 다룸으로 써 본서가 창세기에 이어지는 내용임을 밝히고 있습니다. 하나님께서는 진 작부터 아브라함에게 그의 후손이 약속의 땅 가나안을 차지하기 전 먼저 이 방 땅에 내려가 400년간의 고통기간을 맞게 될 것이라고 예언하신 바 있습 니다(창15:13).

2) 본절에 야곱과 이스라엘이라는 두 가지 호칭이 사용되고 있는데 이는 야 곱 가족의 애굽행이 한 족장(야곱) 가문의 이주인 동시에 나아가 언약 가계 인 한 국가인 이스라엘의 이주이기 때문입니다.

3) 이름-"이름"을 뜻하는 히브리어 '쉠'은 '지명하다, 표시하다'란 뜻인 동 사 '숨'에서 유래했습니다. 그리고 이는 '성격, 평판, 명예'등의 의미를 동시 에 내포합니다. 따라서 히브리인들 에게 있어 이름은 단순한 호칭 이상의 의미, 즉 한 사람의 인격과 생애를 특징지우는 의미를 지니고 있었습니다. 그러므로 그들에게 있어 특별한 인생의 전기를 맞을 때 이름이 바뀌는 예가 왕왕 있었습니다(창17:5;32:28).

출1:2 르우벤과 시므온과 레위와 유다요

야곱 아들들의 이름이 출생 순서를 따라서가 아니라, 그들 어머니의 지위 에 따라 창35:23-26에서와 같은 순서로 기록되었습니다. 즉 정식 부인인 레아의 소생(르우벤, 시무온, 레위, 유다, 잇사갈, 스불론)과 라헬의 소생(요셉, 베냐민)이 먼저 언급된 후 두 여종 빌하의 소생(단, 납달리)과 실바의 소생(

갓,아셀)이 언급되었습니다. 이는 정식부인에 대한 예우를 분명히 했던 본서 기록 당시의 상황을 반영하는 것입니다. 한편 이 명단에서 요셉이 생략된 것은 5절에서 볼 수 있듯이 그는 이미 애굽에 내려와 있었기 때문입니다(창37:28).

출1:3 잇사갈과 스불론과 베냐민이요
출1:4 단과 납달리와 갓과 아셀이니
출1:5 야곱으로부터 나온 영혼 모두가 칠십오명 이었는데 요셉은 애굽에 있었더라

1) 야곱의 혈속(네페쉬 요츠에 예레크 야아콥)-직역하면 '야곱의 허리로부터 나온 영혼들'입니다. 70인역에서는 그냥 "야곱으로부터 나온 영혼"으로 되어 있습니다. 70인역으로 보면 영혼 창조설이 아닌 영혼 유전분리 설로 나옵니다. 이처럼 후손을 '허리에서 난 자'로 묘사하고 있는 것은 허리에 후손을 얻을 생명력이 보존되어 있다고 믿는 히브리인들의 관용적 표현입니다(히7:5). 한편 여기서 사람을 '영혼'(네페쉬)으로 서술한 것은(창12:5) 영혼을 인격의 대표격으로 여긴 히브리인의 사고(시42:1,2,5)를 반영합니다. 70인역에서는 영혼을 말하는 "프쉬케"로 되어 있습니다.
2) 모두 칠십 인-가나안에서 애굽으로 내려간 야곱 일가의 전 인원으로 요셉에게서 낳은 다섯 후손을 제외한(행7:14) 숫자입니다(창46:26,27). 한편 여기서 '70'이란 숫자는 '7'(하나님의 특별한 섭리) '10'(완전한 성취) '70'(하나님의 특별한 성취와 완전한 성취)를 상징하는 히브리적 숫자 표기법입니다. 또한 본절이 개정성경에서는 70명으로 되어 있지만 70인역에서는 75명으로 나오고 있습니다. 행7:14절을 보면 스데반은 요셉이 "일흔다섯 사람을 청하였더니"하고 있는데, 이는 70인역(LXX)을 따르고 번역한 것입니다. 이로 보아 스데반은 70인역을 인용해서 설교 했던 것입니다.

출1:6 요셉과 그의 모든 형제들과 그 당시 시대 사람은 다 죽었고
출1:7 이스라엘의 아들들이 증가하고 범람하여 풍부하게 되어 심히 매우 우세해 져서 그들이 그 땅에 무성 하였더라

15

1) 번식하고(이쉬래추)-물고기처럼 '꿈틀거리며 우글거린다'는 뜻입니다. 결국 이 말은 꾸준하고 생기 있게 '변성하는 것'(창1:20)을 가리킵니다.

2) 창성하고(이르부)-기하급수적으로 '늘다'를 뜻합니다. 하나님께서 아브라함에게 주셨던 자손 창대의 언약(창13:14-16;15:5)이 풍성히 성취되고 있음을 보여주는 표현입니다.

3) 심히 강대하여(와아아츠무 비모드메오드)-'그리고 측량할 수 없을 만큼 강해졌다'란 뜻입니다. 이스라엘 자손이 애굽사람들에게 공포의 대상이 될 정도로(9,10절) 강성해진 것을 나타냅니다. 이러한 사실은 미구에 애굽의 탄압을 초래 하게 되고, 또한 그것은 결국 출애굽의 전주가 됩니다. 여기서 우리는 역사를 이끌어 가시는 하나님의 오묘하신 섭리의 손길을 느낄 수 있습니다.

4)온 땅에 가득-여기서 '온 땅'은 애굽 전역이 아니라 이스라엘 자손의 정착지인 '고센'땅을 가리킵니다(창47:6). 한편 고대 문헌들에 따르면, 애굽에서는 사람과 짐승의 번식력이 왕성했다고 합니다. 이러한 사실은 이스라엘 민족의 번성에 대한 역사적 자료인 동시에, 또한 이러한 자연 현상들을 동원하여 초자연적 역사를 이루어 가시는 하나님의 지혜의 오묘함을 말해줍니다.

5).70인역에서는 이스라엘 자손들이 증가하되 범람하듯이 증가하였고, 애굽에 무성했다고 나옵니다. 또한 요세푸스는 애굽사람들이 이스라엘을 핍박한 이유는 첫째로 이스라엘이 너무 물질적으로 번영해서 부유했는데 애굽사람들은 그렇지 않아서 그리고 또한 당시 애굽왕조를 이끌던 왕조가 무너지고 다른 왕조가 들어서서 그렇다고 했습니다.

출1:8 요셉을 결코 알지 못하는 애굽에 다른 왕이 일어났더니

1) 새 왕(멜레크 하다쉬)-'하다쉬'는 '다른'(70인역,헤테로스)의 의미로 볼 수 있습니다. 그렇다면 이 말은 요셉이 활동하던 시기의 힉소스 왕조가 붕괴되고 이미 애굽 제18왕조(B.C.1580-1314)가 시작된 사실을 나타냅니다. 그러므로 학자들은 이곳에서 말하는 '새 왕'을 세번째 왕인 투트모세 1세(B.C.1539-1514)로 봅니다.

2) 일어나서-이 말도 선왕조의 정책에 '반대하여 일어났다'는 뜻을 지니므로, 분명 다른 왕조의 발생을 뒷받침해 준다고 볼수 있습니다. 70인역에서

는 새 왕조가 아닌 다른 왕조로 나옵니다.

출1:9 다른 왕조의 왕이 그의 민족에게 말하기를 보라 이스라엘 자손의 민족이 우리보다 더 많고 힘이 더 강하도다

70인역에서는 이스라엘 민족의 수가 이미 애굽의 백성의 수를 능가했다고 나오며 또한 힘이 더 강하다고 나옵니다.

출1:10 오라 그들이 번식하지 않도록 그들을 현명하게 다루자 그들이 번식하여 우리에게 전쟁이라는 재난의 때 그들도 우리의 원수들과 합세하여 우리를 대적하여 싸우고 이 땅에서 나갈까 하노라 하고

지혜롭게 다루자를 70인역에서는 현명하게 다루자여 그들이 적과 합세하고 출애굽을 할까 두려워했다고 나옵니다.

출1:11 그들이 이스라엘 백성들을 관리할 일의 감독자들을 세우고 무거운 짐을 지워 그들을 괴롭히니라 그들은 바로의 요새의 성읍 둘인 비돔과 라암셋을 건축하게 하였는데 그것은 태양의 성읍이었더라

1) 70인역에서는 국고성이 아닌 요새를 건설했는데 그 요새를 태양의 성읍이라 불렀다고 나옴
2) 비돔-'좁은 장소'란 뜻의 지명으로 그 위치는 나일강과 아라비아만을 연결하는 운하 연안지역으로 추정됨
3) 라암셋-애굽의 태양신 '라'(Ra)와 관련된 지명인 듯하며, 고센 지역 내에 위치한 비돔 북방의 어느 지점으로 추정됩니다. 이 지명은 '라암셋'이라는 왕의 명칭에서 유래한 것으로 보입니다.
4) 바로(파르오)-애굽어로 '큰 집'이라는 뜻으로 애굽 왕에 대한 공식 명칭입니다. 아마도 왕이 큰 궁궐에 거처했기 때문에 이 호칭이 사용된 것으로 추정됩니다(창 12:15).

출1:12 그러나 그들이 이스라엘 백성들을 괴롭히면 괴롭힌 만큼 그들은 양과 수와 질적으로 매우 뛰어나고 매우 많아지고 심히 강력해 지니 애굽 사람들이 이스라엘 자손들을 혐오하더라

70인역에서는 이스라엘 백성들이 핍박을 받으면 그에 반비례해서 그 만큼 더 인구가 폭팔적으로 증가했는데 그것도 양과 수와 질적으로 우수한 사람들이 태어났다고 나옵니다. 그래서 그들은 이스라엘 백성을 혐오하듯이 미워했다고 나옵니다.

출1:13 애굽 사람들이 이스라엘 자손들을 폭력으로 억압하여

70인역에서는 애굽 사람들이 이스라엘 자손을 폭력으로 억압했다고 나옵니다.

출1:14 잔인한 일로 그들의 생애를 봉사하게 했으니 곧 흙 이기는 일과 벽돌 만드는 일과 들에서 하는 모든 일이라 폭력과 함께 그들을 노예로 모든 일을 하게 하더라

70인역에서는 이스라엘 백성들을 폭력으로 노예처럼 일하게 했다고 나옵니다. 여기서 들에서 하는 모든 일이란 수로를 파는 일과 땅을 개관하는 중노동을 의미합니다. 우리나라로 하면 일제 강점기를 생각하면 될 것입니다.

출1:15 애굽 왕이 히브리 산부인(산파)과 의사들에게 말하니 첫 번째 이름은 십보라이고 두번째 이름은 부아인데

1) 유대 역사가 요세푸스와 그리고 주석가 칼리쉬는 산파들을 히브리 여인의 해산을 돕는 애굽사람들이라 보았으나, 맛소라 본문과 70인역에서는 히브리 산파라 기록되어 있습니다. 그리고 산파들의 이름인 '심브라'(아름답다는 뜻)와 '부아'(소리치는 자란 뜻)가 함족이 아닌 셈족 계통의 이름이라는 점에서 이를 뒷받침하고 있습니다.

2) 요세푸스는 애굽사람들이 이스라엘 사람들을 학대한 이유에 대하여 말하길 어떤 서기관이 바로에게 예언하길 이스라엘에서 한 아이가 태어날 것인데 그가 성장하면 이스라엘인들을 일으켜 애굽사람의 통치권을 낮출 것이며 그의 덕망은 어느 누구보다도 뛰어날 것이며 모든 세대에 걸쳐 기억될 만한 영화를 누리게 될 것이라고 예언했는데 이 예언을 들은 애굽왕은 그때부터 이스라엘 사람들이 자녀를 낳을 때 감시하기 시작했다고 합니다. 이로 볼 때 이는 마치 예수님의 탄생과 헤롯의 행위를 보는 듯합니다. 즉 애굽왕은 헤롯이고, 모세는 예수님을 상징합니다.

출1:16 그가 말하기를 너희가 히브리 여인들이 조산대 위에서 아이를 낳고 있을 때 만일 남자일 것이라면 살인하고 여자일 것이라면 치료해 주라 하더라

1) 조살할때란 조산대를 말하는데 지금도 애굽에서는 분만 예정 2,3일전에 출산부의 집에 조산대를 비치해 놓는다고 합니다. 이 조산대는 산모의 출산 고통을 덜기위해 고안된 특수 의자입니다. 한편 조산대를 '산아 목욕통'으로 보는 견해도 있습니다.
2) 하나님은 80여년 후 이스라엘의 출애굽시 애굽 장자들을 몰살시킴으로써(출12:29,30), 생명의 존엄성을 파괴한 애굽사람들에게 당신의 준엄한 심판을 복수하듯이 집행하셨습니다.
3).살게두라는 말을 70인역에서는 치료하라로 되어 있습니다.

출1:17 그러나 그 산부인(산파)과 의사들은 하나님을 두려워하여 애굽 왕이 그들에게 명령한 대로 결코 하지 않고 남자 아이들을 살려 주었더라

어기고-고대 전제 군주 국가에서 왕의 명은 곧 국법과 같았습니다. 따라서 그것을 어긴 자에게는 죽음의 형벌이 주어졌습니다. 그럼에도 불구하고 인간 군주보다 하나님을 더 두려워할 줄 알았던(마10:28) 이들 히브리 산파들에게서 우리는 위대한 신앙의 일면을 보게 됩니다.

출1:18 이에 애굽 왕이 그 산부인(산파)과 의사들을 불러 말하기를 너희
가 어찌 이같이 행하여 남자 아이들을 출산하게 하였느냐 하니
출1:19 그 산부인(산파)과 의사들이 바로에게 말하기를 유대인 여자들은
애굽 여자들과 같지 않고 산부인(산파)과 의사가 그들에게 도착하기 전
에 출산하나이다 하더라

건장하여-'강한,활기찬,정정한'이란 뜻으로 산파들의 이러한 변명은 결코
거짓말만은 아니었습니다. 실제 히브리 여인들은 혼자서도 별 무리 없이 해
산하고 뒷 처리까지 할 수 있는 체력을 지니고 있었습니다.

출1:20 그러므로 하나님께서 그 산부인(산파)과 의사들을 좋게 대하셨으
며 백성들은 무성해지고 몹시 강력해지더라

이스라엘 백성들이 무성해지고 몹시 강력해 졌다고 합니다.

출1:21 산부인(산파)과 의사들이 하나님을 두려워하였으므로 하나님께
서 그들의 집안을 번영케 하셨더라

여기서는 하나님께서 산파들의 가정을 축복 하셔서 가업을 번영케 하셨다
는 뜻으로 이와 같이 하나님을 경외하는 자들의 가정은 흥왕할 수밖에 없
습니다(삼하7:11).

출1:22 그러나 바로는 그의 모든 백성 남자에게 명하여 말하기를 만일
유대인이 남자를 출산하면 강에 던지고 여자는 모두 생명을 주라 하더라

여자여든 살리라-여자는 고대 사회에서 노동력과 출산력을 겸비한 값진 재
산으로 취급되었기 소중히 다뤄졌습니다. 더욱이 그들은 신체 특성상 연약
하여 반란의 위험이 없었을 뿐 아니라, 결혼을 통해 충분히 흡수할 수 있는
존재로 여겨졌기에 죽이지 않았던 것 같습니다.

출애굽기 2장

출2:1 레위 족속 중 한 사람이 가서 레위 여자에게 장가들었더니
출2:1 레위 지파의 어떤 남자가 레위의 딸을 취해 그녀를 소유했으니

1) 레위 족속 중 한 사람-모세의 아버지로서 레위 지파 고핫의 아들 '아드람' 을 가리킵니다(출6:16,17,18). 그리고 뒤이어 나오는 '레위 여자'는 모세의 어머니가 될 '요게벳'을 지칭합니다(출6:16,17,18,19,20).
2) 가서-'데려오다'는 뜻. 신부가 본가를 떠나 신랑 집으로 갈 때에는 신부 측 식구나 친척이 동행하는 수도 있었으나, 신랑이 직접 가서 데려오는 것이 당시 고대 근동지방의 일반적 결혼 풍습임이 반영된 표현입니다.
3) 장가들더니(와이카츠)-'취하다, 고르다'란 의미의 '라카흐'와 연결사 '와 우'가 결합한 형태입니다. 이러한 표현은 당시 남성 우위의 가부장적 사회의 일면을 보여줍니다. 한편 이 구절은 문맥의 흐름상 이미 결혼한 상태를 묘사 한 것이라 할 수 있습니다. 왜냐하면 곧이어 출생할 모세에게는 훨씬 연배의 누이 미리암과 세살 정도 위인 아론이 이미 있었기 때문입니다(출15:20).

출2:2 그 여인이 그녀 자궁(임신)에 취한 후 남자를 낳았더라 그녀는 그 아이를 보고 환호해 그 아이를 삼 개월 동안 숨겼는데

1) 아이를 임신했다는 말을 70인역은 아이를 자궁(임신)에 취한 것으로 말 하고, 준수했었다는 말은 '아스테이온'으로 이는 창세기1장에서 하나님께 서 천지를 창조하시는 과정에서 '보시기에 좋았더라(토브)'로 해석되고 있 습니다. 이는 단순히 '아름답다 또는 좋다'라는 한면만 지닌 용어가 아니라 피조물의 완벽한 모습을 나타냅니다. 본절에서 '아스테이온'도 그 같은 뜻 으로 사용되어 모세의 아름다운 외모만 가리키는 것이 아니라 하나님 보시

기에 거의 완벽한 모습을 지녔음을 암시합니다. 숨겼다는 말이 덮었다는 말로 되어 있습니다.

2) 모세의 출생 년도는 B.C.1526년 경입니다. 왜냐하면 B.C.1446년 출애굽때 모세의 나이가 80세였기 때문입니다(출7:7). 한편 모세 출생 당시 바로는 애굽 18왕조의 첫 왕 아모세(B.C.1584-1560)의 손자인 투트모세1세(B.C.1539-1514)로서 그가 바로 히브리 신생아 학살의 주역이었습니다. 모세라는 이름은 '모'(Mo)는 '물'이란 뜻이고, '우세스'(Uses)는 '건져냄을 받다'란 뜻으로 '물에서 건져냄을 받다'라는 뜻을 가지고 있는데 제 생각에는 그를 건져낸 공주의 아버지도 투트모세라 해서 모세이기에 모세라 지은 것이 아닌가 생각합니다.

3) 석달-생후 이 정도 기간이 지나면 아기의 울음소리도 커지고 활동 범위도 넓어져서 한 귀퉁이에 몰래 숨겨 놓고 키우기에는 힘들게 됩니다.

4) 모세는 예수님을 상징합니다.

모세가 갈대상자에서 공주에게 발견된 것은 예수님의 애굽 피난기를 말하고→ 모세가 공주의 집에서 자란 것은 나사렛 성장기를 말하고→ 모세가 사람을 죽인 것이 발견 된 것은 예수님이 침례 받은 것을 말하고→모세가 광야에서 40년 양을 친 것은 예수님이 40일 광야에서 금식한 것을 말하고→모세가 10가지 재앙을 내린 것은 예수님이 공생애 동안 행한 표적을 말하고→모세의 유월절은 예수님의 죽음을 말하고→홍해바다가 갈라진 것은 예수님이 죽음을 이기시고 부활하신 것을 말하고→ 시내산에서 50일 되던날 율법을 받은 것은 성령강림을 말하고→ 광야 사십년은 성령강림 후 종말까지의 인생여정을 말하고→가데스 바네아의 사건은 공중재림를 말하고(민13:26. 20세 이하의 청년들과 여호수아와 갈렙은 살아서 가나안 땅에 들어간 것은 주님의 공중재림에 동참한 자들이 천년왕국에서 왕노릇 하는 것을 말한다)→ 가나안땅 입성은 천년왕국 입성을 말합니다.(가데스 바네아 사건을 통해 알 수 있는 것은 아무리 성령을 받아도 불평불만하고 부정적인 성도들은 공중재림에 참여하지 못하는 것을 말합니다)

출2:3 더 이상 그를 숨길 수가 없게 되자 그의 어머니가 그 아이를 위하여 방주를 취하여 아스발트인 역청을 칠하고 아이를 그 안에 담아 강의 습지에 놓아두었으며

1) 70인역에서는 갈대상자라는 말이 나오지 않으나 갈대로 궤를 만들었다고 개정성경대로 해석했습니다. 또한 하숫가 갈대사이를 강가 습지 즉 늪으로 말하고 있습니다.

2) 역청(헤마르)-광물성 피치(pitch)로서 방수, 방부, 도로 포장 등의 용도로 쓰입니다. 당시에는 팔레스틴으로부터 수입되었다 합니다. 사해 근처는 역청이 많은 곳으로 유명합니다(창14:10).

출2:4 그 아이의 누나는 그 아이에게 무슨 일이 일어나는지 알려고 멀리 떨어져서 감시하더라
출2:5 바로의 딸이 강에서 목욕하러 내려갔고 그녀의 시녀들은 강가를 거닐고 있더라 그때 그녀가 습지에서 아스발트인 역청으로 칠해진 방주를 보고 시녀를 보내어 그것을 가져오게 하니라

1) 바로의 딸-여기 이 공주는 애굽 18 왕조의 창설자인 아모세의 아들 아멘호텝 1세(B.C.1560-1539)의 딸과 투트모세 1세(B.C.1539-1514) 사이에서 태어난 무남독녀 '핫셉슈트'(Hatchepsut)를 가리킵니다.

2) 하수(예올)-애굽어에서 유래한 말로 '시내,수로' 등을 뜻하는데 여기서는 나일 강을 가리킵니다. 애굽의 유일한 젖줄이라 할 만한 나일 강은 고대 애굽사람들에게 있어서는 모든 풍요와 건강을 제공하는 성역으로 간주되었습니다. 따라서 이 강 유역에는 여인들을 위한 특별 구역을 설치해 두고 일종의 종교 의식으로서, 또는 다산과 안녕을 기원하는 마음으로 목욕하도록 했다고 합니다. 그러므로 나일강 유역에 애굽 왕실을 위한 목욕장이 특별히 마련되어 있었으리라는 추측은 충분히 가능합니다. 아울러 모세의 어머니 요게벳도 이 모든 사실을 익히 알고 계획을 세워 신중히 행동하였을 것입니다.

3) 요세푸스의 책 3권 201페이지에 보면 이때 상황이 나옵니다. 요세푸스는 말하길 당시 바로의 딸의 이름은 데르무디스인데 강둑에서 요람을 발견합니다. 그 아이가 너무 준수해 공주는 그 아이를 매우 좋아하고 그 아이에게 젖을 줄 부인을 데리고 오라합니다. 그런데 모세는 데리고 온 유모의 젖들을 다 거절합니다. 그때 이 모습을 지켜보고 있던 모세의 누나 미리

암이 말하길 "여왕님! 그 아이의 친척도 아닌 여인들을 불러다가 젖을 먹여도 소용이 없습니다. 그러나 만일 당신께서 히브리 여인들 중의 한명을 데려온다면 같은 민족의 부인의 젖을 먹을 것입니다" 이에 여왕은 그 말이 괜찮다고 여기고 데르무디스는 젖을 줄 수 있는 히브리 여인들 중의 한 사람을 데리고 오라고 명령했습니다. 미리암은 그녀에게 그러한 권한을 받아 집으로 돌아와서 어머니를 데려갔으며 그곳에서는 아무도 그가 누구인지를 알지 못했습니다. 그 아이는 기쁘게 젖을 먹었으며, 그 젖에 가깝게 붙어 있는 것처럼 보였습니다. 그래서 그 여왕은 아이에게 젖먹이는 일을 전적으로 그 어머니에게 맡겼습니다.

출2:6 그녀가 방주를 열고 아이를 보니 그 아이가 울더라 바로의 딸이 그 아이를 연민하여 말하기를 이 아이는 히브리인들의 아이니라 하는데

히브리...아이로다-공주가 아이를 보는 순간 바로 히브리 유아라고 단정할 수 있었던 것은 (1)그 아이의 용모가 셈족 계통의 특징을 가지고 있었으며 (2)그 당시아이를 버릴 수밖에 없는 처지에 놓인 것은 히브리 민족뿐 이었기 때문입니다. 한편 본절에서는 (1)어떠한 상황 가운데서도 당신께서 쓰실 일꾼을 보호하시는 하나님의 주권적 섭리와(시45:20;벧전1:5) (2)바로 왕의 엄명을 거역하면서까지 어린 생명에게 인정을 베푸는 공주의 휴머니즘이 돋보입니다.

출2:7 그때 그 아이의 누나가 바로의 딸에게 말하기를 히브리 여인 중에서 유모를 당신께 불러다가 당신을 위하여 그 아이를 젖먹이게 하리이까 하더라

유모-갓난아기에게 젖을 빨리거나 아기의 생육을 보살피는 일을 맡은 자를 가리킵니다. 히브리 사회에서는 유모가 아기 성장 후에도 가족 내에서 중요한 위치를 유지했습니다(창24:59;35:8).

출2:8 바로의 딸이 그 소녀에게 말하기를 가라 그 계집아이가 가서 그 아

이의 어머니를 부르니라

출2:9 바로의 딸이 그녀에게 말하기를 이 아이를 데려다가 나를 위하여 젖을 주라 그리하면 내가 네게 임금을 주리라 그 여인이 그 아이를 취해 젖을 먹이니라

삯을 주리라-즉 '용하다,급료를 주다'는 뜻으로 여기서 요게벳이 자기 아들을 기르는 맷가로 삯을 받았음은 주목할 만합니다. 당시 이스라엘 백성들은 강제노역에 시달린 나머지 자녀를 양육할 시간조차 얻기 힘들었습니다. 그럼에도 요게벳은 어엿이 양육비까지 받아가면서 모세를 기를 수 있게 되었으니, 여기서 하나님의 오묘하신 섭리가 두드러집니다.

출2:10 아이가 성장하매 그를 바로의 딸에게 데리고 들어가니 그가 그녀의 아들이 되니라 그녀가 그의 이름을 모세라 부르고 말하기를 이는 내가 그 좋은 아이를 물에서 건져내었음이라 하더라

1) 70인에서는 모세를 좋은 아이로 말하고 있습니다.
2) 요세푸스의 책 3권 201-202페이지에 보면 모세의 유아시절에 대하여 나오는데 요세푸스는 말하길 모세라는 이름은 물에서 건졌다는 뜻을 가지고 있는데 애굽에서 모는 "물"이라는 뜻이고, "에세스"는 '구원'이란 뜻을 가졌기 때문이라 합니다. 당시 모세는 다른 사람들의 고백에 의하면 '어려움을 잘 참아냈고, 히브리 사람 중에 가장 온유했고, 그는 아브라함으로부터 7대 후손이라 합니다. 욥기에 보면 욥이 아브라함의 6대 후손으로 나오는데 모세는 7대 손이라 합니다.(아브라함→이삭→야곱→레위→고핫→아므람→모세(아브라함부터 3대 야곱까지는 가나안에 살았고, 레위부터 4대 모세는 애굽에 살았다). 모세는 어려서 나이에 비해 판단력이 뛰어났고, 배울 때는 다른 아이들에 비해 이해력이 빨랐고, 세 살 밖에 안 된 모세는 키가 무척 컸고, 지나가던 사람들이 모세를 보면 가던 걸음을 멈추고 모세의 얼굴을 다시 봤다고 합니다(마치 후광이 나는 것 같이 말이다. 이것은 오흥복 말이다).
3) 요세푸스의 책 3권 203페이지에 보면 데르무디스 공주와 애굽왕 바로의 대화가 나오는데 데르무디스는 아이를 낳지 못하자 모세를 아들로 삼았

습니다. 그후 그녀는 모세를 데리고 아버지 애굽왕 바로에게 가서 말하길 "만일 하나님께서 원하신다면 자신에게 어떠한 적자도 생기지 않게 되면 이 아이를 아버지의 후계자로 삼아 달라고 말했다" 그리고 계속 이렇게 말했습니다. "저는 하나님의 형상을 가지고 있는 관대한 마음을 가지고 있는 아이를 양육했어요. 제가 이 아이를 강가에서 기적적으로 구해냈을 때, 저는 이 아이를 양자로 삼아서 왕국의 계승자로 삼는 것이 적합할 것이라고 생각했어요" 그녀는 이런 말을 한 후에 아이를 아버지 팔에 안기어 줬습니다. 그러자 그 아이를 자신의 품에 꼭 꺼안았고, 그리고 자기의 딸에 말에 따라 기쁘게 왕관을 그 아이의 머리위에 쐬어주었습니다. 그러자 모세는 그것을 발로 짓밟았습니다. 그때 옆에 있는 모세의 출생을 예언했던 서기관이 있었는데 그 서기관은 모세의 아버지 아므람에서 모세가 출생 하면 그가 애굽의 통치권을 약화 시킬 것이라 예언했던 서기관이었습니다. 그 서기관이 격렬하게 소리를 지르며 왕에게 말하길 "왕이여, 바로 이 아이가 하나님께로부터 예언했던 아이입니다. 이 아이가 당신의 왕관을 짓밟은 것 같이 앞으로 당신의 왕권을 약화 시킬 자이오니 그를 멀리 갔다 버리셔서 애굽사람들을 구하시고 히브리인들에게 희망을 빼앗으십시오"하고 간언했지만 하나님께서 모세를 보호할 섭리를 가지고 계셨기에 왕은 그를 죽이려 하지 않았습니다. 그 후 모세는 애굽에서 최고의 교육을 받았고, 또한 모세는 미래를 볼 줄 아는 통찰력을 가졌습니다.

4) 요세푸스의 책에 의하면 모세는 어려서부터 이미 그가 히브리인인 것을 공주인 어머니와 애굽왕과 애굽 사람 모두 알았고, 히브리 사람들도 다 알고 있었다고 합니다.

5) 요세푸스의 책 3권 206-208페이지를 보면 모세가 에디오피아와 전쟁에 장군으로 나가 싸워 승리한 것이 나옵니다. 당시 에디오피아는 애굽을 침략해 땅을 빼앗고 노략질을 했는데 이때 대적 할 장수가 없었는데 어머니의 추천을 받은 모세가 사령관이 되어 에디오피아 점령에 나서는데 이때 모세는 신출귀몰한 작전을 짜서 전쟁에서 승리하고 또한 에디오피아왕의 딸이 다스리던 도시를 점령하고 에디오피아왕의 딸과 결혼까지 한 후 개선장군이 되어 돌아옵니다.

6) 예수님에게 수태고지 있었던 같이 모세도 수태고지를 받고 태어났습니다. 예수님은 천사였지만 모세는 서기관으로부터 수태고지를 받습니다. 또

한 예수님도 구원이란 뜻이 있는 것 같이 모세도 구원이라는 뜻을 가지고 있습니다. 또한 모세가 태어날 때 수많은 아이들이 살해당한 것 같이 예수님이 태어날 때도 수많은 아이들이 헤롯에 의해 살해당합니다. 또한 모세가 애굽(마귀)의 세력을 약화 시킨 것 같이 예수님도 요일3:8절에 의하면 마귀의 세력을 멸하기 위해 오셨다고 나옵니다. 또한 예수님이 영혼과 건강과 물질에서 구원을 주시려고 오신 것 같이 모세도 이스라엘 백성에서 영혼과 물질(출애굽때 애굽사람들에게서 금은 패물을 가지고 나옴)과 건강의 복을 주었습니다. 또한 출애굽한 것은 구원 받고 천국 갈 것을 말하고, 광야생활은 예수 믿고 난후의 신앙생활(성화)을 말하고, 가나안땅은 천국의 상징이 아닌 천당을 상징하고 있는 것입니다. 그래서 모세는 예수님을 그대로 상징하고 있는 것입니다. 즉 모세는 예수님이었던 것입니다.

출2:11 많은 시간이 흘러 모세가 성장한 후에 그의 형제들에게 나가서 그들이 고통당하는 것을 보고 있던 중 애굽사람이 어떤 히브리 사람 곧 이스라엘의 아들 그의 형제를 때리는 것을 본지라

때리다라는 말이 70인역에서는 인쇄하다라고 되어 있는데 이는 옛날 인쇄는 마치 때리는 것 같이 했기 때문입니다.

출2:12 그가 여기저기를 둘러보고 결코 아무도 없는 것을 보고 그 애굽사람을 세게 때린 후 모래 속에 감추니라

70인역에서는 죽였다는 말이 안 나오고 세게 때린 후 모래 속에 감춘 것으로 나옵니다.

출2:13 이튿날 그가 나가서 보니 히브리인 두 사람이 서로 싸우는지라 그가 악을 행한 자에게 말하기를 너는 어찌하여 네 동료를 때리느냐 하니

동포라는 말은 동료, 형제, 남편, 애인, 친구, 동지, 이웃 등 매우 친밀한 관계를 나타낼 때 일반적으로 사용하는 말입니다 출2:14 그가 말하기를 누가 너를 우리의 왕과 재판관으로 삼았더냐 네가 애굽사람을 죽인 것같이 나도 죽일 생각이냐 하니 모세가 두려워하여 말하기를 이 일이 알려졌도다
출2:15 바로가 이 일을 듣고 모세를 죽이려고 찾았으나 모세는 바로의 얼굴을 피하여 미디안 땅으로 가서 미디안 땅에 머물렀으며 그가 우물가에 앉아 휴식을 취하였더라

모세가 미디안 땅으로 피난간 것에 대하여 요세푸스의 구약 이스라엘사 3권 219페이지에는 이런 내용이 나옵니다.(참고로 본절의 내용을 잘 이해하려면 먼저 출2:10절을 봐야 합니다) 출2:10절의 애굽의 전쟁에서 승리하고 모세가 돌아오자 애굽사람들과 왕은 걱정이 이만 저만이 아니었습니다. 왜냐하면 이 승리의 여세를 몰아 모세가 애굽에서 폭동을 일으킨 후 애굽을 개혁 시킬까봐 애굽사람들은 걱정이었고, 또한 왕은 모세의 승리에 자신의 위치가 낮아지면 어떻게 하나 하는 시기심이 있었습니다. 애굽사람들은 급기야 모세에 대한 증오심과 모세를 해치려는 계획을 짜는데 열심이었고 또한 왕에게 모세를 죽여야 한다고 했고, 또한 현명한 서기관들 역시 모세를 죽여야 한다고 했습니다. 이때 모세는 자기를 해치려는 음모를 미리 알고 몰래 도망쳤는데 일반도로에는 감시자가 많기에 사람들의 감시가 소홀한 사막으로 도망치게 되고 아브라함의 후처 그두라가 나은 미디안의 후손들이 사는 미디안땅에 도착하게 됩니다.

출2:16 미디안 제사장 이오델(이드로)에게는 일곱 딸이 있는데 그녀들은 아버지 이오델(이드로)의 양을 치는 목자였더라 그들이 와서 물을 펌프질해 구유에 채워서 그들 아비의 양떼를 먹이려 하는데
출2:17 목자들이 와서 그들을 쫓아내는지라 모세가 일어나서 그 여자들을 구출해 주고 물을 길어 그 여자들과 양떼에게 물을 마시게 주니라
출2:18 그들이 그들의 아비 라구엘(이드로)에게 가자 그가 말하기를 너희가 어찌하여 오늘은 서둘러 일찍 돌아오느냐

1) 16절에서는 이 라구엘을 미디안의 제사장 이오털(이드로)이라 나오는데 본절에서는 이름을 라구엘이라 하고 있습니다. 이는 제사장의 이름으로는 이오털이고 자녀들의 아버지로는 라구엘로 불린 것 같습니다. 왜냐하면 옛날에서는 한 사람이 여러 이름을 가지고 있었기 때문입니다.

2) 한편 그는 '이드로'(출3:1;18:1) 또는 '호밥'(민10:9;삿4:11)이라고 불렸습니다. 그것은 아마 '르우엘'이 그의 본명이었으며, '이드로'는 그가 제사장이 된 후에 얻은 공식 존호(尊號)인 듯합니다. 그리고 '호밥'이란 이름은 모세의 장인이 아닌 처남의 이름입니다. 이는 장인과 처남을 뜻하는 히브리어(호텐)가 동일하기 생겨난 결과입니다(민10:29).

출2:19 그녀들이 말하기를 한 애굽 사람이 목자들의 손에서 우리를 구해 내고 우리를 위하여 물도 길어서 양떼들에게 먹였나이다

출2:20 그가 자기 딸들에게 말하기를 그는 어디에 있느냐 너희가 어찌하여 그 사람을 남겨 두고 왔느냐 그를 불러서 그로 음식을 먹게 하라 하였더라

대접하라(아칼)-'먹다'는 뜻에서 유래한 말입니다. 귀한 손님에게 정성껏 마련한 음식을 대접하는 것은 고대 근동 지역의 오래된 풍습이었습니다(창18:5)

출2:21 모세가 그의 곁에서 정착하매 그가 모세에게 자기 딸 십보라를 아내로 주었더라.

출2:22 아내가 아들을 낳으니 모세가 그의 이름을 게르솜이라 부르고 말하기를 내가 외국 땅의 객이 되었음이라 하더라

출2:23 세월이 지나서 그 애굽 왕은 죽고 이스라엘 자손들은 노역으로인하여 화가 나서 구제해 달라고 했더니 노역으로 인한 그들의 부르짖음이 하나님께 상달된지라

애굽 왕은 죽었고-여기서 '애굽 왕'은 모세의 생명을 끈질기게 노리던 투트

모세 3세(B.C.1504-1448)입니다(출2:15). 모세를 양자로 입양시킨 핫셉슈트는 모세의 도피 사건 이후 약 4년 후에 죽었고, 애굽의 실권은 투트모세3세에게 넘어갔습니다. 그는 약 32년간 애굽을 통치한 강력한 왕으로서 상당한 업적을 남겼습니다. 마침내 그도 약 B.C.1448년경 죽었고, 이어 모세는 소명을 받고 B.C.1447년경 애굽으로 귀환하였습니다. 따라서 출애굽을 놓고 모세가 대결해야 했던 당시 바로는 부왕 투트모세3세를 이어 왕위에 오른 아멘호텝2세(B.C.1448-1424)였습니다. 그 역시 부왕 못지않은 강력한 통치자였습니다.

출2:24 하나님께서 그들의 신음 소리를 들으시고 하나님께서 아브라함과 이삭과 야곱과 맺은 그의 언약을 기억하시더라

기억하사(카르)-과거에 잃어버렸던 사실을 다시금 회상해낸다는 뜻이 아니라, 늘 염두에 두고 있었던 일을 마침내 실행에 옮긴다는 의미입니다.

출2:25 하나님께서 이스라엘 자손들을 보시고 그들에게 관심을 가지셨더라

"관념하셨더라"는 말이 헬라어로는 '기노스코'로 되어 있는데 이는 '알다'라는 뜻으로 즉 '돌아보다'라는 뜻을 가지고 있는데 이 말을 의역하면 관심을 갖기 시작했다는 말입니다.

출애굽기 3장

출3:1 모세가 그의 장인 미디안 제사장 이오돌(이드로)의 양 떼를 치더니 그 양을 광야로 인도하여 호렙산에 이르매

1) 장인을 70인역에서는 신랑으로 되어 있습니다. 또한 서쪽이라는 말이 빠져 있고, 또한 하나님의 산이란 말도 빠져 있습니다.

2) 하나님의 산 호렙-성경 기록에 의하면 호렙산은 종종 언약의 산으로서, 십계명을 부여 받았던 시내산과 혼용되고 있습니다. 즉 성경은 두 산의 지리적 구별을 엄밀히 하고 있지 않습니다. 이런 견지에서 두 산의 관계에 대한 몇몇 견해를 소개하면 다음과 같습니다. (1)산의 총칭은 호렙인데 특별히 정상 부분만을 일컬어 '시내'라 합니다. (2)한 산에 두 봉우리가 있어 하나는 호렙이고 다른 하나는 시내라 합니다. (3)두 산은 동일한 산으로서 두 가지 이름을 갖는다는 것입니다. 이처럼 각 견해를 종합해 보더라도 두 산의 관계를 엄밀히 구분하기란 어렵습니다. 한편 유대 전승에 의하면 오늘날 호렙(시내)산은 시내 반도 최남단에 위치한 해발 2,291m의 '예벨 무'(jebel Musa, 모세의산)에 해당한다고 전합니다. 그런데 이곳을 특별히 하나님의 산이라고 명명한 것은 혹 자의 주장처럼 이곳에 '이드르'의 신전이 있었기 때문도 아니고, 그 이전부터 거룩한 곳으로서 그렇게 불려왔기 때문도 아닙니다. 그것은 출애굽 직전 모세가 이 산 정상에서 하나님께로부터 거룩한 소명을 부여받았기 때문이고, 나아가 출애굽 직후에 하나님께서 이 산에 현현하사 언약의 증표로 율법을 수여했기 때문입니다. 따라서 이 산은 하나님께서 인간을 만나시기 위해 자신을 드러내신 현현의 장소로 간주되어 이스라엘 백성에게 거룩한 산으로 성별되어 영영히 기억되었던 것입니다.

출3:2 주의 천사가 찔레나무 가운데서 나온 불의 화염 속에서 그에게 나

타나시니라 그가 보니 찔레나무에 불이 붙었으나 찔레나무가 결코 타지 않더라

1) 떨기나무가 70인역에서는 찔레나무 또는 가시덤불로 되어 있고 불꽃은 불의 화염으로 되어 있습니다.
2) 여호와의 사자(말라크 예호와)-여기서 '말라크'는 '파견하다'란 의미의 어근에서 유래하였습니다. 따라서 이 말은 일반적으로 특정한 메시지를 전달하기 위해 파송된 '특사'(왕하5:10), 하나님께로부터 보내심을 받은 '선지자'(대하36:15), '천사'(시148:2)등을 의미합니다. 그러나 여기서는 소위 신 현현으로서 삼위일체의 제2위이신 성육신하시기 전의 그리스도를 가리킵니다. 그러나 70인역에서는 "앙겔로스(천사) 퀴리우(주님)"로 되어 있음으로 곧 주님 천사를 말합니다.
3) 떨기나무-학명은 "아카시아 닐로티카"곧 시내 광야에서 흔히 발견되는 일종의 '가시덤불'을 가리킵니다. 이 나무는 주위의 고상하고 당당한 나무들과는 대조적으로 앙상하고 아주 볼품없이 생긴 나무로서 곧 노예로 전락하여 곤핍하고 메마른 생활을 하고 있던 이스라엘 백성의 현생활을 상징해준다고 할 수 있습니다. 그런데 이 나무에 거룩, 전능하신 여호와께서 임재하신 것은 이스라엘 위에 머물러 있던 모든 고통의 멍에를 끊고 해방과 기쁨을 제공하시겠다는 하나님의 강력한 의지를 반영하는 계시 사건이었습니다. 따라서 이러한 임재 사건은 후일 죄 중에 신음하던 인류를 구원하시기 위해 이 땅에 육화하셨던 예수의 임마누엘 사건을 예표합니다(마1:21-23; 요 1:14).
4) 불꽃(벨라바트-에쉬)-'창끝'을 뜻하는 '레하바'에 '불'을 의미하는 '에쉬'가 결합된 형태입니다. 이는 모든 불의한 세력을 태워 멸하시는 하나님의 공의와 거룩성을 상징합니다(사10:17).

출3:3 모세가 말하기를 내가 가서 어찌하여 그 찔레나무가 결코 타지 않는지 이 큰 광경을 보리라 하는데

어찌하여 타지 아니하는고-문맥상 미완료 상태를 나타내는 말입니다. 따

라서 보다 원문에 가깝게 해석하면 '떨기나무가 왜 불타서 없어지지 않고 여전히 있는가'가 됩니다. 한편 원문에서는 '떨기나무'란 말이 계속 반복되는 것을 볼 수 있는데, 그것은 당시 모세가 떨기나무에서 일어난 현상에 대해 얼마나 놀랐는지를 그러한 중복강조를 통해 잘 표현했던 것입니다. 70인역에서는 "무엇 때문에 찔레나무가 결코 타지 않는지"라 되어 있습니다.

출3:4 주님께서 그가 보려고 돌이켜 접근하는 것을 보신지라 주님이 찔레나무 가운데서 그를 불러 이르시되 모세야 모세야 하시매 그가 말하길 왜 부르십니까

1) 여호와...하나님(예호와 엘로힘)-'자존자' 또는 '영원한 자'를 뜻하나 '예호와'(야웨)라는 이름과 '전능자'나 또는 '위엄을 가지신 자'를 뜻하는 '엘로힘'이 동시에 사용되었습니다. 이는 모세에게 계시된 신이 절대 유일하신 분임을 강조하기 위한 표현입니다. 70인역에서는 '주님'으로 되어 있습니다.
2) 모세야 모세야-모세의 이름이 거듭 불림으로써 상황의 긴박성과 사명의 중요성을 일깨워 줍니다(삼상3:10).
3) 내가 여기 있나이다-초자연적 불꽃 가운데서 들리는 음성을 듣고 모세는 하나님의 음성으로 직감했을 것입니다. 따라서 본절의 대답은 지극히 초라한 자신에 대한 고백과 겸양을 내포하고 있습니다. 그러나 70인역에서는 "모세가 왜 부르십니까"하고 대답했다고 나옵니다.

출3:5 주께서 말씀하시기를 결코 여기를 만지지 말고 네 발에서 신을 벗으라 이는 네가 서 있는 장소는 거룩한 땅임이니라 하시더라

1) 개정 성경에는 '이리로 가까이 오지 말라'고 되어 있지만 70인역에서는 '만지지 말라'고 되어 있습니다.
2) 거룩한 땅(코데쉬-아다마)-'코테쉬'는 '성별된,성결한'이란 뜻이고, '아다마'는 '붉다'란 뜻의 '아담'에서 유래한 말로 이는 팔레스틴 지경의 땅이 대체로 붉은 색을 띰을 반영합니다.
3) 네 발에서 신을 벗으라-여호수아에게도 반복된 명령으로(수5:15) 여기

서 신은 인간의 타락된 품성과 행위를 상징합니다. 즉 죄악 된 장소를 두루 다니고, 죄악 된 행위를 하느라 더러워진 신에는 온갖 냄새나는 더러운 먼지나 때가 끼여 있는 법입니다.

출3:6 주께서 또 말씀하시기를 나는 네 조상의 하나님이니 아브라함의 하나님, 이삭의 하나님, 야곱의 하나님이니라 하시더라 이에 모세의 얼굴에 걱정이 찾아왔으니 이는 그가 하나님 면전을 보았기 때문이었더라

네 조상의 하나님(아비크 엘히)-여기서 '아브'는 '아버지'(창2:24), '족장'(창24:40), '선조'(왕하14:3)등 다양하게 사용되나 여기서는 선조를 뜻합니다. 특히 본절에서는 대표적인 믿음의 조상들의 이름이 언급되었는데, 이는 하나님이 추상적 관념속에 국한된 분이 아니라 구체적으로 역사를 이끌어 가시는 분임을 강조하기 위함입니다.

출3:7 주께서 모세에게 말씀하시기를 내가 애굽에 있는 내 백성의 학대를 알고 보았으며 그들의 감독자들로 인한 그들의 부르짖음을 들었나니 이는 내가 그들의 슬픔을 앎이라
출3:8 내가 내려가서 그들을 애굽사람들의 손에서 구해 내고 그 땅에서 그들을 인도하여 아름답고 넓은 땅 젖과 꿀이 누워 있는 땅 곧 가나안 족속, 헷 족속, 아모리 족속, 브리스 족속, 게르게 족속, 히위 족속, 여부스 족속이 있는 장소로 데리고 들어가려 하노라

젖과 꿀이 흐르는 땅-이는 성경 곳곳에서 가나안 땅의 대명사처럼 자주 사용된 말입니다(민13:27;신31:22;렘 32:22). 이 말을 문자적으로 풀어보면 젖을 생산하는 소와 양을 많이 사육할 수 있는 풍부한 목초지와, 꿀을 채취하는 양봉이 가능 할 정도로 꽃과 화초가 많이 자라 살기 좋은 땅으로 이해됩니다. 그러나 이 말은 결코 1차적인 자연 조건만을 의미하지는 않습니다. 이 말 속에 내포된 진정한 의미는 영적의미로서 곧 하나님의 축복과 언약이 임하는 곳이란 뜻입니다.

출3:9 이제 보라 이스라엘 자손들의 부르짖음이 내게 도달했으며 또 애굽 사람들이 그들을 슬프게 하는 그 슬픔을 내가 보았으니

출3:10 이제 오라 내가 너를 바로에게 보내고 너로 하여금 내 백성 이스라엘의 자손들을 애굽에서 이끌어 나오게 하리라

출3:11 모세가 하나님께 말씀드리기를 내가 누구이기에 바로에게 가며 애굽에서 이스라엘 자손들을 이끌어 내리이까

출3:12 주께서 말씀하시기를 내가 너와 함께하리니 이것이 내가 너를 보낸 증거가 되리라 네가 애굽에서 그 백성을 데리고 나오면 너희가 이 산에서 하나님께 예배할 것이니라

'섬기리라'가 70인역에서는 '예배 드리고'로 나옵니다.

출3:13 모세가 하나님께 말씀드리기를 보소서 내가 이스라엘 자손에게 가서 너희 조상들의 하나님께서 나를 너희에게 보내셨다라고 그들에게 말할진대 그들이 내게 말하기를 그의 이름이 무엇이냐 하면 내가 무엇이라고 그들에게 말하리이까

출3:14 하나님께서 모세에게 말씀하시기를 '나는 나이고 지금도 있는자' 라 하시고 또 말씀하시기를 너는 이스라엘의 자손들에게 이같이 말할지니 지금도 계신 분께서 나를 너희에게 보내셨다 하라

1) 나는 스스로 있는 자니라(Εγώ εἰμι ὁ ὤν)=에고(1인칭대명사.주격.단수 =나는) 에이미(현재직설법 1인칭단수. 나는~있다) 호(정관사.단수.남성.주격) 온(에이미동사의 현재분사로 "~현재 있는 중이다") 여기서 "'에고'는 1인칭대명사 '나는'이고, 에이미"는 "나는~있다"인데 그런데 이미 '에이미' 동사 앞에 주격인 "에고"에 '나는'이라는 주어가 나옴으로 뒤에 오는 에이미 동사에서는 "나는"이 생략이 되고, 그냥 "~있다"로만 해석이 됩니다. 그리고 "호 온"은 "~있는 중이다('호 온'은 '보어'로 쓰이고 있고, '온'은 에이미 동사의 현재 분사이다. 헬라어에서 보어가 될 수 있는 것 중에 하나가 바로 분사이다)". 그러므로 '에고 에이미 호 온'을 해석하면 "나는 현재 있는 중이

35

다. 즉 나는 지금도 있다"라 해석이 되는 것입니다.

2) 나는 스스로 있는 자(예흐웨 아쉐르 예흐웨)-여기서 '아쉐르'(who)는 관계 대명사로서 '나는 존재한다'(I am)는 뜻인 '예흐웨' 성호를 결합시켜 자존성(自存性)을 강조합니다. 즉 시작과 끝이 없으신, 언제나 존재하는 자존자란 뜻으로 피조된 존재들과는 달리 능동적으로 영원전 부터 영원까지 스스로 계시는 분 (I am who I am)이심을 강조한 표현입니다(계1:4,8).

출3:15 하나님께서 모세에게 다시 말씀하시기를 너는 이스라엘 자손에게 이같이 말하기를 너희 조상의 주 하나님 곧 아브라함의 하나님, 이삭의 하나님, 야곱의 하나님께서 나를 너희에게 보내셨다하라 이것이 나의 영원한 이름이요 이것을 모든 세대에게서 생각나게 할 것이라

1) 여호와(예호와)-'나는 스스로 있는 자'(14절)란 말과 같은 뜻을 지닌 하나님의 거룩하신 이름입니다. 즉 이 이름은 '존재하다'란 뜻의 히브리어 '하야'와 밀접한 관련이 있는 말로서 하나님의 자존성과 영원불변성을 강조한 이름입니다(14절). '여호와'의 히브리형 '예호와'는 원래 자음만으로 구성되었는데 영어식으로 표현하면 4개의 자음 곧 'YHWH'가 됩니다. 따라서 발음하기에 곤란하나 통칭 '야웨'(야훼), '예호와'등으로 불려져 왔습니다. 그런데 히브리인들은 하나님의 성호에 대한 경외심에서 이 이름을 함부로 부르지 않고 '아도나이'(나의주님)라는 명칭으로 대신했습니다. 따라서 성경을 옮겨 기록하거나 낭독하는 일을 맡고 있던 서기관들은 이 단어가 나오게 되면 '야웨' 대신 '아도나이'라 발음했습니다. 따라서 결국 '여호와'(Yehowah)라는 명칭은 '야웨'의 히브리 자음에 '아도나이'의 모음이 합쳐져 구성되었습니다. 한편 우리말 '여호와'는 헬라어 및 라틴어를 거쳐 정착된 영어'Jehovah'의 음역입니다. 킹제임스 성경과 70인역에서는 여호와라는 말 자체가 나오지 않습니다. 70인역에서 여호와 하나님이란 "하나님 주님"으로 나옵니다. 신약에서 여호와라는 말이 나오지 않는 이유는 70인역 번역을 따라서 그렇습니다.

2) 나의 영원한 이름-70인역에서 나의 영원한 이름은 "오노마 아이오니온"이라 해서 '영원한 이름'으로 나옵니다.

3) 표호(表號)-'표하다,기억을 되살리다'는 동사에서 유래한 말로서 곧 '기념물'이란 의미를 지닙니다. 여기서는 '표시가 되는 이름' 곧 그 이름만 들어도 그분의 품성과, 이뤄 놓으신 놀라운 사건들과, 미래에 완성하실 원대한 계획까지 생각할 수 있을 그러한 기념비적 이름이란 뜻입니다. 70인역에서 '표호'라는 말이 '므네모쉬논'으로 이는 '생각나게 하는, 기념하게 하는'으로 해석이 됩니다.

출3:16 가서 이스라엘의 장로들을 함께 모으고 그들에게 말하기를 너희 조상의 주 하나님 곧 아브라함의 하나님, 이삭의 하나님, 야곱의 하나님께서 내게 나타나시어 말씀하시기를 내가 분명히 너희를 돌보아 애굽에서 당한 일을 확실히 보았노라
출3:17 내가 말하였나니 내가 너희를 애굽의 고통에서 인도하여 가나안 족속, 헷 족속, 아모리 족속, 브리스 족속, 게르게 족속, 히위 족속, 여부스 족속의 땅 즉 젖과 꿀이 누워 있는 땅으로 이르게 하리라 하셨다 하면
출3:18 그들이 네 말에 귀를 기울이리라 너는 이스라엘의 장로들과 함께 애굽왕에게 가서 그에게 말할지니 히브리인의 하나님께서 우리를 부르셨은즉 우리 하나님께 희생을 드리려 하오니 사흘 길쯤 광야로 가도록 허락하소서 하라

1) 히브리사람의 하나님(엘로헤 하이브리임)-아브라함을 우상의 땅 갈대아 우르에서 유프라테스 강 '건너편으로' 불러내 그와 언약을 맺으신 그 하나님(창12:1,7;14:13)을 특별히 지칭하는 말입니다.
2) 희생(제바흐)-'짐승을 살육하다'란 뜻의 동사 '자바흐'에서 유래한 말로서 '제사,헌물'(제물)을 의미합니다. 어느 종교에서건 제사 의식은 종교 생활의 핵심 중 하나입니다. 더욱이 이스라엘에게 있어서 이 제사 의식은 유일신 여호와 신앙으로 전 민족을 결집시키는 역할을 하였습니다. 70인역에서 예배나 경배가 아닌 희생을 말하는 '뒤소멘'으로 해석되고 있습니다.
3) 사흘 길-이스라엘 백성들의 거주지인 고센 지역으로부터 제사를 위해 하나님의 현현 장소인 시내산까지 이를 수 있는 거리를 말합니다.

출3:19 내가 아노니 내가 애굽왕 바로를 손으로 붙들지 않는 한 애굽왕 바로는 너희가 떠나는 것을 결코 선호하지 아니하리니

애굽왕 바로가 이스라엘을 가는 것을 선호(좋아하지 않아) 하지 않아 떠나는 것을 허락하지 않는다 하고 있습니다. 그리고 강한 손으로 친다는 말이 70인역에서는 손으로 붙들지 않는 한으로 나옵니다.

출3:20 내가 나의 손을 내밀어 그들 가운데서 행할 나의 모든 경이로운 일들로 애굽을 치리니 그 후에야 그가 너희를 내보내리라.

'이적'을 70인역에서는 '경이로운'으로 나옵니다.

출3:21 내가 애굽사람들의 목전에서 이 백성에게 호의를 베풀 것이니 너희가 갈 때에 결코 빈손으로 가지 아니하리라

은혜(헨)-'아랫 사람에게 호의로 몸을 굽히다, 긍휼히 여기다'란 의미의 동사 '하난'에서 유래하였습니다. 따라서 이 말은 하나님의 무한하신 자비와 관련하여 많이 사용되었습니다(창6:8;삼하15:25;시84:11). 본문에서 이 은혜는 이스라엘 백성이 출애굽 할때에 노예처럼 쫓겨날 것이 아니라, 귀한 손님처럼 극진한 대접을 받은 후 온갖 재물을 지니고 나갈 것을 가리킵니다. 은혜라는 말이 70인역에서는 '호의'로 되어 있습니다.

출3:22 모든 여인들은 자기 이웃 사람들과 자기 집에 기거하는 사람들에게서 은과 금과 장신구들과 무화과(식량)와 옷들을 요구하여 너희 아들들과 딸들에게 입히라 너희가 애굽사람들을 개(노예)로 사용하게 될 것이니라

개정 성경에서는 '금은과 의복'만 요구하라 했는데 70인역은 '무화과'인 식량과 장신구들까지 요구하라 했고, 그리고 애굽사람들을 '노예' 즉 '개'로 사용하라 하고 있습니다.

출애굽기 4장

출4:1 모세가 대답하여 말씀드리기를 그러나 그들이 나를 결코 믿지도 아니하고 나의 말을 듣지 아니하리니 그들이 말하기를 하나님께서 네게 결코 나타나지 아니하셨다고 하면 그들에게 어떻게 말해야 합니까

여호와께서...나타나지 아니하셨다-야곱의 가나안 이거 이후(창46:2-4)족장시대와 출애굽 사이를 잇는 약 400년간은 소위 하나님의 말씀이 당신의 종에게 임하지 않았던 계시부재의 시대라 할 수 있습니다. 신구약 중간기와 같이 그때도 400년간 계시가 임하지 않았습니다. 따라서 백성들은 갑작스럽게 임한 하나님의 계시와 그에 따른 모세의 신적 권위를 의심할 것임에 틀림없었습니다.

출4:2 주께서 그에게 말씀하시기를 네 손에 있는 것이 무엇이냐 하시니 그가 말씀드리기를 지팡이니이다

지팡이-목자가 양을 인도하며, 맹수로부터 양을 보호하기 위해 가지고 다녔던 손잡이가 구부러진 휴대용 막대기를 가리킵니다.

출4:3 주께서 말씀하시기를 그것을 땅에 던지라 하시기에 그가 그것을 땅에 던졌더니 그것이 뱀이 된지라 모세가 그것으로부터 도망가더라

뱀(나하쉬)-'나하쉬'는 '쉿쉿하는 소리를 내다'는 뜻의 동사에서 유래한 말로서 뱀을 가리키는 일반 명칭입니다. 뱀은 팔레스틴 및 애굽 전역에 서식했습니다. 그런데 이 뱀은 원시계시(창3:15) 이후 인간의 원수, 즉 하나님의 백성을 상해하는 사단 혹은 사단의 세력을 상징합니다(계12:9). 여기서는 선민 이스라엘을 압제하는 애굽의 왕전을 상징하고, 70인역에서 뱀은 '옵히스'로 되어 있습니다.

출4:4 주께서 모세에게 말씀하시기를 손을 내밀어 그 꼬리를 잡으라 하시기에 그가 손을 내밀어 그것을 잡으니 그것이 그의 손에서 지팡이가 되더라

꼬리를 잡으라-뱀은 목을 잡아야 물리지 않습니다. 따라서 '꼬리를 잡으라'는 명령은 인간의 상식과는 배치되는 것으로 하나님의 이적적 권능을 더욱 강렬하게 인식시키기 위해 주어진 것입니다. 한편 '잡으라'에 해당하는 히브리어 '아하즈'는 '제지하다,조롱하다'란 의미도 내포하는 바, 하나님의 권능이 함께 하면 어떤 난관이나 방해물도 제지할 수 있을 뿐 아니라, 조롱하듯 그것들을 극복할 수 있음을 시사하는 말입니다(막16:8).

출4:5 그들의 조상들의 하나님 주님 곧 아브라함의 하나님, 이삭의 하나님, 야곱의 하나님이 너에게 나타난 것을 그들이 믿을 수 있도록 하기 위함이라 하시니라

믿게 함이니라-이 말씀은 하나님께서 베푸시는 이적의 궁극적인 목적을 일깨워줍니다. 즉 하나님은 당신이 이 세상의 주관자이시며, 모세는 바로 그러한 분의 보내심을 받은 자라는 사실을 이스라엘 온 백성에게 알려서 그것을 믿도록 하기 위해 이적을 베푸셨던 것입니다. 70인역에서는 조상들의 하나님이 모세에게 나타나신 것은 백성들이 모세를 믿을 수 있게 하기 위해서라는 것입니다.

출4:6 주께서 그에게 말씀하시기를 네 손을 네 품에 넣으라 하시기에 그가 자기 손을 품에 넣었다 꺼내니 그의 손이 눈처럼 되었더라

70인역에서는 문둥병자라는 말이 빠져있습니다.

출4:7 주께서 말씀하시기를 네 손을 네 품에 다시 넣으라 하시므로 그가 그의 손을 품에 다시 넣었다가 품에서 꺼내니 그의 손이 그의 오래전의 살로 다시 복원 되었더라.
출4:8 만일 그들이 너를 믿지 아니하고 처음 표적의 소리를 듣지 아니하여도 나중 표적의 소리는 믿을 것이니라
출4:9 만일 그들이 이 두 표적도 믿지 아니하고 네 음성을 듣지 아니하면 너는 강물을 떠다가 마른 땅 위에 부으라 네가 강에서 떠온 물이 마른 땅 위에서 피가 되리라

1) 하수(예오르)-나일 강을 일컫는 말입니다. 히브리인들이 이 강을 '예오르'라 한 반면 애굽사람들은 이를 '하피'라 칭했는데 '하피'는 이 강을 주관한다고 믿어졌던 신의 이름입니다. 한편 '나일'이라는 이름은 후일 헬라인들이 그 강을 '네일로스'로, 로마인들이 '닐루스'로 명명한데서 유래한 명칭인데 공식적으로는 역사가 헤로도투스(B.C484-425)이후부터 부르기 시작하였습니다. 따라서 성경에는 다만 '강,바다,하수'등으로 기록되었습니다(나3:8). 나일 강은 애굽의 산업과 교통의 중추였을 뿐 아니라 애굽사람들에 의해 생명의 젖줄로서 신격화되었습니다. 더욱이 그들은 이 강이 생명의 신 '오시리스'가 내려준 성스러운 물이자, 태양신이 항해하는 천해의 일부로 믿었습니다. 그러기에 성경은 애굽과 나일강을 동일시하였습니다.
2) 피(담)-'잘라내다,멸망하다'란 의미의 동사 '다맘'에서 온 말로 피를 흘리는 것은 곧 죽음을 뜻합니다.

출4:10 모세가 주께 말씀드리기를 주님 저는 결코 말에 유능하지 못하며 주께서 주의 종에게 말씀하신 지금부터 삼일전까지도 그러했고 어제까지도 그러했나이다 나는 말도 느리고 혀도 붙어 있나이다

혀도 뻣뻣하고 혀도 둔하다는 말이 70인연에서는 날이 느리고, 혀도 붙어 있다고 말하고 있습니다. 그리고 말도 잘하지 못한다는 말을 유능하지 못하다고 되어 있습니다. 유대 전승에 의하면 실제로 모세는 순음(d, v, m, ph, p)발음에 서툴러 말을 매우 느리게 했다고 합니다. 그러나 그렇다고 하여 굳

이 모세를 어눌한 자로 볼 필요는 없습니다. 아마 그는 어느 정도 말에는 능하였으되(행7:22), 뛰어난 능변가는 아니었던 것 같습니다.

출4:11 주께서 모세에게 말씀하시기를 누가 사람의 입을 만들었느냐 누가 둔한 것과 청각장애자와 보는 자와 맹인을 만들었느냐 결코 나 하나님이 한 것이 아니냐
출4:12 이제 가라 내가 너의 입을 열 것이요 말할 것을 생각나게 하리라
출4:13 모세가 간청하여 이르되 주여 다른 능력 있는 사람을 선택해 그 사람을 보내소서
출4:14 주님이 모세에게 화가 나서 분노하여 이르되 레위인 네 형 아론이 있지 아니하냐 그가 말을 잘하는 줄 내가 아노라 또 보라 그가 너를 만나려고 나아오리니 그가 너를 볼 때에 그의 마음속으로 유쾌하리라

1) 레위 사람-레위 족속의 전형적인 인물이란 뜻입니다. 아울러 이 말 속에는 장차 그의 후손들이 담당하게 될 특수한 임무, 곧 성막 봉사의 의미까지 내포되어 있는 말입니다.
2) 아론-'고상하다'는 뜻을 지닌 이름입니다. 아므람과 요게벳의 첫째 아들로서 동생 모세보다 3년 연상입니다(출6:16-20).

출4:15 너는 그에게 말하고 그의 입에 나의 말을 줄 것이라 내가 네 입과 또 그의 입과 함께하겠고 너희들이 행할 것을 지시할 것이라
출4:16 그가 백성에게 너를 대신해서 말할 것이며 그는 너의 입이 될 것이며 너는 그에게 하나님 같이 될 것이라

하나님 같이 되리라-'네 형 아론은 네 대언자가 되리라'는 말씀(출7:1)과 그 뜻이 같은 구절이다. 즉 모세는 하나님께로부터 계시의 말씀을 받은 말씀의 소유자임과 아울러 아론에게 그 말씀을 전달해야 하는 중개자 이므로 아론에게는 모세가 마치 하나님과 같은 권위를 지니게 된다는 뜻입니다. 한편 이와 관련하여 루터는, 하나님의 말씀을 믿고 그 속에서 살아가는 자는 하나님의 지혜, 능력 등을 모두 소유하는 특권을 누린다고 말하였습니다.

출4:17 그리고 뱀으로 변한 그 지팡이를 네 손으로 취한 후 그것으로 기적을 행할지니라

개정성경에는 뱀으로 바뀐 지팡이라는 말이 나오지 않으나 70인역에서는 나옵니다.

출4:18 모세가 그의 장인 이오돌(이드로)에게로 돌아가서 그에게 말하기를 애굽에 있는 내 형제들에게 돌아가서 그들이 아직도 살아 있는지 보려고 하오니 나로 가게 하소서 이오돌(이드로)이 모세에게 말하기를 건강하게 걷기를
출4:19 여러날 후에 주님께서 미디안에서 모세에게 말씀하시기를 애굽 왕이 죽었으니 애굽으로 돌아가라 네 영혼을 찾던 모든 사람들이 죽었느니라

70인역에서는 여러날 후에 주님이 말씀하시길 애굽왕 바로가 죽고 또한 모세의 생명을 찾던 모든 사람이 죽었다고 함으로 모세의 생명을 찾은 사람이 한 두명이 아니었음을 알 수 있습니다.

출4:20 모세가 그의 아내와 아들들을 데리고 나귀에 태워 애굽으로 돌아갔더라 모세가 하나님의 지팡이를 손에 잡았더라

한편 모세가 처자식(십보라, 게르솜, 엘리에셀)까지 여행에 대동시킨 것은 하나님의 말씀에 담대히 순종하고자 하는 그의 신앙적 의지를 반영하고 있습니다.

출4:21 주께서 모세에게 말씀하시기를 네가 애굽으로 귀국 하거든 너는 내가 네 손에 준 그러한 모든 이적들을 바로 면전에서 다 행하라 그

러나 내가 그의 마음을 완고하게 하리니 그는 결코 백성을 가게 하지 아니하리라

출4:22 너는 바로에게 말하기를 주님이 말씀하시길 이스라엘은 나의 처음난 아들인 장자니라

70인역에서는 이스라엘을 나의 처음난 아들인 장자로만 되어 있지 내 아들이라는 말은 빠져있습니다.

출4:23 내가 네게 말하노니 나의 백성을 보내주어 나를 예배하게 하라 만일 네가 그를 결코 보내기를 거절하면 내가 너의 처음난 아들을 네 눈으로 보는데서 죽이리라 하라 하시니라

70인역에서는 바로의 장자를 죽인다고 되어 있지 않고 바로의 눈이 보는데서 죽인다고 나오고 있습니다.

출4:24 모세가 길을 가다가 여관에 있을 때에 주 천사가 그를 만나 그를 죽이길 원한지라

70인역에서는 여호와를 "주 천사"라고 나옵니다.(주님천사).출4:24

출4:25 그때 십보라가 돌을 취하여 자기 아들의 표피를 베어 모세의 발 앞에 던지며 말하기를 나의 아들의 할례의 피가 멈췄습니다 하니

1) 70인역에서는 "당신은 나의 피 남편"이라 하지 않고, 아들의 할례의 피를 멈추게 했다라고 말하고 있습니다.
2) 피 남편(하탄 다밈)-문자적으로 '피의 남편'을 말합니다. 십보라가 이 말을 하게 된 진의가 무엇인지는 문맥의 간략성 때문에 분명히 결정하기 어렵지만 대략 다음 두 가지로 추측할 수 있습니다. 즉 (1)자신으로서는 이해 불가한 할례 의식으로 인해 소중한 아들이 피흘림을 당했다는 식의 독설이거

나 (2)아들의 피흘림을 통해 가까스로 남편을 구원하게 되었다는 감사와 안도의 말로서 '피로 산 남편'이란 의미로 해석할 수 있습니다. 이 중에서 그녀가 이 사건 후 모세와 계속 동행치 못했던 점으로 보아 첫번째 추측이 더 타당한 것 같습니다.

출4:26 그리고 그는 유아(아들)의 할례의 피가 멈췄기 때문에 그곳으로부터 떠났더라

1) "여호와 께서 그를 놓아주었다"고 하고 있지만 70인역에서는 "아들의 피가 멈추었기에 출발했다"고 나옵니다.
2) 놓으시니라-원 의미는 '치료하다'입니다. 이는 24절에 모세를 죽이려고 사용하셨던 방법(극한 질병, 사고 등으로 추측해 볼 수 있다)을 철회하시고 온전케 하셨음을 가리킵니다.
3) 할례(물라)-'잘라내다'란 뜻의 '물'에서 유래한 말로 양피(남자 성기의 귀두부를 덮고 있는 양피)를 '잘라내는' 의식과 잘 부합되는 말입니다. 히브리인들의 할례는 피의 언약에 대한 표징으로서 그 기원은 하나님과 아브라함과의 언약에서 발견됩니다(창17:10-14). 한걸음 더 나아가 영적으로 할례는 그리스도의 죽으심과 부활에 동참하는 침례를 상징합니다(골2:11,12).

출4:27 주님께서 아론에게 광야로 가서 모세를 만나라 말씀하시니 그가 나가서 하나님의 산에서 그를 만나 서로 입맞추더라
출4:28 모세가 아론에게 자기를 보내신 주님의 모든 말씀과 주님께서 자기에게 명령하신 모든 기적들을 상기시켜 말하더라
출4:29 모세와 아론이 가서 이스라엘 자손의 모든 장로들을 함께 모아 놓고
출4:30 아론이 하나님께서 모세에게 말씀하셨던 모든 말씀을 말하고 백성들 앞에서 이적들을 행하니

1) 아론이...전하고-모세의 대언자로서의 역할(16절)이 이제 시작되었습니다. 그는 자신의 의지보다 모세의 말 곧 하나님이 계시해 주신 내용을 백성

에게 전하는 도구가 되었던 것입니다.

2).이적을 행하니-성경 기록상 인간이 행한 최초의 이적이었습니다. 따라서 최초의 이적 행사자는 출애굽 운동의 지도자로 소명 받은 하나님의 전권대사 모세였습니다. 그리고 이적의 내용은 이미 하나님께서 허락하신대로 지팡이가 뱀으로 변하는 것과 손에 문둥병이 발했다가 다시금 깨끗케 되는 이적이었습니다(출4:3-8).

출4:31 백성들이 믿고 행복해 했고 또 하나님께서 이스라엘 자손들을 조사하셔서 그들의 고난을 보았다함을 듣고 그들이 머리를 숙여 경배하였더라

70인역에서는 행복해 했고, 조사하고, 고난을 보았다고 나옵니다.

출애굽기 5장

출5:1 그 이후에 모세와 아론이 바로에게 들어가 말하기를 이스라엘의 주 하나님께서 이같이 말씀하시나니 내 백성을 가게 하여 그들이 나를 위하여 광야에서 축제를 벌이도록 하라 하셨나이다

> 1) 개정성경에서는 절기로 해석하지만 70인역에서는 축하와 축제로 되어 있습니다.
> 2) 절기를 지킬(하가그)-본래 의미는 '원 안에서 돌다'인데 이는 종교행사의 한 부분으로 둥그런 원형을 이루어 춤을 추고 즐거이 노는 것을 가리킵니다. 이스라엘의 절기 중 대부분을 즐거운 축제 분위기를 동반하는 경우가 많았습니다. 따라서 절기 중 무도회를 열거나(삿21:12), 주 앞에서 즐거운 찬송을 발하거나(시100:1) 혹은 성전을 향해 행진하는(시42:4) 등 갖가지 행사가 있었습니다. 그래서 아마 70인역에서는 절기를 축제로 말하고 있는것 같습니다.

출5:2 바로가 말하기를 내가 그의 소리를 듣고 이스라엘 자손을 보내야 하겠느냐 나는 결코 주를 알지 못하니 결코 이스라엘을 보내지 아니하리라
출5:3 그들이 말하기를 히브리인의 하나님께서 우리를 부르셨은즉 우리가 광야로 삼일길을 내려가서 우리 하나님께 희생제를 드리게 하소서 그렇지 않으면 우리에게 살인이나 죽음이 발생합니다 하니

> "여호와께서 전염병이나 칼로 우리를 치실까 두려워하나이다"하며 개정 성경에서는 말하지만 70인역에서는 '그렇지 않으면 우리에게 살인이나 죽음이 발생합니다 하니'로 되어 있습니다.

출5:4 애굽 왕이 그들에게 말하기를 모세와 아론아 무엇 때문에 너희는 나의 백성들을 일에서 돌아서게 하느냐 너희는 너희 노역이나 열심히 하라

출5:5 그리고 바로가 말하기를 보라 이제 그 백성이 많거늘 너희가 그들이 노역에서 쉬게 하는도다 하고

이제...쉬게 하는도다-공동 번역에는 '저들이 이 땅의 백성보다도 더 불어 났다. 그런데도 너희는 저들에게 노동을 시키지 말라는거냐'라고 번역되어 있습니다. 바로가 이스라엘 백성들을 한 인간으로서가 아니라, 유용한 노동 력이자 생산 도구로서만 생각하고 있었음을 반영하는 말입니다. 70인역에 서는 "그 백성이 많거늘"로 되어 있습니다.

출5:6 바로가 그 날로 백성의 고용주와 서기관들에게 명령하여 말하기

출5:7 너희는 더 이상 벽돌 만드는 짚을 어제와 삼일 전처럼 백성들에게 주지 말고 그들로 가서 스스로 짚을 모으게 하라

전과 같이 라는 말을 70인역에서는 어제와 3일전까지라 말하고 있습니다.

출5:8 그들이 지금까지 매일 만들었던 벽돌의 수효를 그들에게 부과하고 결코 어떤 혜택도 주지 말라 그들이 여가를 갖았음으로 탄원하여 말하기를 우리가 가서 우리의 하나님께 희생제를 드리자 하나니

출5:9 그 사람들의 노동을 무겁게 하여 그 일만 하게 하여 헛된 말로 케어 받지 못하게 하라

70인역에서는 '거짓말'을 '헛된말'로 되어 있다. 또한 '듣지 않게'라는 말이 '케어 받지 못하게 하여'로 되어 있습니다.

출5:10 백성의 감독들과 서기관들이 서둘러 백성들에게 일러 말하기를 바로가 이같이 말하기를 내가 너희에게 짚을 주지 아니하리니

출5:11 너희는 가서 짚을 찾을 수 있는 곳에서 짚을 수집하라 그러나 어떤 요금으로도 감해지지 않으리라 하셨느니라

출5:12 그러므로 백성이 애굽 전체에 흩어져서 짚 대신 그루터기를 수집하니라

출5:13 감독자들이 그들에게 서둘러 말하기를 짚이 있을 때와 똑 같이 작업량을 도달하여 달성해야 하느니라하며

출5:14 바로의 감독자들이 백성들 위에 세운 이스라엘 자손들의 서기관들을 때리며 이르되 어찌하여 너희는 어제와 삼일전과 같이 오늘 벽돌 만드는 작업량을 완료하지 못했느냐 하니라

출5:15 이스라엘 자손들의 서기관들이 바로에게 내려가서 말하기를 왕께서는 어찌하여 왕의 종들을 이렇게 대하시나이까

출5:16 당신의 종들에게 짚을 주지 아니하고 그들이 우리에게 말하기를 벽돌을 만들라 하나이다 보소서 당신의 종들이 채찍을 맞사오니 당신의 백성들이 불공평 하나이다

70년역에서는 '당신의 백성들이 죄니라'는 말을 '당신의 백성들이 불공평하다'라고 되어 있습니다.

출5:17 말하기를 너희가 여가를 갖고 여가를 갖고 있구나 그러므로 너는 우리를 보내서 하나님께 희생제를 드리자 하는도다

출5:18 그런즉 지금 가서 노동하라 짚을 너희에게 주지 않을지라도 벽돌은 수량대로 주어야 하리라

출5:19 이스라엘 자손들의 서기관들이 나타나서 말하길 너희가 매일 만드는 벽돌 일에서 결코 누락해서는 안 된다고 하자 자신들에게 나쁜 일이 미친 줄 알고

출5:20 바로로 부터 그들이 나왔을 때 근처에서 그들을 만나려고 오는 모세와 아론을 만나

출5:21 그들에게 말하기를 하나님께서 너희를 보시고 재판하시리라 이

는 너희가 우리를 바로의 면전과 그의 신하들의 면전에서 가증한 냄새가 나게 하고 그들의 손에 칼을 주어 우리를 죽이려 하기 때문이라
출5:22 모세가 주님께 돌아와서 주님께 말씀드리기를 어찌하여 이 백성에게 해를 끼치게 하셨나이까 어찌하여 나를 보내셨나이까

어찌하여...어찌하여-이는 자신을 선택하신 하나님께 대한 불평과 분노에 찬탄식이 아니라, 인간으로서는 도저히 감당할 수 없는 참담한 상황 속에서 하나님의 초월적인 경륜을 이해하지 못한 채 자신의 한계를 탓하는 참신앙인의 절규이자 간접적인간구입니다(시74:1:89)

출5:23 제가 바로에게 나아가서 주님의 이름으로 말한 이래로 그가 이 백성에게 해를 끼치게 되었으며 주님께서는 당신의 백성을 구원하시지 않으셨나이다

출애굽기 6장

출6:1 그리고 주님께서 모세에게 말씀하시기를 내가 바로에게 행하는 것을 이제 네가 보리라 힘 있는 손으로 말미암아 그들을 내보내게 될 것이며 높은 팔로 그들을 그의 땅에서 쫓아내리라

1) 강한 손을 더하므로-여기서 '강한 손'이란 하나님의 권능을 상징하는 신인 동형동성론적 표현입니다. 70인역에서는 힘있는 손으로 되어 있습니다. 따라서 이 말은 하나님의 절대적인 능력을 크게 나타내시겠다는 뜻입니다.
2) 보내리과(쌀라흐)-여기서는 어쩔 수 없는 상황에서 마지못해 가게 내버려둔다는 뜻입니다.
3) 쫓아내리라(가라쉬)-'축출하다, 추방하다'로서 전술한 '쌀라흐''보다 훨씬 강한 의미를 지닙니다. 즉 이 말은 자의로 추방한다는 의미보다 어쩔 수 없는 상황에서 내어준다는 의미가 강합니다. 즉 이는 여호와의 이적적 징벌로 말미암아 바로가 이스라엘 백성을 도리어 쫓아내듯 황급하게 내어보내는 상황에 처하게 될 것임을 예시한 말입니다(출12:33).

출6:2 하나님께서 모세에게 말씀하여 이르시되 나는 주님이니라

70인에서는 "나는 여호와"가 아닌 "나는 주님"이라 나옵니다.

출6:3 내가 아브라함과 이삭과 야곱에게는 하나님이 되었지만 주님이라는 나의 이름으로는 그들에게 결코 나타나지 아니하였고

1) 개정 성경에는 '전능하신 하나님'으로 나오나 70인역에서는 '하나님'으로만 나옵니다.

2) 여호와로는...알리지 아니하였고-여기서 '알리다'에 해당하는 히브리어 '야다'의 기본 개념은 '확실히 깨닫게 하다, 체험하게 하다'란 뜻입니다. 따라서 이는 아브라함, 이삭, 야곱에게 '여호와'라는 이름이 전혀 계시되지 않았다는 뜻은 아닙니다(창15:7;22:14;28:13). 다만 이 칭호가 '언약의 주'로서의 의의를 지닌 것으로 확연히 알려진 것은, 구속사의 분수령을 이루는 출애굽을 전후한 때라는 의미입니다. 70인에서는 "나타나다"라 되어 있습니다.

출6:4 그리고 내가 그들과 언약을 세웠으니 가나안 땅 곧 그들이 이방인으로 그 안에 거주했던 그 땅을 주기로 하였으며

1) 가나안 땅-좁게는 요단 동편에 위치한 가사에서 시돈 사이의 땅을(창10:19) 넓게는 역시 요단 동편의 애굽 강에서부터 유프라테스강에 이르는 지역을 가리킵니다(창15:18).
2) 언약하였더니(쿰 에트-베리트)-'쿰'은 '설립(제정)하다, 선포하다'의 뜻이고, '베리트'는 '자르다'의 뜻인 '바라'에서 온 말로 곧 '언약'을 가리킵니다. 70인역에서는 '디아데케'란 '언약, 개명'을 의미합니다. 특히 여기서 언약은 상호간의 협의에 의해 이뤄진 언약이라기보다 하나님의 일방적이고 불가항력적인 은혜에 근거하고있는 언약입니다.

출6:5 이제 애굽 사람이 노예로 삼은 이스라엘 자손의 신음 소리를 내가 듣고 나의 언약을 기억하노라
출6:6 가라 이스라엘 자손들에게 말하라 나는 주님이라 내가 너희를 애굽 왕조로부터 인도하여 나와 내가 너희를 그들의 종살이에서 구조할 것이며 내가 높은 팔과 큰 심판으로 너희를 구속하리라
출6:7 나는 너희를 내 스스로의 백성으로 삼고 너희 하나님이 되니 내가 애굽의 압제로 부터 너희를 인도한 너희 하나님 주님인 줄 너희가 알게 될 것이니라
출6:8 내가 아브라함과 이삭과 야곱에게 주기로 손을 내밀어 맹세한 그 땅으로 너희를 데려가고 또 그것을 너희에게 기업으로 주리라 나는 주님

이라 하셨다 하라

1) 70인역에서는 맹세를 손을 내미는 것으로 말합니다.
2) 맹세(나사 야드)-문자적으로는 '손을 들어 올리다'는 뜻입니다. 이는 고대 근동의 맹세 습관을 반영하는 말입니다(느9:15). 실로 만유의 주재이신 하나님께서 초라한 일개 노예 족속과 더불어 손을 들어 엄숙히 맹세하였다는 사실에서 우리는 택함 받은 자를 향한 하나님의 놀라운 은총과 크신 사랑을 엿볼 수 있습니다(계15:3,4).
3) 기업(모라쉬)-(원주민을 쫓아내고)'점유하다, 유산으로 이어받다'의 뜻인 '야레쉬'에서 온 말로 향후 가나안 정복 전쟁을 통해 이루어질 기업분배를 암시합니다. 우상에 물든 가나안 원주민들을 무찌르고 가나안 정복이 일단락 된 후, 이스라엘은 제비뽑기와 인구 수효 형평의 원칙에 따라 기업을 분배하였던 것입니다(민26:52-56).

출6:9 모세가 이와 같이 이스라엘 자손에게 전하나 그들은 겁이 많고 힘든 노동일로 인하여 모세의 말을 결코 듣지 않더라
출6:10 주님이 모세에게 말씀하여 이르시되
출6:11 애굽 왕 바로에게 들어가서 말하여 그의 땅에서 이스라엘 자손들을 내보내게 하라 하니
출6:12 모세가 주님 앞에 말하여 이르되 보소서 이스라엘 자손들도 결코 내 말을 듣지 아니하였거든 어떻게 바로가 내 말을 듣겠나이까 나는 입이 야만적이니이다

1) 개정 성경에서는 "둔한"이라고 되어 있지만 히브리어 원어에서는 할례 받지 못한으로 되어 있고, 70인역에서는 "입이 야만적인"으로 되어 있습니다.
2) 입이 둔한-문자적 해석은 '할례 받지 못한 입술'입니다. 한편 모세의 이러한 고백은 겸양의 차원을 넘어 동족 이스라엘도 설복시키지 못하는 무능한 자가 어찌 바로 앞에 서겠느냐는 의미의 탄식이자 깊은 좌절감의 표출입니다. 따라서 모세는 이 순간 자신이 얼마나 하잘 것 없는 존재인가를

처절하게 통감하였을 것입니다. 결국 출애굽 사건은 지극히 약한 자를 들어 강한자를 부끄럽게 하신 하나님의 단독 사역의 전형이라 하겠습니다(고전1:27-29).

출6:13 주님께서 모세와 아론에게 말씀하시사 애굽왕 바로에게 애굽 땅에서 이스라엘 자손을 내보내라고 그들에게 명령하라 하시니라
출6:14 그들 가문의 집 지도자들은 이러하니라 이스라엘의 장자 르우벤의 아들들은 하녹과 발루와 헤스론과 갈미이니 이들은 르우벤의 친족들이며

1) 개정성경은 르우벤의 족장이라 되어 있지만 70인역은 이들은 르우벤의 친족들 즉 친척으로 되어 있습니다.
2) 르우벤(레우벤)-'보다'란 뜻의 '라아'와 '아들'이란 뜻의 '벤'이 결합하여 '보라! 아들이라'는 의미를 지닙니다. 그는 야곱의 장자였으나 아비의 첩 빌하와 통간함으로(창35:22)장자권을 상실하고 말았습니다(창29:32;대상5:1).

출6:15 시므온의 아들들은 여무엘과 야민과 오핫과 야킨과 소할과 가나안 여인의 아들 사울이니 이들은 시므온자손의 가문이더라

시므온-야곱의 둘째 아들로서 레아의 소생이다(창29:33). 유별나게 요셉을 미워했던 점이나(창37:20), 레위와 더불어 세겜인을 과도하게 학살하였던 사실(창34:25-30)등으로 미루어, 매우 잔인한 성품의 소유자였음을 알 수 있습니다.

출6:16 레위의 아들들의 이름은 그들의 친족대로 이러하니 게르손과 고핫과 므라리요 레위의 나이는 백삼십칠 세였으며

1) 레위-'연합'이란 뜻으로 야곱의 3남이며 레아의 소생으로서 시므온과 더불어 세겜인을 잔인하게 살육한 장본인입니다(창34:25,26). 애굽 이주시

게르손, 고핫, 므라리 등 세 아들을 데리고 갔습니다(창46:11).

2) 수(쉐네 하예)-'삶의 연수'란 의미로 본문에는 출애굽의 두 영도자 모세와 아론의 직계조상 레위, 고핫, 그리고 아므람 등에 한해서 연수를 소개하고 있으며(4절,18절,20절), 출7:7에는 모세와 아론의 나이도 아울러 언급하고 있습니다. 이는 애굽 정착 이후 4대(레위,고핫,아므람,모세)만에 가나안으로 돌아올 것이라던 창15:16의 예언이 어떻게 성취되어 갔는가를 분명히 밝혀 주기 위함입니다. 한편 레위의 나이가 '137세'라는 사실은 이때의 상황이 애굽으로 내려가 수십년이 지난 때이자, 그가 세 아들을 얻은 이후라는 점(창46:8-11)을 간접 시사하고 있습니다.

출6:17 게르손의 아들들은 이러하니 그들의 친족의 집안대로 립니와 시므이요

게르손-'쫓아내다,추방하다'란의 동사 '가라쉬'에서 유래한 말로 '피난처'라는 의미입니다. 레위의 장자이며 그 자손은 후일제사 제도가 정비된 이후 성막과 장막 그리고 그 부속물들을 관리하는 직무를 맡았습니다(민3:25,26)

출6:18 고핫의 아들들은 아므람과 이스할과 헤브론과 웃시엘이요 고핫의 나이는 백삼십삼 세였으며

요세푸스는 모세의 아버지 아므람에 대하여 말하길 아므람이 기도할 때 주님이 나타나서 말하길 앞으로 이스라엘을 구원할 아이가 태어날 것인데 그 아이가 너의 아이 중에 한명인데 그에게는 형이 있는데 그 형은 앞으로 대제사장이 될 것이며 그의 가문은 영원히 제사장 가문이 될 것이며 그의 동생이 바로 히브리 민족을 구원할 것이라 했습니다.(요세푸스의 책3권 197페이지에 나옴). 이는 마치 마리아에게 수태고지를 한 것과 같은 수태고지를 받고 있는 것입니다.

고핫-'모임,집회'라는 뜻으로 레위의 둘째 아들이며 후일 그 자손은 성막의 가장 신성한 기구들을 보관, 운반하는 일을 맡았습니다(민3:31). 모세와 아론이 바로 레위의 둘째 아들 고핫 계열에서 나왔습니다.

출6:19 므라리의 아들들은 마할리와 무시이니 이들은 그들의 후대에 따라 레위 가문의 집안들이며

므라리-'쓰다'는 뜻으로 레위의 세째 아들이며 그 자손은 성막의 널판과 그 부속품을 관리하는 일을 맡았으며(민3:36), 포로귀환 후 예루살렘 재건시 중요한 역할을 수행한 바 있습니다(스8:19)

출6:20 암브람은 그의 아버지 동생의 딸 요게벳을 아내로 취해 아론과 모세와 동생 미리암을 낳았고 암브람의 생애는 백삼십이년 이었더라

1) 본절의 암브람은 고핫의 아들 암브람이고, 이 암브람의 생애가 137년으로 나오지만 70인역은 132년으로 나옵니다.
2) 요세푸스는 그의 구약 3권 199페이지에서 이렇게 말합니다. 요세푸스는 기독교인이 아닌데 어쩌면 이렇게 예수 탄생을 그대로 모세와 비교해서 말하고 있는지...모세는 곧 예수탄생을 그대로 상징하고 있습니다. 그 내용은 다음과 같습니다. "모세의 아버지 아므람이 출6:18절에서 모세 수태고지를 받고 이 사실을 그의 아내 요게벳에 알립니다. 그리고 모세를 살리기 위해 갈대 상자를 만들어 떠내려 보내는데 이것은 마치 요셉과 마리아가 아이 예수를 엎고 애굽으로 피난가는 것과 똑 같습니다. 또한 요세푸스는 말하길 당시 아이를 출산하면 남자 아이는 다 죽이라는 애굽왕의 고지가 있었는데 어떻게 모세의 어머니 요게벳은 모세인 남자 아이를 낳고 들키지 않았으냐면 요게벳은 모세를 낳을 때 거의 산통을 겪지 않았기에 그를 감시하는 사람들이 모세를 출산했는지 조차 몰랐다는 것입니다. 이는 마치 예수 탄생시 예수님이 빛으로 탄생해 처녀막도 손상되지 않았고, 산통을 겪지 않았다고 하는데 바로 그렇게 모세가 출생한 것입니다. 애굽의 공주에게 키워진 것은 마치 예수님이 애굽에서 안전하게 성장한 것을 말합니다"
3) 아므람-출2:1에서 '레위 족속 중 한사람'으로 언급된 바로 그 인물입니다. 그런데 많은 학자들은 이 사람이 18절에 나오는 고핫의 아들이라는 데 이견을 제시합니다. 즉 그들은 출애굽 후 시내산 출발 직전의 상황(출애굽 2년 2월 1일)에서 계수한 고핫 가족의 수가8,000명이었다는 사실(민 3:27,28)을 들어 모세의 부친 아므람이 고핫의 아들 아므람과는 다른 동명

이인이라고 주장합니다. 그러나 (1)아브라함 이후 레위(137세)→고핫(130세)→아므람(137세)→모세(120세)로 이어지는 4대를 제시하여 일찍이 하나님께서 횃불 언약을 통해 아브라함에게 하신 당신의 예언(창15:13-17)이 역사 속에서 그대로 성취됨을 보여 주고자 했다는 점과 (2)당시 이스라엘 백성들의 번식력이 하나님의 특별 섭리로 인하여 급속히 신장했다는 점 (3)그리고 본문(16-27절)의 맥락과 그 기술 순서의 체계성으로 미루어 보아 본절의 아므람은 18절의 아므람과 동일 인물로 보는 것이 타당한 듯합니다. 4) 그 아비의 누이 요게벳-'하나님께서 영광 받으심'이란 뜻의 이름으로서 미리암, 아론, 모세의 모친입니다. 예수의 어머니 마리아와 사무엘의 어머니 한나와 더불어 성경상의 3대 현모라 일컬어 집니다(히11:23). 한편 다른 성구에서 요게벳은 단순히 레위 여자(2:1) 혹은 레위의 딸(민26:59) 등으로 언급 되었으나, 본절을 통해 그녀는 아므람의 고모이자 아내였음이 드러납니다. 모세 율법에서는 이러한 근친혼이 엄금되고 있으나(레18:12) 율법 제정전에는 크게 문제시되지 않은 듯합니다.

출6:21 이스할의 아들들은 고라와 네벡과 시르리요

고라-'대머리'란 뜻으로 모세의 종형입니다. 출애굽 후 광야 행진시 명예욕에 사로잡혀 이스라엘 지도권을 넘보아 모세를 대적하다 그 추종자들과 더불어 하나님의 심판받아 멸망했습니다(민16:1-3,28-35)

6:22 웃시엘의 아들들은 엘사판과 시드리이며

70인역에서는 웃시엘의 아들중 미사엘은 나오지 않고 아들이 두명이 있는 것으로 나옵니다.

출6:23 아론은 암미나답의 딸 나손의 누이 엘리세바를 아내로 삼고 그녀가 그에게 나답과 아비후와 엘르아살과 이다말을 낳았으며

1) 이 부분은 시내 산 언약 이후 제사장 가문이 된 아론 가문을 집중 소개하

고 있습니다. 특별히 성경 족보에서는 드문 여인들(아론과 엘르아살의 아내)까지 언급함으로써 성경 역사에서 이 가문이 차지하는 비중을 가히 짐작케 합니다.

2) 나답과 아비후-훗날 성막에서 하나님의 뜻을 무시한 채 다른 불로 분향을 드리다가 죽음을 당한 자들입니다(레10:1,2). 그런데 그들은 여전히 대제사장 아론 가문의 족보에 등재됩니다. 이는 인간 제사장의 한계를 깨우쳐줌으로써 인간 구속을 위해서는 레위의 반차를 초월한 또 다른 제사장의 출현이 필연적임을 암시합니다.

3) 엘르아살-그의 형 나답과 아비후 사후에 아론 가문의 상속자로 성실히 일하다가 아론이 죽자 아론을 이어 이스라엘의 대제사장직을 계승하게 됩니다(민20:25-28).

4) 이다말-아론의 네째 아들로 후일 이다말 자손의 조상된 자이며(대상24:4-6), 광야 행진시에 제사장으로서 그 직분을 충실히 수행한 자입니다(출28:1;38:21;민4:28;33).

5). 비느하스 –거룩한 의분으로 이스라엘 내에 만연한 음행을 척결함으로써 여호와로부터 '비느하스 언약'을 얻었던 정의의 사람입니다(민25:10-13). 부친 엘르아살 사후 대제사장직을 계승하였습니다(삿20:28).

출6:24 고라의 아들들은 앗실과 엘가나와 아비아삽이니 이들은 고라의 후손들이라
출6:25 아론의 아들 엘르아살은 부디엘의 딸 중에서 아내를 삼고 그는 비느하스를 낳았으니 이들은 레위 가문의 시작으로 그 남자들의 후손이라

70인역은 우머두리를 그 남자들의 후손으로 말하고 있습니다. 즉 이 레위의 아들들의 족장이 되었다는 말입니다.

출6:26 이스라엘 자손을 군대들로 편성해서 애굽 땅에서 인도하라 하신 하나님의 명령을 받은 자는 이 아론과 모세요

1) 애굽 군대가 아닌 이스라엘을 군대로 편성해 애굽 땅에서 출애굽하라 하

고 있습니다.

2) 그 군대대로(알-치베오탐)-'차바'는 동사로 쓰이면 '집결(소집)하다, 싸우다'는 뜻이고, 명사로 쓰이면 '군대' 혹은 '전투 행위'를 가리킵니다. 한편 이 말은 이스라엘이 정처 없이 방황하는 약소 노예 민족에 불과함이 아니라, 가나안이라는 확고한 정복 목표를 지닌 채 하나님의 성전을 수행해 나가는 위대한 군대임을 강조하기 위한 말입니다. 민수기는 바로 이스라엘이 하나님의 군대라는 측면에서 기술한 책입니다.

출6:27 애굽 왕 바로에게 이스라엘 자손을 애굽에서 내보내라 말한 사람도 이 모세와 아론이었더라
출6:28 주님께서 애굽 땅에서 모세에게 말씀하시던 그 날에
출6:29 주님께서 모세에게 말씀하여 이르시되 나는 주님이라 내가 네게 말한 모든 것을 너는 애굽왕 바로에게 말하라
출6:30 모세가 주 앞에서 말씀드리기를 보소서 나는 혀가 묶여 있는 자인데 바로가 어찌 나의 말을 들으리이까

"입이 둔하다"는 말은 히브리어로는 "할례받지 못 한이지만" 70인역은 "혀가 묶여 있는 것"으로 되어 있습니다.

출애굽기 7장

출7:1 주님께서 모세에게 이르시되 보라 내가 너를 바로에게 신으로 삼았으며 네 형 아론은 네 선지자가 되리니

대언자-'영감에 의해 말하다'란 뜻의 '나바'에서 온 말로 '예언자'를 가리킵니다. 여기서는 모세에게 임한 하나님의 말씀을 대신 선포하고 그 뜻을 풀어 설명해 주는 '대변인' 정도로 이해할 수 있습니다

출7:2 내가 네게 명령한 바를 너는 그에게 말하고 네 형 아론은 바로에게 말하여 그에게 이스라엘 자손을 그 땅에서 내보내게 하라
출7:3 내가 바로의 마음을 완악하게 하고 애굽 땅에서 나의 기적들과 나의 불가사의한 일들이 번성하게 할 것이니

1) 강퍅케 하고(아케쉐)-기본동사 '카쇠'는 '목이 곧다'는 의미를 내포하는 바, 이는 오직 자신의 주장만을 절대적인 것으로 내세우는 안하무인격인 모습을 가리킵니다. 여기서는 거듭되는 경고에도 불구하고 끝내 파멸의 늪에 빠지고 마는 바로의 교만하고 완악한 심령을 묘사합니다. 특히 '아케쉐'는 '카쇠'의 미완료형으로서 하나님의 구원 은총으로부터 벗어난자에 대한 유기의 의미를 강력히 함축하고 있습니다. 따라서 본 구절은 (하나님께서 바로의 마음을) '강퍅한 대로 내버려두고'란 뜻(출9:21)으로 해석할 수 있습니다. 70인역에서는 '강퍅케라'는 말을 '완악하게'로 되어 있습니다.
2) 많이 행하리라(라바)-풍성(충분)하게 하다,증가하다'는 뜻이다. 하나님께서 바로로 하여금 이스라엘을 내어 보내지 않고는 견딜 수 없도록 갖가지 이적을 행하시리라는 의미입니다. 70인역에서는 많이 행하리라를 '번성'으로 해석하고 있습니다.

출7:4 바로가 너희의 말을 결코 듣지 아니하리니 내가 내 손으로 애굽을 때려 큰 벌을 내리고 나의 군대들과 나의 백성 이스라엘의 자손들을 애굽 땅에서 이끌어 내리라

내 군대 (치브오타이)–'군대'(군복무)란 뜻의 '차바'에 1인칭 접미사가 결합되어 '나의 군대', 곧 '여호와의 군대'임을 강조하고 있습니다(출12:41). 실제로 이스라엘은 출애굽 당시 군대식으로 진을 형성하여 행군해 나갔습니다(출12:51).

출7:5 내가 내 손을 애굽 위에 뻗쳐 그들 가운데서 이스라엘 자손들을 이끌어 나올 때 애굽사람들은 내가 주님인 줄 알리라 하시매

펴서(나타)–(천막을) '치다'(창12:8), (마음이) '끌리다'(삼상14:7)등의 뜻을 내포한 말로, 특히 천막을 두르듯 하늘을 '펼치신' 하나님의 광대 무변함을 드러내는 표현으로 종종 사용되었습니다(욥9:8;사40:22). 여기서도 우리는 장차 애굽땅에 임할 하나님의 이적적 권능이 온 애굽을 순식간에 압도할 것임을 감지할 수 있습니다. 70인역에서는 '뻗쳐'로 나옵니다.

출7:6 모세와 아론이 주님께서 그들에게 명령하신 대로 행하였으니 그들이 그렇게 행하였더라
출7:7 그들이 바로에게 말할 때에 모세는 팔십세이고 그의 형 아론은 팔십삼세 였더라
출7:8 주님께서 모세와 아론에게 말씀하여 이르시되
출7:9 바로가 너희에게 일러 말하기를 너희는 기적과 불가사의한 일을 보이라 하거든 너는 아론에게 명하기를 너는 지팡이를 집어 바로와 그의 신하들 앞에 던지라 하라 그리하면 그것이 용이 되리라 하시더라

개정성경에서는 '옵히스' "뱀"으로 되어 있지만 70인역은 '드라콘'인 '용'으로 되어 있습니다. 개정성경은 바로 앞에만 던지라로 되어 있지만 70인역은 '바로와 신하들 앞에 던지라' 되어 있습니다

출7:10 모세와 아론이 바로에게로 들어가서 주님께서 명령하신 대로 행하여 아론이 바로와 그 신하들 앞에 그의 지팡이를 던지니 그것이 용이 되더라

뱀(탄닌)-구약 성경에서 '뱀'으로 번역된 히브리어에는 세가지가 있는데, (1)'나하쉬'는 일반적 의미에서의 뱀을 통칭합니다(출4:3;창3:1;민21:6). (2) '사라프'는 주로 치명적인 독성을 지닌 독사류를 지칭합니다(민21:8;사 14:29). 그리고 (3)'탄닌'은 뱀처럼 생긴 괴물(신32:33;시91:13)을 각각 지칭합니다. 따라서 '탄닌'은 '용'(시148:7), '리워야단'(사27:1)등으로도 번역되나 여기서는 '코브라'를 가리키는 듯합니다. 왜냐하면 애굽의 바로들은 그들의 왕관 중앙에 금으로 만든 코브라의 형상을 붙여 자신들의 왕권을 상징하였기 때문입니다. 70인역에서는 '용'으로 나옵니다. 그러나 본장 15절에서는 뱀으로 해석하고 있습니다.

출7:11 그때 바로도 지혜자들과 서기관들을 부르니 애굽의 마법사들도 그들의 마법으로 그와 같이 행하더라

70인역은 마법사인 술객들을 성문서를 베껴쓰는 서기관으로 해석하고 있습니다.

출7:12 그들이 각자 자기 지팡이를 던져 그것들이 용이 되었으나 아론의 지팡이가 그들의 지팡이들을 삼켜 버리더라

삼키니라-(삼켜)'없애다, 파괴하다'등의 뜻으로 악인에 대한 하나님의 단호한 징벌을 묘사하는 표현으로도 사용되는 말입니다(시21:9). 한편 당시 애굽의 바로들이 착용하던 왕관에는 뱀(코브라)의 문양이 새겨져 있었는데,

이 뱀은 바로의 왕권과 통치력을 상징하였습니다. 따라서 아론의 지팡이 뱀이 바로 일당의 뱀을 삼킨 것은 하나님의 권세 앞에 바로의 권세가 감히 대항할 수 없음을 시사하는 바, 구체적인 예로서 세번째 재앙부터는 감히 애굽 술객들이 모세의 이적을 흉내조차 낼 수 없었고(출9:19), 따라서 마침내 바로는 출애굽을 허락하지 않으면 안되었던 것입니다(출12:31).

출7:13 주님께서 바로의 마음을 강하게 하시므로 그가 그들의 말을 결코 듣지 아니하였으니 주님께서 그들에게 말씀하신 것과 같더라
출7:14 주님께서 모세에게 말씀하시기를 바로의 마음이 무거워 백성을 결코 보내지 않을 것이라

'완강하여'를 70인역에서는 '무겁게 하여'로 되어 있습니다.

출7:15 너는 아침에 바로에게 가라 그러면 그가 물가로 나오리니 너는 나일강 가에 서서 그를 만나 뱀으로 변했던 그 지팡이를 네 손에 잡고
출7:16 그에게 말하길 히브리인들의 하나님 주님께서 나를 당신에게 보내어 말씀하시기를 내 백성을 보내라 그들이 광야에서 나를 예배하리라 하셨으나 보라 지금까지 당신이 듣지 아니하도다

섬길 것이라는 말이 70인역에서는 예배로 되어 있습니다.

출7:17 주님께서 이렇게 말씀하셨으니 이것으로 내가 주님인 줄 알리라 보라 내가 내 손에 있는 지팡이로 강에 있는 물을 치면 그것이 피로 변하고
출7:18 그 강에 있는 물고기들이 죽고 그 강에서 악취가 나서 애굽사람들이 결코 그 강물 마시기를 거부하리라
출7:19 그리고 주님께서 모세에게 말씀하시기를 아론에게 네 지팡이를 들고 애굽의 물들과 강들과 운하들과 모든 늪들 위에 손을 뻗치라고 말하라 그리하면 애굽 땅안에 있는 모든 것이 피가 되리라 나무 그릇과 돌그

릇에도 피가 있으리라

출7:20 모세와 아론이 주님께서 명령하신 대로 그렇게 행하여 아론이 바로와 그의 신하들의 앞에서 그의 지팡이로 강물을 세게 치니 강에 있는 모든 물이 다 피로 변하더라

출7:21 그리고 강에 있는 물고기들이 죽고 강에서 악취가 나니 애굽사람들이 그 강물을 마실 수 없게 되고 애굽 땅 전체에 피가있더라

출7:22 애굽의 마법사들이 그들의 마법으로 그렇게 행하니 바로의 마음이 완악해져서 주님께서 말씀하셨던 대로 그들의 말을 결코 듣지 않더라

출7:23 바로는 돌아서서 자기의 집(궁궐)으로 들어갔고 결코 이일에 그의 마음을 기울이지 아니하였고

출7:24 모든 애굽 사람들은 마실 물을 얻으려고 강 사방을 팠으니 이는 그들이 강물을 마실 수 없음이더라

출7:25 주님께서 강을 세게 치신 후 칠일이 되니라

70인역은 25절 이후에 29절까지 더 나오지만 개정 성경은 7장25절까지만 나옵니다.

출애굽기 8장

출8:1-4절 말씀은 70인역에서는 본래 출7:26절부터 29절까지 나오는데 개정 성경은 출8장에 나옵니다.

출8:1 주님께서 모세에게 이르시기를 바로에게 들어가서 그에게 말하라 주님이 이같이 말하노라 내 백성을 보내라 그들이 나를 예배하게 하라

70인역에서는 '섬기게 하라'는 말을 '예배하게'하고로 나옵니다.

출8:2 만일 네가 보내기를 거절하면 보라 내가 개구리로 너의 모든 경계 선(땅)을 몽둥이로 치리라

70인역은 개구리 재앙을 '개구리라는 몽둥이로 친다'고 나와 있고, 또한 '너의 온땅'이라는 말이 '모든 경계선'으로 나옵니다.

출8:3 강이 개구리로 가득차서 그들이 올라와서 네(바로) 집과 네 침실방 과 네 침대 위와 네 신하들의 집과 네 백성 위에와 네 화덕과 반죽 그릇 에 들어갈 것이며
출8:4 그리고 개구리가 네 위와 네 백성 위와 네 신하들 위에 올라가리 라 하라
출8:5 주님께서 모세에게 이르시기를 너의 형 아론에게 명령하기를 지팡 이를 잡은 네 손을 강들과 운하들과 늪들 위로 뻗쳐서 개구리를 올라오 게 하라 할지니라

개구리(체파르데아)-'뛰어오르다,울다'란 뜻의 동사 '차파르'에서 온말로 라나 모사이카 혹은 라나 닐로티카라는 학명을 가진 개구리의 특종을 가리킵니다. 나일 강의 정기적인(6-10월경) 범람 후 물이 빠지는 12월 중순 경에는, 나일강변의 비옥한 토양 위로 수많은 개구리들이 기어오릅니다. 한편 애굽사람들은 옥토위로 개구리가 등장하는 것과 관련하여 개구리를 풍요와 다산의 상징으로 간주하고 '헤카' 또는 '헤크트'라고 하는 개구리 모양의 머리를 가진 여신으로 형상화시켜 숭배했습니다. 이와 같이 애굽사람들에게 신성시되던 동물을 도리어 저주와 고민거리로 바뀌게 한(8,14절)이 두번째 재앙은, 실로 애굽 우상 종교의 허탄함과 무력함을 여실히 입증해 보인 사건이라 할수 있습니다.

출8:6 아론이 자기 팔을 애굽의 물들 위에 뻗치니 개구리들이 끌리어 올라와서 이집트 땅을 덮으니

개정성경은 아론이 손을 뻗치니 개구리들이 올라온 것 같이 되었지만 70인역에서는 "아론이 손을 뻗치자 그 손에 끌리어 개구리들이 올라온 것으로 되어 있습니다"

출8:7 그 마법사들도 그들의 마법으로 그렇게 행하여 애굽땅에 개구리들을 올라오게 하였더라

술법대로...올라오게 하였더라-거짓 속임수였건, 혹은 술객들이 그들의 술법능력으로 약간의 개구리를 물에서 땅으로 올라오게 했건, 아니면 아론의 행위로 인해 생겨난 개구리를 자신들의 술법으로 말미암았다고 우겼든간에, 실상 그것이 중요한 문제는 아닙니다. 왜냐하면 그들은 가뜩이나 골치거리였던 개구리의 수효를 더 늘려만 놓았을 뿐, 절실히 요청되었던 개구리 제거 작업에는 속수무책이었기 때문입니다(출7:11).여기서 애굽 술객들의 한계와 무능이 여실히 드러납니다.

출8:8 그러자 바로가 모세와 아론을 불러 말하기를 주님께 기도하여 개

구리들을 나와 내 백성으로부터 제거하시도록 하라 그리하면 내가 그들을 보내리니 그들이 주님께 희생제를 드리도록 하리라

출8:9 모세가 바로에게 말하기를 내가 언제 당신과 당신의 신하들과 당신의 백성들을 위해 기도하여 당신과 당신의 집에서 개구리들을 사라지게 하고 오직 강에만 그들을 남겨두어야 할지 내게 명령하소서

출8:10 그가 말하기를 내일이라 모세가 말하기를 당신이 말한 것 같이 하여 주님 외에는 다른 신이 결코 없는 것을 알게 하리니

"하나님 여호와와 같은 이가 없는 줄을 알게 하리니"라는 말이 70인역에서는 "주님 외에는 다른 신이 결코 없는 것을 알게 하리니"로 되어 있습니다.

출8:11 그리고 개구리들이 당신과 당신의 집과 당신의 신하들과 당신의 백성들로부터 제거 되어 오직 강에만 남을 것이리다 하고

'개구리들이 떠나서'가 70인역에서는 '제거 되어'로 나오고, '강에만 있는다'는 말이 70인역에서는 '오직 강에만 남는다'는 말로 되어 있습니다.

출8:12 모세와 아론이 바로에게서 나오고 모세는 바로가 말한 대로 개구리 금지에 관해 주님께 부르짖으니라

'개구리에 대하여 모세가 여호와께 간구하매'라는 말이 70인역에서는 '개구리 금지에 관해 주님께 부르짖으니라'로 되어 있습니다.

출8:13 주님께서 모세가 말한 대로 행하시니 개구리들이 집들과 마을들과 들로부터 나와서 죽더라

출8:14 그리고 그들은 그것들을 무더기로 모았고 땅에서는 악취가 나더라

출8:15 그러나 바로가 한숨을 돌리게 되자 그의 마음이 굳어져 주님이 말씀하신 것과 같이 그들의 말을 결코 듣지 아니하더라

출8:16 주님께서 모세에게 말씀하시기를 아론에게 말하여 네 손으로 지팡이를 뻗어 땅의 먼지를 치라하라 그리하면 그것이 사람 안과 네발가진 짐승 안과 애굽의 모든 땅에서 모기가 되리라

1) 개정성경에는 '애굽 온땅에 이가 있을 것이라' 하지만 70인역은 '애굽 온 땅 뿐 아니라 사람과 짐승 안에서도' 역시 '모기'가 있을 것이라 말하고 있다(사람과 짐승안이란 몸속을 말하는 것이 아니라 옷과 털속을 말합니다).
2) 이가 되리라-여기서 '이'로 번역된 히브리어 '킨님'은 단지 본절과 그리고 여호와의 권능과 출애굽 사건을 찬양하고 있는 시편105:31에만 나타나기 때문에 그 뜻을 명확히 파악하기 힘듭니다. 따라서 (1)고대역본들과 랍비 문서, 그리고 흠정역, 요세푸스, 보카르트 같은 이들은 '이'로 번역하였고 (2)어떤 학자는 '빈대'로 보았으며 (3)70인역(LXX)과 필로, 오리겐, 칼리쉬, 카일, 게세니우스 같은 이들은 '모기'로 번역하였습니다. 그런데 애굽의 지리적 여건과 문맥의 전후 상황, 그리고 애굽어 '켄넴'이란 말이 '모기'란 의미를 가지고 있는 점등으로 미루어 보아 여기서 '이'는 '모기'로 봄이 좋을 듯합니다. 한편 애굽의 모기는 일종의 '각다귀'(모기와 유사하나 다리가 길고 몸집은 작으며 쏘는 힘이 강함)인데 이것들은 사람들의 머리털과 옷 속, 심지어 눈과 코속까지 기어 들어가 쏘아대므로 피부에 고통스런 자극을 일으켰습니다. 실로 이런 곤충들이 여름밤의 하루살이 같이 눈을 뜰 수 없을 정도로 사람에게 달라붙는다면 그 괴로움은 이루 말로 표현할 수 없을 것입니다. 인간이 하나님의 뜻을 거역할 때 모든 피조물, 심지어 땅의 티끌까지라도 하나님은 당신의 채찍으로 삼으셔서 인간들을 징계하실 수 있음을 보여 줍니다. 한편 이 세번째 재앙은 제6,9재앙과 마찬가지로 사전 경고 없이 내려졌습니다.

출8:17 그들이 그와 같이 행해 아론이 지팡이를 잡은 손을 뻗어 땅의 먼지를 치니 그것이 사람과 짐승 안에서 모기가 되고 땅의 모든 먼지가 애굽 전역에 걸쳐 모기가 되더라
출8:18 마법사들이 자기들의 마법으로 모기를 만들어 내려고 그와 같이 행하나 그들은 결코 할 수 없었고 모기가 사람과 네발 가진 짐승 안

에 있더라

가축을 70인역에서는 네발 가진 짐승으로 표현합니다.

출8:19 그러자 마법사들이 바로에게 말하기를 이것은 하나님의 손가락이니다 하나 바로의 마음이 완고하게 되어 그들의 말을 결코 듣지 않았으니 주님께서 말씀하신 것 같더라

개정성경에서는 '권능'이라 되어 있지만 70인역에서는 권능을 '손가락'으로 해석하고 있습니다.

출8:20 주님께서 모세에게 말씀하시기를 아침에 일찍 일어나 바로 앞에 서라 보라 그가 물로 나아오리니 그에게 말하라 주님이 이같이 말하노라 내 백성을 보내라 그들이 광야에서 나를 예배 하리라
출8:21 만일 네가 내 백성을 보내지 아니하면 보라 내가 너와 네 신하들과 네 백성들과 네 집안에 개 파리떼를 보내리니 애굽사람들의 집들과 그들이 있는 땅 위가 개 파리떼로 가득 찰 것이라

파리떼(아로브)-'혼합하다'또는 '섞여있다'라는 뜻을 지닌 '아라브'란 말에서 유래한 용어로서, '떼' 혹은 '혼합물'을 뜻하는데 여기에 근거하여 (1)유대주석가들은 이것을 갖가지 해로운 짐승들의 무리(떼)로 보았고, 그리고 (2)고대 역본 심마쿠스역은 이것을 갖가지 해로운 곤충류의 무리(떼)로 해석했습니다. 그러나 본문에서 이 말은 시종일관 정관사 '하'를 사용하여 '그 떼'라고 표시하고 있기 때문에 이는 애굽사람들이 익히 알고 있던 특별한 종류를 지칭합니다. 따라서 우리는 70인역(LXX)의 번역을 따라 '퀴노뮈이아'즉 '개파리 떼'(dog-fly, 학명 Musca Canina)로 봄이 좋을 듯합니다. 이것은 집파리 와는 구별되는 특종 파리로서 특별히 열대 지방에서 홍수 후 떼를 지어 몰려다니는 활동성 강한 파리입니다(시78:45;사7:18). 이 종류는 떼를 지어 몰려다니면서 짐승들과 사람에게 달라붙어 무서운 병을 옮기는 지독한 해충입니다.

출8:22 내가 그 날에 내 백성이 거하는 고센 땅에 기이한 일을 향하여 그 곳에는 개 파리떼가 내리는 일이 결코 없게 하리니 이로 말미암아 너희는 내가 온 땅의 주인인 주님이라는 것을 알게 될 것이라

개정성경에서는 '구별'이라 되어 있지만 70인역은 '기이한일'로 되어 있습니다. 주님이 온 땅의 주인임을 알게 될 것으로 되어 있습니다.

출8:23 내가 내 백성과 네 백성 사이를 분리하리니 내일 이 기적이 있으리라 하라 하시고

구별-이것은 하나님의 심판에서 면제받는 것은 곧 하나님으로 부터 구속의 은총을 받는 것임을 가리킵니다. 한편 이 어형은 본절과 시111:9;130:7 및 사50:2에서도 나타나는데, 본절의 경우 이 용어의 의미가 다소 난해하나, 70인역(LXX) 및 여러 번역자들은 대체로 '분리' 혹은 '구분'으로 번역하고 있습니다.

출8:24 주님께서 그렇게 행하시니 개 파리떼가 바로의 집과 그의 신하들의 집과 애굽 온 땅에 가득 들어와 그 땅이 개 파리떼로 인하여 파괴되었더라
출8:25 바로가 모세와 아론을 불러 말하기를 너희는 가서 이 땅에서 너희 하나님께 제사를 드리라
출8:26 모세가 말하기를 결코 그렇게 아니하니 이는 우리 하나님 주님께 제사 드리는 것을 애굽사람들이 가증히 여기는데 그들 앞에서 제사를 드린다면 우리는 돌에 맞을 것이니이다

1) 애굽 사람의 미워하는 바이온즉-당시 애굽에서는 몇몇 동물들이 신성시되었는데, 그중에서도 특히 흰 암소는 절대로 죽일 수 없도록 입법화되어 있었습니다. 따라서 애굽사람들은 어떤 이유에서든 이러한 동물들이 해를 받지 않도록 보호하였으며 심지어는 그것의 문양을 새겨 우상시하기도 했

습니다(출5:3). 그런 까닭에 만일 그것을 죽이는 경우 도무지 용서받지 못하며 지위 고하를 막론하고 사형에 처해져야만 했습니다. 또한 이런 신성한 동물이 아니더라도 애굽사람들은 일반적으로 동물 희생 제사를 극히 혐오하였습니다. 기록에 의하면 로마의 사신이 우연히 고양이를 죽인 혐의로 사형을 당하기도 했습니다.

2) 돌로치지 아니하리이까-이처럼 동물 제사를 혐오하는 애굽사람들 앞에서 노예 민족인 이스라엘 백성이 애굽의 신수를 피흘려 잡고 각을 뜬 후 제사를 드린다면, 필시 애굽 종교의 광신자들에 의해 집단 학살이나 폭동이 일어날 것임에 틀림없었습니다. 더욱이 종교를 통치의 절대적인 수단으로 삼고 있던 바로에게는 이스라엘 백성들의 그러한 행위가 자신의 권좌를 위협하는 행동으로까지 여길 것이 확실했습니다. 한편 애굽에서는 돌로 치는 것이 합법적인 형벌은 아니었습니다. 그러나 모세는 바로가 자신의 권력을 이용하여 제사에 참가한 백성들을 체포한 후 격노하는 애굽사람들로 하여금 그들을 돌로 치게 만들지도 모른다고 생각했을 것입니다.

출8:27 우리가 삼일 길쯤 광야로 나아가서 우리 하나님 주님께 제사를 드리리이다 주님께서 우리에게 말씀 하신 것 같이

출8:28 바로가 말하기를 내가 너희를 보낼 것이니 너희가 너희 하나님 주님께 광야에서 제사를 드리되 그러나 결코 너무 멀리 가지는 말고 나를 위하여 주님께 기도하라

출8:29 모세가 말하기를 내가 당신에게서 떠나가서 개 파리떼가 내일 당신의 신하와 당신의 백성에게서 떠나가도록 주님께 기도하리이다 그러하오니 결코 더 이상 추가해서 요구하지 마소서 바로여 백성이 주님께 제사를 드리려고 가는 것을 결코 허락지 않음으로써 속이지 마소서 하고

'여호와께 제사를 드리는 일에 다시 거짓을 행하지 마소서'하고 있는데, 70 인역에는 이 말씀 전에 '그러하오니 결코 더 이상 추가해서 요구하지 마소서'하는 말씀이 첨가 되어 있습니다.

출8:30 모세가 바로에게서 나와서 하나님께 기도하여 아뢰니

출8:31 주님께서 모세의 말대로 행하시어 개 파리떼를 바로와 그의 신하들과 그의 백성들에게서 청소하시고 결코 하나도 남겨 두지 아니하셨으나

'백성에게서 떠나니'가 70인역에서는 '그의 백성들에게서 청소하시고'로 되어 있습니다.

출8:32 바로가 이때에도 그의 마음을 완악하게 하여 백성을 결코 보내길 원하지 아니하더라

출애굽기 9장

출9:1 주님께서 모세에게 말씀하시기를 바로에게 들어가서 그에게 말하라 히브리인의 하나님 주님이 이같이 말하노라 내 백성을 보내서 그들이 나에게 예배하게 하라

출9:2 네가 만일 나의 백성 보내기를 결코 거절하고 그들을 이후에도 지배한다면

출9:3 보라 주님의 손이 들에 있는 네 짐승 곧 말들과 나귀들과 낙타들과 소들과 양들 위에 임하리니 매우 많은 짐승들이 죽을 것이라

'여호와의 손'이 70인역에서는 '주님의 손'으로 해석했고, '전염병'으로 되어 있지만 70인역은 '매우 큰 죽음이 있다고' 되어 있습니다. 여기서 주님의 손이란 주님의 권능의 손을 의미합니다.

출9:4 그러나 주님께서 이스라엘의 가축과 애굽의 가축을 구분할 것이니 이스라엘 자손들의 모든 가축은 결코 죽지 아니하리라 하시고

출9:5 하나님이 시간을 정하며 말씀하시기를 주님께서 내일 이 땅에서 이 일을 행하리라 하시더라

'여호와께서 기한을 정하여'라는 말이 70인역에서는 '하나님의 시간'을 의미합니다.

출9:6 이튿날 주님께서 그 말씀대로 행하시니 애굽의 모든 가축은 죽었으나 이스라엘 자손들의 가축은 결코 하나도 죽지 아니한지라

출9:7 바로가 이스라엘 자손의 모든 가축이 한 마리도 죽지 않은 것을 보

고 바로의 마음이 굳어졌으며 백성을 보내지 아니한지라

출9:8 주님께서 모세와 아론에게 말씀하여 이르시되 너희는 아궁이의 재를 가득 한 줌 취하고 모세는 바로 앞과 신하들 앞에서 하늘을 향하여 그것을 뿌리라

화덕의 재 '두 움큼'을 가지고로 되어 있지만 70인역은 '한줌 취하고'로 되어 있습니다.

출9:9 그것이 애굽의 모든 땅에 먼지가 되어서 사람과 짐승 위에 종기가 되니 애굽땅 모든 사람과 짐승에게 고름이 생겨 솟구치리라(수포가 생기리라)

70인역에서는 단순히 종기만 생기는 것이 아니라 종기로 인해 고름이 솟구치는 수포까지 생길 것을 말하고 있습니다.

출9:10 그들이 아궁이 재를 가지고 바로 앞에 서서 모세가 하늘을 향하여 재를 뿌리니 그것이 사람과 짐승위에 고름으로 인해 솟구치는 종기가 되더라

독종(쉐힌)-'불에 탄다,뜨거워진다,끓는다'라는 뜻을 가진 '솨한'에서 유래하였습니다. 원어에서 상상할 수 있는 것처럼 이 질병은 고열과 더불어 피부가 붉게 부풀어 오르면서 극심한 가려움 증세와 함께 물집이 생기고 급기야는 화농해서 고름이 흐르게 되는 무서운 피부병입니다. 그래서 70인역에서는 고름으로 인해 솟구치는 종기라 하고 있습니다. 이것은 욥의 피부병을 연상시키는데(욥2:7,8). 당시 애굽사람들에게는 공포의 대상이 되었던 병이었습니다(신28:27). 이 독종재앙은 애굽에 내려졌던 10재앙 가운데 여섯 번째 재앙으로서, 최초로 사람의 생명까지 위협한 재앙이었습니다.

출9:11 서기관(마법사)들도 종기 때문에 모세 앞에 설 수 없었으니 이는 종기가 마법사들과 애굽 모든 사람에게 생겼음이라

70인역은 마법사인 술객들을 성문서를 베껴쓰는 서기관으로 해석합니다.

출9:12 그러나 주께서 바로의 마음을 완악하게 하셨으므로 그가 그들의 말을 결코 듣지 않았으니 주께서 모세에게 지시하신 대로더라

출9:13 주님께서 모세에게 말씀하시기를 아침에 일찍 일어나 바로 앞에 서서 그에게 말하라 히브리인의 주 하나님이 이같이 말하노라 내 백성을 보내 그들로 나를 예배하게 하라

출9:14 내가 이번에는 나의 모든 재앙을 네 마음과 네 신하들과 네 백성 위에 보내어 너로 하여금 온 땅에 나 같은 이가 결코 없음을 알게 하리니

네 마음...내려-바로의 마음이 매우 혼란될 것을 말합니다. 즉 바로는 재앙의 심각성으로 인해 한치의 안정도 얻지 못하고 공포와 불안과 혼돈으로 인해 갈피를 잡지 못할 것이라는 말입니다. 이는 진리와 양심의 소리를 거부한 자가 궁극적으로 맞게 될 심리 상태를 말합니다. 오늘날 물질적으로는 풍요롭고 여유가 있음에도 불구하고 많은 사람들이 정신 질환으로 시달리는 것도 이러한 측면에서 생각할 수 있습니다.

출9:15 지금 내가 보내어 내 손을 뻗쳐 너를 쳤더라면 네 백성은 죽거나 그 땅에서 말살 되었을 것이나

70인역에서는 '끊어졌을 것이라'는 말을 '말살되었을 것이라' 나옵니다.

출9:16 내가 너를 유지시키는 목적은 이 때문이니 곧 나의 힘을 너에게 보여주고 내 이름이 온 땅에 걸쳐 선포되게 하려 함이니라

내가 너를 유지시키는 목적이란 즉 바로를 생존케 하시고 그의 보위를 유지케 하신 이유를 말하는 말입니다.

출9:17 너는 아직도 내 백성 앞에 자고 하여 그들을 결코 보내려 하지 아

니하려느냐

출9:18 보라 내일 이시간에 내가 매우 많은 양의 우박을 비처럼 내리리니 그것은 애굽이 세워진 이래로 지금까지 그와 같은 일이 없었던 것이라

1) 70인역에서는 우박을 비처럼 내렸다고 나옵니다.
2) 우박(바라드)-동사 '춥다'에서 유래된 말로, 돌처럼 단단한 얼음알갱이를 가리킵니다. 이것은 종종 천둥과 함께 가축 떼가 들에 방목되는 시기인 겨울과 이른 봄(12-4월)사이에 내리곤 하여 곡물들에 큰 피해를 주어왔습니다. 그러나 여기서는 그 우박이 단순히 자연 재해가 아니라. 하나님의 특별 재앙의 도구가 되어 사람과 짐승의 생명까지 해치는 애굽 역사 이래 전무후무한 무서운 심판이 되었습니다. 이때로부터 우박은 성경에서 하나님의 형벌의 표와 심판의 도구로 자주 쓰이게 되었습니다(수10:11;학2:17;계8:7;16:21).

출9:19 이제 서둘러 네 가축과 네가 들에 소유하고 있는 모든 것들을 모으라 들에 있고 집으로 들이지 않은 모든 사람과 짐승 위에 우박이 떨어지리니 죽게 되리라
출9:20 바로의 신하들 중에서 주님의 말씀을 두려워한 자들은 그의 가축을 집 안으로 피하게 하였으나

70인역에서는 종들은 나오지 않습니다.

출9:21 주님의 말씀을 결코 마음에 두지 아니한 자는 그의 가축들을 들에다 남겨 두었더라

70인역에서는 종들은 나오지 않습니다.

출9:22 주님께서 모세에게 말씀하시기를 너는 하늘을 향하여 손을 뻗쳐서 애굽 전역에 우박이 내리게 하고 모든 사람과 짐승과 땅위의 모든 풀

위에 내리게 하라 하시더라

출9:23 모세가 하늘을 향하여 손을 뻗치니 주께서 천둥과 우박을 보내시고 불이 땅 위에 흩어져 있었고 주님께서 애굽 땅에 우박을 비처럼 내리시니라

70인역에서는 지팡이가 아닌 손을 뻗은 것으로 나오고, 또한 불이 땅위에 흩어져 난 것으로 나옵니다.
70인역에서는 천둥소리인 우박 소리를 하나님의 음성인 포호네로 해석합니다. 즉 천둥인 우렛소리를 하나님의 음성으로 유대인들은 생각했습니다.

출9:24 우박이 내리는데 매우 심한 불이 우박과 섞여 내리더라 애굽이란 한 나라가 있었을 때부터 결코 이 같은 것이 없었더라

불덩이-수많은 우박 덩어리가 떨어지는 가운데 그것들이 상호 마찰함으로 인해 생기는 격렬한 스파크 현상을 가리킵니다. 즉 그러한 번쩍거림이 서로 응집되어 마치 불덩이와 같았다는 뜻입니다.

출9:25 우박이 애굽 온 땅에 걸쳐 사람이나 짐승이나 들에 있는 모든 채소를 쳤으며 들에 있는 모든 나무를 꺾었으나
출9:26 이스라엘의 자손들이 살고 있는 고센 땅에는 우박이 결코 내리지 않았더라
출9:27 바로가 보내서 모세와 아론을 불러 그들에게 말하기를 이번에 내가 죄를 지었도다 주님께서는 의로우시나 나와 내 백성은 사악하도다
출9:28 이제 주님께 나를 위해 기도하여 하나님의 소리(천둥)와 우박과 불이 멈추게 하라 더 이상 머물러 있게 하지 않을 것이니라

70인역에서는 천둥소리인 우박 소리를 하나님의 음성인 포호네로 해석합니다. 즉 천둥인 우렛소리를 하나님의 음성으로 유대인들은 생각했습니다.

출9:29 모세가 그에게 말하기를 내가 성에서 나가자마자 주님께 내 손을 뻗으리니 천둥이 그치고 우박도 더 이상 없으리니 그 땅이 주님의 것이라는 것을 알게 될 것이나이다

세상이 여호와께 속한 줄을 왕이 알리이다라는 말이 70인역에서는 그 땅이 주님의 것이라는 것을 알게 될 것이나이다라고 되어 있습니다.

출9:30 그러나 당신과 당신의 신하들의 마음에 아직도 주님을 두려워하지 아니하는 줄 내가 아나이다
출9:31 그때 삼과 보리가 얻어맞았으니 이는 보리가 서 있었고 삼은 씨를 맺으려 하고 있었기 때문이라

'보리는 이삭이 나왔고 삼은 꽃이 피었으므로 삼과 보리가 상하였으나'라는 말이 70이역에서는 '삼과 보리가 얻어맞았으니 이는 보리가 서 있었고 삼은 씨를 맺으려 하고 있었기 때문이라'고 나옵니다.

출9:32 불(밀)과 소맥은 자라지 아니하였기에 때리지 아니하였더라

밀과 쌀보리를 70인역에서는 불과 소맥으로 되어 있는데 아마 밀을 불로 불렀지 않나 싶습니다.

출9:33 모세가 바로를 떠나 성읍에서 나가서 주님께 자기 손을 활짝 펴니 천둥들과 우박이 그치고 비가 결코 땅에 쏟아지지 아니하니라
출9:34 바로가 비와 우박과 천둥이 그친 것을 보고 다시 죄를 지어 그의 마음이 완악해졌으니 그와 그의 신하들도 그러하였더라
출9:35 바로의 마음이 완악해졌고 이스라엘의 자손들을 보내지도 아니하였으니 주님께서 모세에게 말씀하신 대로더라

출애굽기 10장

출10:1 주님께서 모세에게 말씀하시길 바로에게 들어가라 내가 그의 마음과 그의 신하들의 마음을 완악하게 함은 그들에게 나의 기적을 일어나게 하려 함이라
출10:2 내가 애굽을 조롱한 것과 나의 기적들을 너의 아들과 네 아들의 아들의 귀에 전하게 하려 함이요 너희는 내가 주님인줄 알리라

"애굽에서 행한 일들"을 70인역은 "애굽을 조롱한 것"을 말하고 있습니다. 즉 10가지 재앙은 애굽을 조롱한 기적이라는 것입니다.

출10:3 모세와 아론이 바로에게 들어가서 그에게 말하기를 히브리인의 하나님 주님이 이같이 말하노라 네가 언제까지 나를 존경하는 것을 거부하겠느냐 내 백성을 가게 하여 그들로 나를 예배하게 하라
출10:4 만일 네가 내 백성을 가게 하는 것을 거부하면 보라 내일 이 시간에 모든 경내에 많은 메뚜기들을 불러들이리라

메뚜기(아르베)-'많음, 증식자, 무리, 떼'라는 뜻을 가진 '라바'에서 유래하였습니다. 메뚜기는 초식 동물로서 이름의 뜻과 같이 대량으로 몰려다니면서 대량 생식을 하며, 또한 바람의 변화에 의하여 천문학적인 숫자로 떼를 지어 집단적으로 이동합니다. 그런데 모든 초목을 닥치는 대로 먹어치우는 메뚜기 떼의 습격을 받으면 그 피해가 엄청나서 그 지역 사람들은 이를 천벌로 생각했습니다. 요엘서에는 바로 메뚜기 떼의 무서움과 메뚜기 떼에 의한 폐허 모습이 생생히 묘사되어 있습니다(욜1:4-7;2:1-11). 한편 기록에 근거하고 있는 자연 발생적인 메뚜기 떼의 피해가 이 정도라면, 하나님의 의지로 인해 초자연적으로 임한 애굽의 메뚜기 떼의 재앙은 가히 짐작이 되고도 남을 것입니다.

출10:5 그것들이 지면을 덮어서 사람이 땅을 볼 수 없을 것이며 우박으로부터 버림 받아 너희에게 남겨진 땅의 넘치는 모든 것을 먹어 없앨 것이니 땅에서 너희를 위하여 자라는 모든 나무를 삼킬 것이라

우박을 면하고 남은 것-메뚜기 떼가 지나간 곳에는 푸른 식물이라곤 찾을 수 없는 것이 보편적입니다. 즉 메뚜기 떼는 처음 푸른 잎사귀로부터 시작해서 점차 줄기와 나무껍질까지 모조리 갉아 먹으므로 그 땅들을 폐허로 만들어 버립니다(욜1:7).출9:32을 보면 우박 재앙시 밀과 나맥은 자라지 않았기 때문에 우박 재앙의 피해를 면할 수 있었습니다. 하지만 이들은 자라난 후 결국 메뚜기 재앙에 의해 피해를 입게 됨으로 애굽의 주요 농작물 재배는 모두 망치게 되었습니다.

출10:6 또 네 집들과 네 모든 신하의 집들과 모든 애굽사람의 집들을 채우리니 네 아버지가 그 땅 위에 있던 날부터 오늘에 이르기까지 보지 못하였던 것이라 하고 돌이켜 모세가 바로에게서 나오니
출10:7 바로의 신하들이 그에게 말하기를 어느 때까지 그 사람이 우리의 가시가 되리이까 그 사람들을 보내셔서 그들의 하나님께 예배하게 하소서 애굽이 완전히 파괴된 것을 아직도 알지 못하시나이까 하고
출10:8 모세와 아론을 바로에게 다시 데려오니 바로가 그들에게 말하기를 가서 너희 하나님께 예배하라 그런데 가는 것을 동의한 자는 누구 누구냐
출10:9 모세가 말하기를 우리의 청년들과 노인들과 아들들과 딸들과 함께 갈 것이며 우리의 양떼들과 소떼들과 함께 가겠나이다 이는 우리의 하나님 주님께 축제일로 지켜야 하기 때문이니이다
출10:10 바로가 그들에게 말하기를 그렇게 하라 내가 너희와 너희 짐도 보내는 것처럼 주님이 너희와 함께 하시길 바라노니 조심하라 왜냐하면

악이 너희 앞에 있음이라

내가...어린 것들을 보내면...일반이니라-원문을 직역하면 '내가 너희와 너희 어린것들을 보내는 것과 똑같은 방법으로 여호와께서 너희를 도우시기를 바란다'이다. 이 말은 조소 섞인 비아냥으로 다시 말해, 자기가 어린것들을 보내는 것이 불가능한 것처럼 여호와께서 이스라엘 백성과 함께 하시는 것도 불가능 하다는 뜻입니다. 따라서 이 말은 모세와 아론에 대한 모욕일 뿐만 아니라, 위대한 이적으로 자신을 증명하셨던 절대자 여호와께 대한 모욕이기도 했습니다.

출10:11 그렇게 하지 말고 너희 남자들만 가서 하나님께 예배하라 그것이 너희가 바라던 것이니라 하니 그들이 바로의 면전에서 쫓겨나니라
출10:12 주님께서 모세에게 말씀하시기를 네 손을 애굽 땅 위에 뻗쳐 메뚜기들로 위로 올라오게 하라 우박이 남겨 놓은 모든 것 곧 그 땅의 모든 채소와 모든 나무 열매를 먹어 없애라하라 하시더라
출10:13 모세가 애굽 땅 위에 그의 막대기를 앞으로 뻗치니 주께서 그 땅 위에 온 낮과 온 밤 동안 남풍을 일으키셨으며 아침이 되자 남풍이 메뚜기들을 몰고 왔더라

'동풍'으로 되어 있으나 70인역은 '남풍'으로 되어 있습니다.

출10:14 매우 많은 양의 메뚜기들이 애굽 땅 전역에 올라와서 애굽 온 지경을 유린하니 이런 메뚜기떼는 전에도 결코 없었고 후에도 결코 없을 것이라
출10:15 메뚜기들이 지면을 덮으니 땅이 상하게 되었고 우박이 남긴 그 땅의 모든 채소와 나무에 달린 모든 열매들을 먹었으니 애굽 땅 모두 걸쳐 나무에 있는 푸른 것이나 들의 채소들도 결코 남아 있지 않더라

'메뚜기가 온 땅을 덮어 땅이 어둡게 되었으며'하고 있지만 70인역은 '메뚜

기들이 지면을 덮자 땅이 상하게 되었다'고 나옵니다.

출10:16 바로가 모세와 아론을 서둘러 불러 말하기를 내가 너희 하나님 주님 앞과 너희에 대하여 죄를 지었으니
출10:17 지금까지 나의 죄를 이번만 용납하고 너희 하나님 주님께 기도하여 그 분께서 나의 이 죽음으로부터 제거해 주시도록 하라

이 죽음-메뚜기 재앙을 가리킵니다. 바로가 이 재앙을 '죽음'이라고 부른 것은 이 재앙이 땅의 황폐는 물론, 계속 지속된다면 인간과 모든 생물의 죽음과 파멸을 초래할 것이기 때문이었습니다.

출10:18 그가 바로에게서 나와 하나님께 기도하니
출10:19 주님께서 심히 매우 강력한 바다 바람을 돌이켜서 메뚜기들을 들어 올려 서쪽 홍해에 몰아넣으시니 애굽 온 땅 안에 한 마리의 메뚜기도 결코 남기지 아니하니라
출10:20 그러나 주님께서 바로의 마음을 완악하게 하시므로 그가 이스라엘 자손을 내보내지 아니하더라
출10:21 주님께서 모세에게 말씀하시기를 하늘을 향하여 네 손을 내밀어 뻗쳐서 애굽 땅에 어둠이 있게 하라 어두움을 느낄 것이니라

'더듬을 만한 흑암이라'는 말이 70인역에서는 '어두움을 느낄 것이니라'라고 되어 있습니다.

출10:22 모세가 하늘을 향하여 그의 손을 뻗치니 강풍과 어두움과 흑암이 애굽 온 땅에 삼 일 동안 있어

삼일 동안-애굽 궁중에서는 매일 아침 솟아오르는 태양을 향하여 북을 치고 노래 부르며 경배 제사를 드렸습니다. 이러한 행위는 곧 태양이 그들의 삶을 지배하는 전능한 신임을 고백하는 것인 동시에 하루의 생활을 인도해 주실 것에 대한 기원이기도 했습니다. 그런 점에서 만일 제사를 소홀히 한다거나, 태양이 떠오르지 않는 날(구름으로 인해)이 발생할 경우 그들은 불안에 떨수 밖에 없었습니다. 이처럼 태양신은 그들 운명의 열쇠였습니다. 그러나 칠흑 같은 흑암이 3일 동안 애굽 전역에 계속 됨으로써, 그들이 최고의 주신으로 숭상했던 태양신'라'(Ra)의 허구성이 여실히 파헤쳐졌으며, 반면에 히브리 사람의 하나님 여호와 홀로 역사와 자연의 실질적인 주인이심이 확연히 드러났습니다.

출10:23 삼일 동안 아무도 그의 형제들을 결코 보지 못했고 자기 침상 밖으로 아무도 결코 일어나지 못하였더라 그러나 모든 이스라엘 자손들이 있는 곳에는 빛이 있었고 그 빛이 불타고 있었더라

70인역에서는 고센땅에는 빛이 있었을 뿐 아니라 빛이 불타고 있었다고 나옵니다

출10:24 바로가 모세와 아론을 불러 말하기를 가서 너희의 하나님 주님께 예배를 드려라 그러나 너희의 양떼와 소떼는 남겨 두고 너희 짐을(자녀) 꾸려 너희와 함께 가라

1).70인역에서는 모세와 아론으로 나오고 또한 자녀를 데리고 떠나라는 말이 '짐을 꾸려 떠나라'고 되어 있습니다.
2).요세푸스는 그의 책 3권 223페이지에서 바로가 소떼와 양떼는 놓고 너희들만 떠나라 한 이유는 자기들의 가축이 죽었으나 히브리인들의 가축은 살아남았기 때문에 자신들의 가축 대용으로 가축은 놓고 가라했다는 것입니다. 그러나 모세는 그 가축들로 하나님께 제물을 드려야 하기에 안 된다고 거절했습니다.

출10:25 모세가 말하기를 당신이 우리에게 제사와 번제물도 주셔야 우리의 하나님 주님께 드릴 수 있나이다
출10:26 우리의 가축도 우리와 함께 가야 하리니 한 마리도 남길 수 없나

이다 이는 우리가 그들(가축) 중에서 취하여 우리 하나님 주님께 예배드릴 것이며 우리가 그곳에 도착하기까지는 어떤 것으로(가축) 우리가 주를 섬겨야 할 것인지 결코 알지 못함이니이다 하더라

출10:27 주님께서 바로의 마음을 완악하게 하시니 그가 그들을 결코 보내지 않기로 하더라

출10:28 바로가 모세에게 말하기를 내게서 떠나가서 스스로 조심하여 내 얼굴을 다시는 보지 말라 네가 내 얼굴을 보는 날에는 네가 죽으리라

출10:29 모세가 말하여 이르되 내가 다시는 당신의 얼굴을 보지 아니하리이다

출애굽기 11장

출11:1 주님께서 모세에게 말씀하시기를 내가 이제 바로와 애굽 위에 한 가지 재앙을 더 내리리니 이일 후에 그가 너희를 여기에서 보낼 것이라 그가 너희를 보낼 때 그가 몰아내어 너희를 다 함께 여기서 쫓아내리니

한 가지 재앙을...내린-여기서 '한 가지 재앙'이란 애굽 사람에게 속한 것으로서 사람과 생축의 처음 난 것, 곧 그들의 장자와 초태생이 죽게 되는 열 번째 마지막 재앙을 의미합니다. 이처럼 하나님께서 재앙을 내리시기 직전 그것을 미리 예고하시는 것은 그 재앙이 결코 우연한 것이 아니라, 하나님께서 당신의 뜻을 이루시기 위하여 직접 내리신 것임을 깨닫게 하기 위해서였습니다.

출11:2 이제 백성의 귀에 비밀히 말하길 이웃들에게 금과 은과 의복과 그릇을 부인들에게 구하라 하시더라

말하여-원 뜻은 '귀엣말로 이야기하다'인데 이는 애굽사람들의 감정을 자극하지 않도록 그들 몰래 엄밀히 전달하라는 뜻입니다. 70인역에는 이스라엘 백성의 귀에서 비밀로 말하라하고 있습니다.

출11:3 주님께서 애굽 사람들 앞에서 그 백성에게 호의를 베푸셨으며 그들에게 필요한 것을 공급하게 하셨으니 그 사람 모세는 애굽 사람들 앞과 바로 앞과 모든 신하들의 앞에서 매우 위대하게 되었더라

애굽 사람의 은혜를 받게 하셨고-여기서 '은혜'란 상대를 존경하고 그의 필요를 따라 극진히 대접하는 상태를 가리킵니다. 따라서 위의 말은 이스라엘에 대한 애굽사람의 환대를 뜻한다고 할 수 있습니다. 이를 통해 우리는 아브라함 때부터 약속하셨던 하나님의 약속(출3:22;창15:14)이 성취되고 있음을 확인하게 됩니다. 즉 하나님은 노예 민족에 불과했던 이스라엘을 당신의 언약에 근거하여 자주민이자, 마치전쟁의 승리자처럼 많은 재산과 명예를 얻게 하셨던 것입니다(출12:35,36). 70인역에서는 '주님께서 애굽 사람들 앞에서 그 백성에게 호의를 베푸셨으며 그들에게 필요한 것을 공급하게 하셨으니'하고 나옵니다.

출11:4 모세가 말하기를 주께서 이같이 말씀하시느니라 밤중에 내가 애굽 가운데로 들어가리니

내가...들어가리니-지금까지의 재앙은 하나님의 지시에 따라 모세와 아론이 대신 집행한 것이었으나, 이제 마지막 재앙만은 하나님께서 친히 실행하실 것임을 나타낸 말입니다. 70인역은 "밤중에 내가 애굽 가운데로 들어가리니"하고 있습니다.

출11:5 애굽 땅에 있는 모든 장자 곧 보좌에 앉은 바로의 장자로부터 맷돌 곁에 있는 여종의 장자까지 또 짐승들의 모든 처음 난 것도 죽으리라

장자-가부장 중심의 사회를 형성했던 고대인들이 보편적으로 그렇게 해왔던 것처럼, 애굽에서도 장자권은 크게 존중되었습니다. 왜냐하면 장자는 가계를 잇는 계승자임과 동시에 한 가문의 대표자였기 때문입니다. 따라서 장자에게는 다른 형제들보다 막중한 책임과 동시에 더 많은 권위와 재산이 주어졌습니다. 그런 면에서 장자는 한 가계의 운명이 걸린 고귀한 존재였기에 장자에 대한 관심은 대단했습니다.

출11:6 애굽 온 땅에 걸쳐 큰 통곡이 있으리니 그와 같은 일은 전에도 없었고 그와 같은 일은 더 이상 반복되지도 아니하리라
출11:7 그러나 이스라엘 자손 중에서는 사람이나 짐승이나 개조차 결코 그 혀로 으르렁거리지 아니하리니 주님께서 애굽사람과 이스라엘 사이를

어떻게 기이한 일을 행하시는지 너희가 알리라

개도 그 혀를 움직이지 않으리니-여기서 '움직이다'란 말의 히브리 원어 '하라츠'는 '분발하다, 날카롭게 만들다'는 뜻입니다. 따라서 이는 개가 어떤 변화에 대해 날카롭게 짖음으로 대항하는 상태를 강조한 말입니다. 따라서 위의 말은 개도 전혀 짖을 일이 없을 것이라는 뜻입니다(수10:21). 즉 주위에 가장 민감한 것이 개로서, 어떤 일이 생기면 제일 먼저 청각과 후각이 발달한 개부터 짖는 것이 상례입니다. 그러나 애굽의 큰 곡성과는 완전히 상반되게 이스라엘 각 집에서는 하나님의 보호하심으로 고요한 평온만이 깃들 것이기 때문에 개조차 조용히 있을 것이라는 의미입니다.

출11:8 그리고 이 모든 당신의(바로) 종들이 나에게 내려와서 절하며 말하기를 당신이 앞장서서 당신과 당신의 모든 백성은 나가소서 하리라 이 일후에 내가 나가리라하고 모세가 격노한 후에 바로에게서 나오니라
출11:9 주님께서 모세에게 말씀하시기를 바로가 너희의 말을 결코 듣지 아니하리니 내가 나의 기적과 기사들을 애굽 땅에서 더 많게 하리라 하셨고
출11:10 모세와 아론이 이 모든 기적과 표적을 바로 앞에서 행하였으나 주님께서 바로의 마음을 완악하게 하시므로 그가 이스라엘의 자손들을 애굽 땅 밖으로 보내기를 결코 원하지 아니하더라

출애굽기 12장

출12:1 주님께서 애굽 땅에서 모세와 아론에게 일러 말씀하시기를
출12:2 이 달이 너희에게는 달들의 시작이 될 것이요 그것이 너희에게는 해의 첫째 달이 되리라

해의 첫 달이 되게 하고-이 말은 출애굽하는 달을 그해 정월로 삼으라는 뜻입니다. 하나님께서 기존의 시각 환산법을 초월하여 새로운 월력을 제정하신 이유는, 이제 이스라엘이 하나의 자연인으로부터 하나님의 은총으로 선택, 구원받은 선민이 되었다는 입니다. 따라서 이제부터 이스라엘은 그분의 통치권 아래 머물게 된다는 구원사적 의미를 부각시키기 위해서였습니다. 한편 여기에 나오는 '첫달'은 아빕월이라 불리 우는데 바벨론 유수 이후에는 니산월로 그 이름이 바뀝니다(느2:1). 한편 이 달을 태양력으로 환산하면 대략 3, 4월에 해당됩니다. 70인역에서는 출애굽 하는 날이 새해 첫째달 첫째날이 된다고 말하고 있습니다.

출12:3 너희는 이스라엘의 모든 회중에게 말하여 이르기를 이 달 십일에 가문에 한 마리씩 한 집에 한 마리씩 새끼 양을 붙잡아 놓아라

1) 어린 양(세)-문자적으로는 염소나 양의 새끼를 가리킵니다(5절). 이는 중요한 예표론적 의미를 지니고 있는데, 곧 여기서 어린양은 인류의 죄를 대속하기 위하여 자신을 십자가에 내어 준 예수 그리스도를 상징합니다(사53:1-12).
2) 각 가족대로-유월절 식사는 가족 중심의 공동식사로 이루어졌습니다. 이것은 1년 된 한 마리의 양이나 염소를 소비시키는데 최소한 10명이 필요했기 때문입니다. 더욱이 여기서 가족 단위로 유월절 규례를 지키게 하신 것

은 가족은 하나의 혈연 공동체 이상의 집단으로서, 여호와의 구원의 은총을 찬송하는 신앙 공동체라는 점을 강조하기 위해서였습니다.

출12:4 만일 그들의 가정이 소수이고 어린 양이 충분하지 않는다면 그는 그 근처에 사는 이웃의 영혼의 수를 따라서 함께 취하되 각자는 자기의 먹을 것에 따라 너희 어린 양을 계산할 것이며

각 사람의 식량을 따라서-'한 사람이 먹을 분량을 생각하여'(공동번역)라는 의미입니다. 이는 가족 중에 노인과 어린아이 및 식욕이 왕성한 청년의 처지까지 일일이 감안해서 양을 잡으라는 뜻입니다. 또한 70인역에서는 '사람의 수'라는 말을 '영혼의 수'로 나옵니다.

출12:5 너희 어린 양은 흠 없는 일 년 된 수컷이어야 하며 너희는 그것을 양들이나 염소들에서 골라내어서

1) 유월절 희생 제물의 4대 요건이 제시되어 있는데 그것은 (1)양이나 염소 중에서 (2)흠 없고 (3)일 년 된 수컷이라야 했습니다.
2) 흠 없고-거룩하신 하나님께 바치기에 적절하고 완벽한 상태의 것이라는 의미입니다. 즉 몸에 어떤 결함이나 질병 등 조그마한 흠도 없는 것을 뜻합니다(레22:20;말1:8).한편 여기서 흠이 없다는 것은 죄에 대하여 절대 무흠, 순결하셔서 스스로 인류 대속의 제물이 되신 예수 그리스도의 완전성을 상징합니다(히7:26;벧전1:19).
3) 일 년 된-특별히 '1년'이 요구된 것은 양이나 염소에게 있어 그때가 가장 신체적으로 왕성하기 때문이고, 또한 한 가족 단위(약10명)에 적절한 고기량을 제공할 수 있기 때문입니다.
4) 수컷-또한 '수컷'이 요구된 것은 아마 이 수컷이 양성을 대표한다는 기능과 10번째 재앙의 대상이 장자이므로 수컷이 그 사실을 상징하는 역할을 하기 때문일 것입니다.
5) 양이나 염소 중에서-양을 가진자는 양을 잡고, 양이 없는 자는 염소를 취하라는 뜻입니다. 제물로서 이 둘의 가치는 동등하였습니다(레1:10).

출12:6 이 달 십사일까지 간직하였다가 이스라엘 자손 회중의 전체 모임에서 저녁 무렵에 그것을 도축할지니라

1) 십 사 일까지 간직하였다가-유월절 어린 양은 아빕월 10일에 준비하여(3절) 그달 14일이 되기 전까지 4일 동안 간직해야 했습니다.

2) 해질 때에(벤 하아르바임)-히브리 원문대로 해석하면 '저녁들 사이'입니다. 70인역에는 '저녁 무렵'으로 나옵니다. 오늘날 유대인들은 대략 오후 3-5시 사이에 유월절 양을 잡는다고 합니다.

3) 회중이 그 양을 잡고-제사장이 특별히 요구되지 않았습니다. 가족을 대표하는 자가 준비한 제물을 피흘려 잡으면 그만이었습니다. 이는 구약 시대에 나타난 만인 제사장 제도의 한 예표적 집례로서, 후일 그리스도의 구속의 은총 안에서 모든 자들이 제사장이 될 것을 시사하고 있습니다(벧전 2:5;계1:6).

출12:7 그 피를 취하여 그것을 먹을 집에 있는 두 문기둥과 두 인방위에 바르라

1) 그 피로...바르고-피는 생명을 상징하는 것으로 희생 제사의 요체가 됩니다(레17:11). 따라서 이 의식은 이스라엘 집의 모든 생명이 대속의 은총으로 구원 받았음과 또한 그 생명이 하나님께 바쳐졌음을 상징하는 성별 의식이었습니다. 한편 죽음의 천사로부터 피해를 막는 확실한 증표인 유월절 어린 양의 '피'는 곧 인류를 죄와 사망의 권세에서 보호하시고 생명을 얻게 하시는 예수 그리스도의 보혈을 예표 합니다. 한편 어린양의 피를 문에 바르는 이 의식은 첫번째 유월절에만 실시되었으며, 두번째 유월절 부터는 양 잡는 일과 피 뿌리는 일이 성소와 성소의 제단에서 시행되었습니다. 그리고 어린 양의 피는 우슬초 다발에 적셔 문 인방과 좌우 설주에 뿌려야 했습니다.

2) 설주-문설주의 준말로 문의 양쪽에 세워 문짝을 끼워달 수 있게 만든 기둥입니다. 그래서 70인역에는 두 기둥으로 나옵니다.

3).인방-좌우 문설주 곧 기둥과 기둥사이를 위아래서 가로지르는 나무를 말합니다.

출12:8 그 날 밤에 그 고기를 불에 구워 먹을지니 누룩 없는 빵과 쓴 나물을 먹을지니라

1) 그 밤에-즉 첫번째 유월절이 시작되던 아빕월 14일 밤을 말합니다.

2) 불에 구워-제물의 고기는 완전히 소화되거나 삶아지는 것이 통례였습니다(레1:9;삼상2:14,15). 그러나 출애굽의 급박한 상황 아래서 하나님은 유월절 희생을 요리하고 먹기 간편하도록 불에 구우라고 명하셨습니다.

3) 무교병-효소의 역할을 하는 누룩을 넣지 않고 만든 빵을 의미합니다. 이것은 누룩으로 부풀릴 시간조차도 없는 첫 유월절의 긴박한 상황을 나타냅니다.

4) 쓴 나물-원문에는 구체적으로 어떤 종류의 식물인지는 밝히지 않고 단순히 '쓴 것'(메로림)이라고만 표기하였습니다. 그러나 분명 이것은 애굽의 쓰라린 생활을 상징하고 있습니다. 따라서 이것을 먹을때마다 애굽의 쓰라린 옛 생활을 겸손히 돌아보고 그곳으로부터 피흘려 구원해 주신 하나님의 은혜에 감사해야 했습니다(신5:15;15:15).

5) 아울러 먹되-쓴 나물의 쓴맛은 어린 양의 달콤한 고기와 중화된다는 점에서 의미가 깊습니다. 이는 우리의 고난 스런 삶을 대신 짊어지신 예수 그리스도의 아름다운 사역에 대비해 볼 수 있지 않을까?(사52:4-6; 마11:28).

출12:9 결코 날것으로나 물에 삶아서 먹지 말고 머리와 다리와 그 내장을 함께 불에 구워 먹고

1).날로나 물에 삶아서나 먹지 말고-유월절 식사 의례시 반드시 지켜야 할 금기조항입니다. 한편 희생 제물을 날고기로 바치고 먹는 행위는 고대 이방 우상 종교의 흔한 관습이었고, 또한 '삶아서' 먹는 행위 역시 애굽의 일반적인 풍속이었기 때문에 하나님은 그것과 구별시킨 듯합니다.

2).머리와 정강이와 내장을 다 불에 구워-희생 제물의 몸통 부분만이 아니라, 율법 조항에서는 대부분 소각시키도록 되어 있는 머리, 내장, 정강이 등을 포함한 신체 모든 부위를 구워 먹도록 했습니다.

출12:10 결코 아침까지 남겨 두지 말고 뼈가 부러지지 않아야 하며 아침까지 남은 것은 불로 태울지니라

1) 70인역에서는 '뼈를 부러뜨리지 말 것'하고 당부하고 있습니다.
2) 곧 소화하라-'불에 완전히 살라버리라'는 뜻입니다. 만일 먹다 남은 것을 그냥 버릴 경우, 그리스도의 몸을 예표 했던 그 성물이 더럽혀지거나 소홀히 취급당할 우려가 있었기 때문입니다. 한편 이 규례는 그후 모든 제사 음식에 다 적용되었습니다.

출12:11 너희는 그것을 이렇게 먹을지니 허리에 띠를 두르고 발에 신을 신고 손에는 지팡이를 들고 급히 먹을지니 이것이 주님의 유월절이니라

1) 허리에 띠를 띠고...급히 먹으라-마치 출정하는 군인들의 그것처럼 긴장이 감도는 지시입니다. 사실 당시 이스라엘 백성들은 언제 출애굽 하라는 명령이 떨어질지 모르는 상황이기 때문에, 만반의 여행 준비를 갖추고 모든 행동을 재빨리 시행해야 했습니다. 실로 이지시는 430년간 기다렸던 출애굽이 이제 목전에 다가왔음을 시사합니다. 그리고 여기서 '급히'에 해당하는 히브리어 '히파존'은 '도망하다'는 뜻의 '히파드'에서 온 말로서 도망치듯 서두르는 것을 뜻합니다.
2) 이것이 여호와의 유월절이니라-지금까지 지시한 모든 내용은 이스라엘의 구속자 여호와께서 당신의 백성을 위해 특별히 제정하신 유월절이었습니다. 따라서 너희는 경건한 마음으로 이 식사에 임하라는 뜻입니다. 한편 여기서 '유월절'(페사흐)이란 문자적으로 '넘어간다'는 뜻으로서, 즉 여호와께서 애굽을 심판하시던 날 밤, 죽음의 천사가 피 묻은 이스라엘 백성들의 집은 그냥 지나쳐 넘어간 사건에서 유래된 말입니다. 70인역에서는 '파스카'라해서 똑 같은 뜻을 지니고 있습니다. 이 사건 이후 이스라엘 민족이 출애굽하면서 부터 준행해야 할 이 유월절은 이스라엘인과 애굽사람(이방인) 사이를 구별하여 축복과 저주, 생명과 죽음의 대조적인 일을 행하신 여호와의 구원 행위를 기념하는 절기인 동시에, 애굽의 종살이에서 이스라엘이 해방된 것을 기념하는 절기입니다. 또한 이는 오순절, 장막절과 함께 이스라엘 3대 절기 중 하나입니다.

출12:12 내가 이 밤에 애굽 땅을 두루 다니며 사람부터 짐승이나 애굽 땅에 있는 모든 장자를 칠 것이며 애굽의 모든 신들에게도 징벌을 행하리라 나는 주님이라

1) 애굽의 모든 신에게 벌을 내리리라-사람과 짐승을 막론하고 애굽의 모든 장자와 초태생의 죽음은 곧 애굽의 각종 신에 대한 징벌이기도 했습니다. 왜냐하면 장자의 죽음에는 바로의 장자도 포함될 것이 분명한데, 그 당시 애굽에서는 바로와 그의 아들까지 신격화된 상태였으므로 바로 장자의 죽음은 애굽신에 대한 징계로 간주될 수 있기 때문입니다. 그리고 또한 애굽의 여러 우상 신들은 당시 고양이, 염소, 암소 등 각종 짐승의 형태로 형상화되어 숭배 받았기 때문입니다. 결국 자신들의 생명조차 지키지 못하고 여호와의 심판으로 죽임을 당한 애굽의 모든 신들은 무엇보다 이 열번째 재앙에서 그 무기력과 헛됨을 여실히 드러내고야 말았습니다.

2) 나는 여호와로라-장자 심판을 통해 애굽의 모든 신들에게 벌을 내리는 주역이 바로 오직 홀로 유일한 참 신이신 하나님 여호와란 사실을 강조하는 말입니다. 동시에 여호와란 이름으로 시행되는 그 심판의 불변성과 긴급성을 강조한 말입니다. 70인역에서는 '나는 주님이라' 되어 있습니다.

출12:13 내가 애굽 땅을 칠 때에 그 피는 너희가 있는 집에 표징이 되리니 내가 그 피를 보면 너희를 보호할 것이며 결코 너희들은 그 재앙으로 인해 멸망하지 아니하리라

내가 피를 볼 때에 너희를 넘어가리니-피는 생명입니다(창9:4). 따라서 피흘림은 생명의 허비 즉 죽음을 의미하므로 죽음의 천사가 다시 죽음의 피가 발려 있는 집을 칠 필요는 없었습니다. 따라서 이 유월절 어린 양의 피는 죽음을 통하여 생명을 탄생시키는 구속의 피입니다. 즉 일찍이 에덴동산에서 가죽을 만들기 위해 잡은 짐승의 피로 예표 되었듯이(창3:21), 장차 십자가 위에서 죄인들의 죄를 속하기 위해서 흘리실 예수그리스도의 대속의 피를 상징한다. 따라서 본절은 그리스도의 보혈을 통해서만 죽음으로부터 생명을 건질 수 있음을 뚜렷이 계시하고 있는 복음의 말씀입니다(요6:54;

엡1:7;벧전1:19).

출12:14 이 날이 너희에게 기념이 될지니 너희는 모든 세대에 걸쳐 주님의 절기로 이 명절을 지킬 것이며 너희는 그것을 영원히 율법으로 삼아 명절로 지킬지니라

1) 이 날-아빕월(정월) 14일을 가리킵니다.
2) 여기서 특별히 '영원한,대대에'라는 말은 무엇을 의미하는가? 그것은 우리가 지금도 계속 유월절을 지켜야 한다는 뜻인가? 유대인들은 이 절기를 지키는 일에 있어서 현재도 매우 충성 스럽다고 합니다. 그러나 유월절의 참된 의미는 진정한 어린 양인 그리스도의 거룩한 십자가 희생을 기념하는 기독교의 성찬 예식 속에서 계속 살아 있게 되는 것입니다(고전11:26). 그러므로 유월절 어린양이 예표한 바 그리스도를 믿는 성도들은 문자적으로 유월절을 지킬 필요가 없이, 다만 그리스도의 보혈을 믿음으로 구속의 은혜를 받은 사실을 기념하는 성찬에 참여함으로써 사실상 그리스도 안에서 '대대로 영원히' 유월절을 체험하고 있는 셈이 되는 것입니다. 70인역에서는 "영원히 율법으로 삼아 명절로 지킬지니라"되어 있습니다.

출12:15 칠 일 동안을 너희는 누룩 없는 빵을 먹을지니 첫날부터 너희 집에서 누룩을 제거 할지니라 이는 첫날부터 일곱째 날까지 누룩 있는 빵을 먹는 자는 누구라도 그 영혼이 이스라엘에서 멸망할 것임이라

1) 칠 일 동안-아빕월 14일 저녁부터 21일 저녁까지의 기간을 말합니다(18절). 히브리인들은 하루를 해 질 때부터 시작해서 다음날 해 질 때까지로 간주합니다.
2) 그 첫날-16절의 첫날은 아빕월 제 15일 낮을 의미하지만 여기서의 첫날이란 말은14일 저녁 시간을 가리키는 말입니다. 왜냐하면 첫날부터 칠 일까지-14일 저녁부터 21일 저녁까지의 기간(18절)을 말하기 때문입니다. 따라서 여기서 첫날이란 말은 14일저녁 이후의 시간을 포함합니다.
3) 이스라엘에서 끊쳐지리라-이스라엘 회중으로부터 제거 당한다는 말인

데(19절), 이것은 하나님의 백성으로서의 자격을 상실한다는 말입니다. 무교병은 누룩이 없는 순수한 떡으로 죄와 옛 생활로 부터 깨끗해진 새 생명을 상징합니다. 그런데 만일 어떤 자가 그러한 무교병 먹기를 거절한다면, 그는 하나님께서 이스라엘에게 허락해 준 그 새 생명을 받아들이기를 거부하는 자입니다. 그러한 자가 하나님의 백성 된 자격을 가질 수 없는 것은 당연합니다.

출12:16 첫날은 신성한 날로 불리고 일곱째 날도 너희에게 신성한 집회가 될 것이니 이 두 날에는 모든 영혼들은 먹는 것 외에는 모두 일을 해서는 안 되며 이 먹는 것만이 너희가 유일하게 행할 일이니라

1) 성회(미크라 코데쉬)-이것은 여호와를 예비하기 위해 모이는 종교적 모임입니다(겔46:3,9). 70인역에서는 '신성한 집회'가 될 것이라 나옵니다.
2) 제칠일-무교절의 마지막 날 즉 아빕월 21일을 가리킵니다.
3) 아무일도 하지 말고-이는 6일간의 창조 사역을 마치고 제 7일째 휴식하신 하나님의 안식에 동참하는 신앙적 의미가 담겨 있는 말입니다(창2:2-3). 따라서 아무 일도 하지 말라는 말은 도무지 수족을 놀리지도 말고 음식 장만도 하지 말라는 뜻이 아닙니다. 여기서 금하는 노동은 직업상의 일이나 경제적인 활동을 가리킵니다(레23:7). 따라서 여기서 휴식은 소극적 의미를 갖는 것이 아니라, 일을 쉬면서 여호와께 경배와 감사를 드리는 일은 적극적 하라는 의미를 갖습니다.

출12:17 너희는 무교절을 지키라는 계명을 지켜야 하리니 이는 바로 그 날에 내가 너희 군대를 애굽 땅에서 이끌어 나왔음이니라 그러므로 너희는 영원히 율법으로 삼아 너희 대대로 이 날을 지킬지니라.

1) 70인역에서는 뒤나미스를 군대로 해석하고 있습니다. 즉 능력(권능)을 군대로 해석하고 있습니다.
2) 너희 군대-애굽에서 비겁하게 도망쳐 나온 것이 아니라, 애굽의 모든 신들을 철저히 정복하고 당당히 나오는 이스라엘 민족의 출애굽 모습을 군대

로 표현하고 있는 것입니다. 이제 이스라엘 민족은 힘없는 노예 집단이 아니라 가나안을 정복하러 가는 막강한 군대, 곧 하나님을 대장으로 모신 여호와의 군대가 되었습니다.

출12:18 첫째 달 그 달 십사일 저녁부터 시작하여 그 달 이십일일 저녁까지 너희는 누룩 없는 것을 먹을지니라
출12:19 칠일간은 너희 집에서 누룩을 찾아볼 수 없게 하라 누룩이 있는 것을 먹는 누구든지 타국인이든지 그 땅에서 태어난 자든지 그 영혼이 이스라엘의 회중에서 멸망하리라

1) 칠 일 동안-성경에서 '7'이란 숫자는 종종 '완전수' 내지는 '하나님의 수'를 상징합니다. 따라서 '7일 동안'의 무교병 취식 규례는 죄악으로부터의 완전한 분리, 곧 절대 성결을 강조하는 규례라 할 수 있습니다.

2) 누룩을...있지 않게 하라-여기서 누룩을 제하는 것은 옛 생활을 버리고 새 생활을 시작하는 것을 의미합니다. 유월절 어린 양의 피로 새 피조물이 된(고후5:17) 이스라엘에게는 새 존재에 합당한 생활이 요구되었습니다. 따라서 이스라엘은 집안 구석구석에 스며 있는 죄악의 흔적을 말끔히 씻어 내고 새로 태어나는 역사를 이뤄가야 했습니다. 사실 하나님의 백성에게 있어서 가장 요구되는 것은 성결입니다.

3) 유교물-'누룩이든 음식'(공동번역). '발효된 것'을 말합니다. 이 모든 것은 과거의 죄악된 삶, 즉 부패한 육신의 삶을 상징합니다.

4) 타국인-이스라엘인과 함께 살던 잡족을 말합니다.

5) 본국에서 난 자-여기서 '본국'은 약속의 땅 가나안을 일컫습니다. 따라서 위의 말은 '가나안 땅에서 난 자'로 이해할 수 있으나 좀 더 광의적인 의미에서 출생 때 부터이스라엘 백성이 된 자를 가리킵니다. 한편 본절은 단순히 15절 내용의 반복이 아닙니다. 15절에는 타국인에 대한 언급이 없었는데 여기서는 그 대상이 타국인에게도 확대되었습니다.

출12:20 너희는 누룩이 있는 것은 결코 아무것도 먹지 말고 너희의 모든 거주지에서 누룩 없는 것만 먹을지니라

출12:21 모세가 이스라엘의 모든 장로들을 불러서 그들에게 말하기를 너희는 가서 너희 가족 수대로 어린 양을 취하여 유월절 양으로 희생을 드려라

출12:22 우슬초 묶음을 가져다가 문 앞에 있는 피에 담그고 그 피로 문 인방과 양쪽 기둥에다 뿌리고 너희 중 결코 아침까지 자기 집 문 밖으로 나가지 말지니라

1) 우슬초-박하과에 속하는 키가 작고 보잘 것 없는 식물로(왕상4:33) 팔레스틴 등지에서 흔히 발견됩니다. 이것은 문둥병자를 정결케 하는 의식에 사용되었으며(레14:2-7), 붉은 암송아지를 희생 제물로 드릴 때도 사용되는(민19:2-6) 등 구속과 정결의 도구로 성경에서 자주 언급되었습니다.

2) 아침까지-아침까지 한 사람도 집 밖으로 나갈 수 없었다는 점을 생각할 때 우리는 이스라엘 민족이 아빕월 15일 아침에 출애굽의 첫 발을 내디뎠다고 생각할 수 있습니다.

3) 문 밖에 나가지 말라-어린 양의 피로 적셔진 문하나 사이로 죽음과 생명이 교차되고 있었기 때문입니다. 비록 문설주에 피를 발랐다 하더라도 죽음의 천사가 방문한 그 밤에 집 밖으로 나간다면 그는 죽음을 면치 못 할 것입니다.

출12:23 주님께서 애굽을 치려 오시다가 문 인방과 양쪽 기둥에 피를 보시면 주께서 그 문을 지나가실 것이며 멸망시키는 자가 너희 집에 들어가서 너희를 치도록 허락하지 않으실 것임이니라

멸하는 자-'벌하는 사자'(시78:49)로도 표현되고 있습니다. 즉 '장자를 멸하는'(히11:28) 죽음의 천사를 말합니다. 여기서 우리는 본절 앞부분의 '여호와께서...두루 다니실 때에'라는 말과 연관해 보면 하나님께서 애굽 전역을 두루 다니시며, 죽음의 천사를 친히 지휘하셨음을 알 수 있습니다. 이를 통해 우리는 하나님의 임재는 죄인에겐 파괴와 멸망을 가져오며, 의인에게는 보호와 생명을 가져오는 2중적 역할을 함을 발견할 수 있습니다.

출12:24 너희는 이일을 너와 네 자손들에게 율법으로 삼아 영원히 수호하라

출12:25 만일 주님께서 약속하신 대로 너희에게 주실 그 땅에 들어가면 이 예배를 수호하라

1) 너희에게 주시는 땅-곧 가나안 땅(출3:8,17)을 가리킵니다.
2) 예식-유월절을 지키는 의식을 말합니다. 물론 예식은 그자체가 구원의 방법인 것은 아니지만, 구원받은 백성들이 참여하는 구속 사건의 상징적 증거입니다.
3) '예식을 지킬 것이라'는 말이 70인역에는 '예배를 수호하라'로 되어 있습니다.

출12:26 너희 자녀가 너희에게 이 예배가 무엇을 뜻하는 것이냐고 묻거든

출12:27 너희는 말할지니 그것은 주님의 유월절 제사라 주님께서 애굽사람들을 치실 때 애굽에 있는 이스라엘 자손들의 집들을 보호하여 너희의 집을 구원하셨느니라 하라 하매 백성이 머리 숙여 경배하니라

출12:28 이스라엘 자손들이 떠나 주님께서 모세와 아론에게 명령하신 대로 그들이 행하더라

출12:29 한밤중에 주께서 애굽 땅에 있는 모든 장자들을 치셨는데 보좌에 앉은 바로의 장자로 부터 웅덩이에 갇힌 자의 장자까지와 가축의 모든 첫태생 까지더라

1) 바로의 장자로부터-애굽에 10대 재앙이 내려지던 당시의 바로 왕은 아멘호텝 2세(B.C.1448-1424)였습니다. 그런데 성경 기록에 의하면, 마지막 열번째 장자 재앙시 그의 왕위를 이을 장자도 죽음을 면치 못했습니다. 따라서 그의 뒤를 이은 애굽 왕은 그의 장자가 아니라는 결론이 됩니다. 이러한 사실은 성경 외적 자료에 의해서도 확인되었습니다. 즉 애굽 기제에 있는 대형 스핑크스의 발 사이에 기록된 '꿈' 비문이 이를 입증합니다. 곧 그

비문에는, 이 스핑크스가 꿈에 한 젊은이(아멘호텝 2세의 뒤를 이어 애굽왕이 된 투트모세 4세)에게 '특별히' 애굽의 왕위를 약속하는 내용이 기록되어 있습니다. 이것은 곧 이 젊은이가 애굽의 정상적인 왕위 계승자가 아님을 반증하는 것입니다. 왜냐하면 그가 만일 애굽 왕의 장자라면, 그는 당연히 합법적이고도 자동적으로 애굽의 왕위 계승권자가 됨으로 이와 같은 치장된 꿈 내용은 무의미하기 때문입니다.

2) 옥에 갇힌 사람-가장 미천한 자를 상징하는 의미로 사용된 말인데, 출11:5에서는 '맷돌 뒤에 있는 여종'으로 표현되어 있습니다. 당시 이들은 인간 이하의 취급을 받으며 힘겨운 강제 노동을 하였습니다(삿16:21). 감옥을 70인역에서는 '웅덩이'로 되어 있습니다. 이는 당시 감옥이 지하 감옥이었기 때문입니다.

출12:30 그 밤에 바로와 그 모든 신하와 모든 애굽 사람이 일어나고 애굽에 큰 부르짖음이 있었으니 왜냐하면 사람이 죽지 않은 집이 하나도 없음이더라

1) 큰 호곡이 있었으니-출11:6에서 이미 예고된 말의 성취입니다. 애굽사람들에게 있어 가계의 대들보이자 소망인 장자를 잃은 것은 무엇보다 큰 슬픔이었습니다. 그러나 이 통곡의 밤에도 이스라엘 백성들은 '개조차 그 입을 봉하고' 고요히 잠든 평안의 밤이었습니다.

2) 하나도 없었음 이었더라-아들이 없는 집도 있었을 것을 감안할 때 이 표현은 수사학적인 표현입니다. 그러나 이는 그 대상 지역이 전국적이라는 것을 강조하는 것으로 볼 수 있습니다.

출12:31 바로가 밤에 모세와 아론을 불러 말하기를 너희와 이스라엘 자손들은 일어나서 내 백성 가운데로부터 떠나 너희가 말한 대로 가서 당신의 하나님 주님께 예배하라
출12:32 그리고 너희가 말한 대로 너희 양떼와 소떼도 데리고 가고 그리고 나를 위하여 축복하라 하며

너희의 양도 소도 몰아가고-이로써 양과 소를 남겨두라던 바로의 주장(출 10:24)은 무너지고 대신 모든 백성이 모든 재산을 갖고 나가겠다던 모세의 본래 요구가 관철되었습니다. 더욱이 애굽사람들에 의해 신으로 숭배되어 온 바로 조차도 모세에게 '자신을 축복해 달라'고 간청하고 있습니다. 실로 장자 재앙은 어떤 면에서 전 애굽의 멸망을 상징하는 것이었습니다. 따라서 이제 그들은 도무지 하나님의 능력을 부인할 의지가 없었고 동시에 애굽 신의 무능을 인정하지 않을 수 없었습니다.

출12:33 애굽사람들이 백성들을 재촉하였으니 그들이 말하기를 우리 모두가 죽을 것이라 하며 그 땅에서 그들을 급히 쫓아내라 하더라
출12:34 백성이 반죽이 발효되기 전에 반죽 그릇에 담아 옷으로 싸서 그들의 어깨 위에 메니라
출12:35 이스라엘 자손들이 모세의 말대로 애굽 사람들에게서 은 패물과 금 패물과 의복을 요구하니

이것은 마치 전쟁에서 승리한 자들이 전리품을 얻는 것과 흡사합니다. 이스라엘은 400년 동안 노예 생활을 했으나, 하나님은 이제 지난날 그들의 수치를 완전한 승리로 바꿔 주셨고, 400년치 급여를 한번에 받게 해 주셨습니다.

출12:36 주님께서 애굽사람들의 앞에서 백성들에게 호의를 베푸시므로 애굽사람들은 그들이 요구하는 대로 그들에게 필요한 것을 공급해 주더라 그들이 애굽 사람들에게서 빼앗더라

요세푸스는 그의 책 3권 225페이지에서 이스라엘 사람들이 요구하는 대로 애굽 사람들이 다 준 이유는 첫째로 이스라엘 사람들을 빨리 떠나라고 선물을 주었고, 둘째로는 그들과 이웃이었던 사람들의 우정 때문이었다고 말합니다.

출12:37 이스라엘 자손들이 라암셋에서 숙곳으로 떠나니 아이들 외에 보행하는 남자가 약 육십만이며

라암셋-이스라엘의 고역으로 건축된 도시로 생각되는데(출1:11), 나일강 동쪽 삼각주에 위치하였습니다. 한편 오늘날 대부분의 학자들은 이곳을 타니스 지역으로 추정합니다.

숙곳-문자적으로 목자들의 숙영지인 '오두막집'을 뜻하는데 이곳은 에담으로 가는 길목에 위치해 있습니다(출13:20;민33:5-6). 한편 야곱이 에서와 재회 후 축사를 지었던 곳도 '숙곳'이라 했는데, 이 경우는 히브리어 철자가 다른 지역을 의미합니다(창33:17;수13:27).

유아(타프)-이 말은 보행하지 않고 짐승과 마차를 타고 여행한 여자들과 아이들을 의미합니다. 따라서 이 '타프'는 '딸린 식구'(공동번역), '여자들과 아이들'로 번역되기도 하였습니다.

육십 만 가량-모세가 출애굽 후 시내 산에서 백성을 계수하였을 때 레위 지파를 제외한 20세 이상의 장정이 603,550명이었습니다(민1:46-47). 따라서 이 숫자를 이스라엘 전체 인구의 1/4로 보고 여자들과 아이들의 수까지 더한다면 백성의 총수는 약200만명 가량으로 추산됩니다. 가나안을 떠나 애굽으로 70명의 숫자로 이주한 야곱 후손이 430년 어간에 이렇게 엄청난 국가적 규모의 숫자로 불어난 것입니다. 실제로 이러한 번식이 가능한지에 대하여 많은 학자들이 의심을 품어 왔으나, 다음과 같은 몇 가지 사실을 감안할 때 충분히 가능한 사실입니다. 즉 (1)아브라함에게 훈련된 종들만 318명이나 있었듯이(창14:14) 야곱의 12아들들에게도 각기 딸린 종들이 있어 함께 애굽으로 이주했을 가능성. (2)비옥한 지역에서 하나님의 특별한 출산의 축복을 받았다는 점(출1:7). (3)출애굽시 많은 잡족들이 같이 따라 나왔다는 점 등입니다. 여기에 인공적인 인구피임 정책이 없을 경우 매 25년마다 인구가 배가 된다는 경제학자 맬더스의 이론을 적용시키면 200만 명 이상의 출애굽 인구는 충분히 가능한 일입니다. 이처럼 한 가족(70명)에 불과했던 이스라엘이 430년만에 한민족으로 성장할 수 있었던 것은 약속의 땅 가나안에서 당신의 나라를 건설코자 하셨던 하나님의 의지가 얼마나 확고했는지를 잘 보여줍니다.

출12:38 많은 혼혈과 양떼와 소떼와 심히 많은 가축떼들이 그들과 함께 올라갔더라

출12:39 그들이 애굽에서 가지고 나온 발효되지 않은 반죽으로 누룩 없는 빵을 구웠으니 그들이 애굽에서 쫓겨났기에 지체할 수 없었고 또한 자신들이 길에서 먹을 아무런 양식도 준비하지 못했음이더라

요세푸스는 그의 책3권 226페이지에서 무교절이란 그들이 출애굽을 빨리 했기에 밀가루를 준비한 것이 3일분 무교병만 준비를 했는데 그 빵을 먹을 때 익혀 먹을 수가 없어서 그들은 단지 뜨거운 열기로 따뜻하게 해서 먹었다고 합니다. 그것도 배부르게 먹은 것이 아니라 요기할 정도만 먹었는데 이것을 지키는 것이 무교절이라 했습니다.

출12:40 가나안땅과 애굽땅에 거주한 이스라엘 자손이 거주한 기간은 사백삼십년이니

요세푸스는 그의 책3권 226페이지에서 이스라엘 사람들이 애굽에 실제로 체류한 기간은 215년이라 합니다. 왜냐하면 4대만에 나온다고 했기에 이 4대는 야곱으로 4대가 시작되기에 215년이고, 나머지 215년은 이삭과 야곱이 가나안에 채류한 것을 말한다고 합니다.(아브라함→이삭→야곱→레위→고핫→아므람→모세(아브라함부터 3대 야곱까지는 가나안에 살았고, 레위부터 4대 모세는 애굽에 살았다)

출12:41 사백삼십년이 끝나는 그 날 주님의 모든 군대가 애굽 땅에서 나왔더라

1) 사백 삼십 년이 마치는 그 날-이 말이 곧 애굽에 체류한 지 정확히 430년 후 애굽에서 나왔다는 뜻인지는 단언할 수 없습니다. 물론 Living Bible에서는 '제 430년의 마지막 날'로 번역하여 하루의 오차도 없는 430년 만기일로 표현하였습니다. 따라서 크노벨(Knobel)은 야곱이 아빕월 14일에 애굽에 들어갔다고 보았습니다. 그러나 반면 혹자는 '그 날'을 14, 51절 및

출13:4과 연결시켜 '아빕월 15일'로 해석함으로써 그 정확한 숫자 언급을 회피하고 있습니다.

2) 여호와의 군대(출6:26;7:4;12:17)를 70인역에서는 '주님의 모든 군대'로 나옵니다. 즉 이스라엘 백성을 군대로 말하고 있습니다.

출12:42 그 밤은 그들을 애굽땅에서 인도하여 나오신 주님께 지켜야 할 밤이니 이스라엘의 모든 자손이 그들 대대로 지켜야 할 주님의 밤이더라
출12:43 주님께서 모세와 아론에게 말씀하시기를 이것이 유월절 율법이니 이방 사람은 결코 아무도 먹지 못할 것이나
출12:44 모든 노예나 돈으로 구입한 종은 할례를 준 후면 그도 먹을 수 있느니라

할례를 받은 후-할례는 하나님의 언약을 받아들이는 외적 증표입니다(창 17:10-14). 따라서 이것이 구약 시대에는 종교적으로 하나님의 백성과 이방인 사이를 구분하는 결정적 역할을 하였습니다.

출12:45 외국인과 품꾼은 결코 먹을 수 없느니라
출12:46 한 집 안에서만 먹을지니 너는 그 고기를 그 집 밖으로 결코 가지고 나가지 말고 뼈도 결코 꺾지 말지니라
출12:47 이스라엘 회중이 다 이것을 지킬지니라
출12:48 너와 함께 기거하는 개종자가 주께 유월절을 지키고자 하면 모든 남성은 할례를 받게 한 후 가까이 와서 지키게 할지니라 그러면 그가 원주민과 같이 될 것이라 이는 할례 받지 못한 사람은 결코 먹을 수 없음이라

본토인과 같이 될 것-이는 나면서부터 이스라엘인인 것처럼 취급받을 것이라는 의미입니다. 즉 사회적으로나 종교적으로 완전히 이스라엘 공동체 내에 포함될 것이라는 의미입니다. 이것은 혈통과 신분을 떠나 할례가 이스라엘 공동체의 안과 밖을 갈라놓는 유일한 기준임을 알려 줍니다. 따라서 이것은 유대인과 이방인을 초월하여 오직 믿음만이 구원의 유일한 길임을 제시하는 이신득의(以信得義) 교리의 구약적 형태입니다. 또한 이것은 하나님의 은혜 안에서 모든 사람은 혈통, 계급, 지역을 초월하여 모두 평등한 자유민임을 암시합니다. 70인역에서는 '그가 원주민과 같이 될 것'이라 나옵니다. 이 말은 이방인이 할례를 받으면 이스라엘 사람(원주민)이 된다는 말입니다.

출12:49 본토인이나 너희 가운데 기거하는 개종자는(개종한 사람) 이 율법을 지켜야 하리라
출12:50 이스라엘의 모든 자손이 이와 같이 행하였으니 주님께서 모세와 아론에게 명령하신 바와 같이 그들이 그렇게 행하더라
출12:51 그 날 주님께서 이스라엘 자손들을 그들의 군대대로 애굽 땅에서 인도하여 나오셨더라

그같은 날에...인도하여 내셨더라-본장의 마무리 글이자 다음 장(13장)의 서론으로서 여호와의 유월절 규례가 그대로 준수된 그날에 구원과 해방이 주어졌다고 요약하고 있습니다. 이처럼 출애굽의 역사는 그 계획부터 성취까지 하나님의 단독 주권에 의해 이뤄졌는데, 그럼에도 우리가 한 가지 놓치지 말아야 할 사실은 하나님의 명령에 대한 인간의 믿음과 자발적인 순종이 꼭 필요했다는 점입니다. 이처럼 믿음과 순종은 하나님의 뜻을 기뻐하는 성도가 취할 유일한 태도입니다. 그 군대(출6:26)로 나오는데 70인역에서는 '뒤나미스'로 나옵니다. 즉 이 말은 행1:7절에서는 '권능'으로 나옵니다. 그러므로 권능과 군대는 같은 말인 것입니다. 그러므로 행1:8절의 군대는 천사를 의미합니다.

출애굽기 13장

출13:1 주님께서 모세에게 말하여 이르되
출13:2 이스라엘의 자손 중에서 모든 장자 곧 사람으로 부터 짐승에 이르기 까지 자궁(임신)이 열려서 난 것은 기본적으로 내게 거룩케 할지니 그 것은 내 것이니라 하시니라

   1) 태에서 난 것이라는 말을 70인역에서는 자궁(임신)이 열려서 난 것으로 되어 있습니다.
   2) 내 것이니라-초태생에 대한 하나님의 소유권 선언으로서, 앞 문장의 '초태생은 다 거룩히 구별하여 내게 돌리라'는 명령에 대해 그 이유가 근거를 밝히는 말입니다. 이 말은 모세 오경에서만 10회 이상 반복된 말입니다.

출13:3 모세가 백성에게 말하기를 너희가 애굽 땅 곧 종살이 하던 집에서 나온 그날을 기억하라 이는 주님께서 강력한 손으로 너희를 데리고 나오셨음이니 결코 누룩 있는 빵은 먹지 말지니라

   그 손의 권능 (호제크 야드)-하나님의 손(출7:14;삼상5:11),또는 하나님의 손가락(출8:19;출31:18;신9:10;시8:3)은 '하나님의 능력'을 나타내는 일종의 은유적 표현입니다. 그런 의미에서 이 구절은 하나님의 능력을 강조하기 위하여 '손과 능력'이 함께 사용되었습니다. 실로 이스라엘 백성들이 출애굽할 수 있었던 것은 모세와 아론의 능력이나 또는 백성 자신들의 공로가 아니라. 오직 하나님의 능력 때문이었습니다. 70인역에서는 '강력한 손'으로 나옵니다.

출13:4 푸른 곡식이 새싹을 내는 달 오늘 너희가 나왔느니라

70이역에서 아빕월이란 푸른 곡식이 새싹을 내는 달로 나옵니다. 이때는 유대 종교력으로 첫달이지만, 태양력으로는 3월말이나 4월초에 해당하는데 팔레스틴에서는 보리 추수기에 해당합니다.

출13:5 주님께서 너를 가나안 사람들과 헷 사람과 히위 사람과 게르게 사람과 아모리 사람과 브리스 사람과 여부스 사람의 땅 곧 네게 주리라고 네 조상들에게 맹세하신 젖과 꿀이 흐르는 땅으로 데리고 들어갈 때가 이르거든 너는 이 예배를 이달에 지킬지니라

젖과 꿀이 흐르는 땅=출3:8에서 처음 사용된 후 가나안의 별칭으로 자주 사용된 말입니다(민13:27;신26:9,신15;신31:20;렘11:5;32:22;겔20:6). 여기서 젖은 '우유, 버터'를 뜻하는 '하라브'인데, 이는 소와 양을 많이 기를 수 있는 풍요한 목초와 물이 있는 복스러운 땅을 암시합니다. 또한 꿀은 '꿀 같이 접착성이 있는 액체,당밀'등을 뜻하는 '디바쉬'인데, 이는 꿀을 만드는 벌들이 많이 살 수 있는 곳, 즉 꽃과 화초가 많이 있는 살기 좋은 땅임을 암시합니다.

출13:6 너는 육일 동안은 누룩 없는 빵을 먹고 칠일 그 날은 주님의 명절로 지키라
출13:7 너는 칠 일 동안 누룩 없는 빵을 먹고 발효된 빵을 네게 보이지 않게 하며 발효된 것도 네 모든 경내에서 보이지도 않게 하라
출13:8 그 날에 네 아들에게 상기시켜 주며 말하기를 이것은 내가 애굽에서 떠날 때에 나의 하나님 주님께서 나를 위하여 행하신 일로 말미암음이라 하고
출13:9 이것이 네게는 네 손에 표적이 되고 네 눈앞에 기념이 되게 하여 주님의 율법이 네 입에 있게 하라 이는 하나님 주님이 너를 권능의 손으로 애굽에서 인도하여 나오셨음이라

출13:10 매일 매일 시시때때로 이 율법을 지킬지니라

70인역에서는 해마다 절기마다가 매일 매일 시시때때로 지키라 되어 있습니다

출13:11 하나님 주님께서 너의 조상들에게 맹세하셨던 대로 가나안 족속의 땅으로 너희를 인도하여 그 땅을 너에게 주시리니
출13:12 자궁(임신)을 열고 나온 모든 출생한 남자와 너의 소떼로부터 너의 짐승에 이르기 까지 자궁(임신)을 열고 나온 모든 것은 주님의 것이 될 것이니라 그 수컷들은 주님께 성별된 것이니라

70인역에서는 남자와 수컷을 같은 말로 쓰고 있습니다. 또한 초태성을 자궁(임신)을 열고 나온이라 하는데 이는 자궁(임신)을 처음 열고 나왔기 때문입니다.

출13:13 당나귀의 자궁(임신)을 열고 나온 것은 어린 양으로 대속할 것이요 만일 대속하지 않으려면 그것의 몸값을 지불하라 또 너의 아들 가운데서 사람의 모든 장자는 몸값을 지불하라

나귀의 첫 새끼-하나님께 드리는 제물 가운데 깨끗한 짐승과 더러운 짐승을 구별하는 제사 의식이 이 구절에 처음 나옵니다. 나귀는 본래 말과에 속하는 동물로서 굽이 갈라지지 아니하고 되새김질을 하지 않기 때문에 종교 의식상 부정한 동물에 속했습니다(레11:1-8). 특별히 여기서는 부정한 짐승의 대표격으로 이해할 수 있습니다.
어린양으로 대속할 것이요-따라서 나귀와 같이 부정한 동물들은 정결한 동물인 어린 양으로 대속되어 바쳐져야만 했습니다. 여기서 우리는 성경의 '대속 사상' 발견할 수 있습니다. 즉 도무지 하나님 앞에 정결할 수 없는 죄인들이 그럼에도 불구하고 속량될 수 있는 것은 어린 양 되신 그리스도의 피 때문이라는 사실입니다.
목을 꺾을 것이며-이는 어린 양으로 대속하지 않은 부정한 짐승에게 내려지

는 중엄한 형벌로서, 가차 없이 죽이라는 명령으로 볼 수 있습니다.

장자 된 자는 다 대속할지니라-하나님께서는 이방 종교에서처럼 사람을 산 채로 제단에 바치기를 결코 요구하시지 않으십니다. 단지 장자는 모든 탄생을 대표하는 것이므로 장자를 하나님께 바친다는 것은 백성 전체가 몸과 마음을 거룩히 하여 하나님께 하여 하나님께 온전한 예배를 드려야 한다는 뜻입니다. 따라서 장자는 대속, 즉 어떤 대가를 지불함으로써 그의 생명을 보전함과 동시에 하나님께 바친 효력도 지닙니다. 이 사상은 신약 시대에 이르러 우리의 장자 되시는 그리스도, 즉 제 2의 아담 되시는 그리스도의 대속 사상으로 발전합니다. 한편 이스라엘 사상 장자 헌신 제도는 후에 레위 족속으로 구별하여 드리는 규례(민3:12;8:16)와 속전 규례(민3:47;18:16)로 대체되었습니다.

출13:14 후일에 네 아들이 네게 묻기를 이것이 어찌 됨이냐 하거든 너는 그에게 말할지니 주님께서 힘 있는 손으로 우리를 애굽 곧 노예의 집에서 밖으로 인도하여 내실새

출13:15 그때에 바로가 우리를 보내는 것에 대하여 완고해 져서 보내려 하지 아니하므로 주님께서 애굽 땅의 모든 장자 즉 사람의 장자로 부터 짐승의 장자까지 살해 하셨느니라 그러므로 처음 태를 열고 나온 모든 짐승의 수컷은 내가 주님께 제사를 드려야 하고 내 자손의 모든 장자도 몸 값을 치르고 있느니라

'대속한다'는 말이 '구속한다'는 말로 70인역에서는 되어있는데 이를 풀이하면 '몸값을 치르고'라는 말입니다.

출13:16 이것이 네 손 위에 표시가 되고 네 눈앞에서 흔들리지 않게 할지니 이는 주님께서 권능의 손으로 너를 애굽에서 인도하여 내셨음이라 할지니라

미간에 표가 되게 하라는 말이 70인역에서는 눈앞에서 흔들리지 않게 하라고 되어 있습니다. 이스라엘 백성들은 실제로 이때부터 이 명령을 문자적으

로 지키기 위하여 천이나 가죽, 휘장. 앙장에 본 성구를 써서 손에 매거나 이마에 두름으로써 경문과 경문갑에 대한 관습을 가지기 시작했습니다. 여기서 경문이란 본절과 같은 명령이 있는 4군데의 성구, 즉 출13:3-10,11-16; 신6:4-9;11:13-21등을 4개의 양피지에 적어 놓은 것을 말합니다. 그리고 경문갑이란 이 경문을 넣은 조그마한 상자를 말하는데, 여기에 끈을 매달아 손에 매거나 이마에 두르고 다녔습니다. 따라서 이스라엘 백성들은 이 경문이나 경문갑을 손에 매고 이마에 두름으로써 문자 그대로 이것을 그들의 손의 기호와 이마의 표를 삼으라는 이 명령을 문자 그대로 실행하라고 주신 말씀이 아니라. 마음 깊이 새겨(신6:6) 영원히 잊지 말라는 상징적은 뜻으로 주셨다고 말합니다. 그러므로 후일 이 명령의 본 정신을 망각한 채, 이러한 관습이 단지 의식주의로만 흘렀을 때, 유대인들은 예수님의 혹독한 책망을 면치 못했습니다(마23:5).

출13:17 바로가 백성을 가게 한 후 하나님께서는 블레셋인의 땅의 길이 가까울 지라도 그들을 그 길로 인도하지 아니하셨으니 이는 하나님께서 말씀하시기를 혹시 백성이 전쟁을 보면 후회하여 애굽으로 돌아갈까 하셨음이라

블레셋 사람의 땅의 길-애굽에서 가나안으로 가는 지름길은 블레셋의 해안 도시 가사(Gaza)를 통하는 지중해안의 길이었습니다. 이 길은 약 4일 정도 밖에 걸리지 않는 가까운 거리였습니다. 그러나 이 길에는 당시 철기 문화를 배경으로 강력한 세력을 형성했던 호전적인 백성, 블레셋 족속이 기다리고 있었습니다.
전쟁을 보면 뉘우쳐 애굽으로-당시 이스라엘 백성들은 애굽의 노예 생활을 바로 직전에 마감한 관계로, 체계적이고 조직적인 정비가 안 된 상태에 있었습니다. 따라서 그들은 전쟁을 치를 군사적인 준비 뿐 아니라 마음의 준비조차도 되어 있지 않았습니다. 이러한 때 다섯 개의 큰 도시 국가들(가사, 아스글론, 아스돗, 가드, 에그론)로 상호 공수동맹을 결성한(수13:3) 막강한 블레셋 군대와 맞부딪치게 되면, 쉽게 낙심하고 출애굽한 것을 후회하면서 오히려 다시 애굽으로 돌아갈 소지가 충분하였습니다. 따라서 하나님은 이것을 방지하기 위하여 6배나 먼 광야 길로 그들을 인도하신 것입니다. 물론 이것은 블레셋에 대한 하나님의 능력이 부족해서가 아니라, 이스라엘의 나약함을 깊이 인식하신 까닭에 취해진 조처였습니다. 더욱이 하나님의 이러한 조처 배후에는 모세와 언약한 시내 산 언약(출3:12)을 이루시려는 당신의 크신 목적도 담겨 있었습니다.

출13:18 그러나 하나님께서는 백성을 홍해의 광야 길을 둘러싸서 통과하도록 인도하셨으니 다섯세대 만에 이스라엘 자손이 애굽 땅에서 나와 올라가더라

1) 70인역에서는 "하나님께서 이스라엘 자손을 둘러싸서 인도하셨다"고 나옵니다.
2) 또한 70인역에서는 다섯세대만에 올라왔다고 하고 있습니다.
3) 홍해(얌 수프)-'홍해'라는 이름은 라틴어 벌겟역에서 쓰기 시작한 용어로, 그 근방 원주민들의 황색 피부 색깔에서 유래되었거나 혹은 그 바닷가의 빛나는 암속과 바다 밑에 깔린 산호 등의 각종 침전물로 인해 붉은 물빛을 띠었기 때문에 붙여졌다고 합니다.

출13:19 그리고 후에 모세가 요셉의 뼈들을 직접 취하였으니 이는 요셉이 이스라엘의 자손에게 엄히 맹세시켜 말하기를 하나님께서 반드시 너희를 방문하여 찾아오시리니 너희와 함께 나의 뼈를 여기서 가지고 나가는 것에 대하여 동참 하였음이더라

1) 70인역에서는 모세가 요셉의 뼈를 직접 챙긴 것으로 나오고 또한 이스라엘 후손이 요셉의 뼈를 가지고 출애굽 하는 것에 동의 했다고 나옵니다.
2) 나의 해골을 여기서 가지고 나가라-약 350년 전 요셉이 일찍이 아브라함에게 약속되었던(창15:13-16) 출애굽과 가나안 회복을 굳게 믿고 임종시 후손들에게 부탁했던 요셉의 유언입니다. 진정 요셉은 믿음으로 가나안 땅을 바라보았던 것입니다(히11:22). 그리하여 마침내 가나안 정복 후 요셉의 해골은 그 믿음의 소원대로 가나안땅 세겜에 평안히 묻히게 됩니다(

수24:32).

출13:20 이스라엘 자손들이 숙곳을 떠나서 광야의 끝에 있는 에담에서 진을 치니

1) 70인역에서는 속곳에서 떠났다는 말을 걷어지웠다라고 되어 있습니다
2) 숙곳-라암셋(오늘날의 Tanis) 동남쪽 약 32마일 지점에 위치한 곳으로 이스라엘 백성이 라암셋에서 출애굽을 시작하여 최초로 머문 곳입니다(출 12:37).
3) 에담-'요새'라는 뜻으로 이곳과 민33:6등 두 곳에서는 '광야의 끝'으로, 민33:8에서는 '에담 광야'로 묘사되었습니다. 에담의 정확한 위치는 알려지지 않았지만 수르광야의 끝(출15:22), 또는 그 수르 광야의 일부가 에담 광야로 불려 지기도 했습니다(민33:6-8).그리고 에담은 애굽 동쪽 국경 지방을 경계하는 요새 일부이기도 했습니다. 따라서 카일은 이 곳을 아라비아와 애굽 경계 선상으로 이해했습니다. 한편 숙곳과 에담까지의 거리는 라암셋에서 숙곳까지의 거리와 마찬가지로 하루 여행길이라 합니다.

출13:21 하나님께서 그들을 인도 하셨는데 낮에는 구름 기둥으로 그들의 길을 보이게 하셨고 밤에는 불 기둥안에서 밤길을 보이셨으니

70인역에서는 구름기둥으로 길을 보이게 하셨다고 나옵니다.
낮에는 구름기둥...밤에는 불 기둥-서로 다른 별개의 두 기둥이 아니라 한 기둥이 이중적인 현상으로 나타난 것입니다(출14:24). 그리고 이것은 하나님께서 백성들을 친히 인도하시고 보호하신다는 사실을 구체적으로 보여주고 있는 신적 임재의 표상입니다. 즉 낮에는 서늘한 구름기둥으로 사막의 뜨거운 햇빛과 열기 및 질병으로 부터, 밤에는 찬란한 불 모양(민9:15-16)으로 혹한이나 동물 및 사람 등 외부의 침입으로 부터 보호하신 것입니다. 동시에 이 기둥의 현현은 여호와의 군대인 이스라엘 백성의 진정한 통솔권자는 오로지 여호와뿐이심을 선포하는 행위이기도 했습니다. 이런 의미에서 구름 기둥과 불기둥은 택한 백성을 인도하시는 여호와의 지팡이요, 택한

백성을 지휘하시는 여호와의 홀이었습니다.

출13:22 낮에는 구름 기둥 밤에는 불기둥을 결코 소멸하지 아니하니라

70인역에서는 '떠나지 않았다'는 말을 '결코 소멸하지 않았다'라고 되어 있습니다.

출애굽기 14장

출14:1 주님이 모세에게 말씀하여 이르시되

출14:2 이스라엘의 자손들에게 말하길 그들로 돌이켜서 바알스본 맞은 편 믹돌과 바다 사이 비하히롯이란 마을 앞에 장막을 치게 하라 너희는 피하히롯 앞 바닷가에 장막을 칠지니라

70인역에서는 비하히롯이 마을로 되어 있습니다.

출14:3 이는 바로가 이스라엘 자손에 대하여 말하기를 그들이 땅에서 방황하다 광야에 갇혔도다 하니라

광야에 갇힌바 되었다 할지라-앞은 바다요, 양 옆은 산이며, 뒤는 사막인 그러한 사면초가의 상황에 처한 이스라엘 백성들의 상태를 보고 바로가 오합지졸인 노예민족 이스라엘이 광야에서 길을 잃고 헤매는 줄로 오판하여 절호의 기회를 놓치지 않고 군대를 몰고 뒤에서 추격해 올 것이라는 뜻입니다.

출14:4 내가 바로의 마음을 완고하게 하리니 그가 그들의 뒤를 사냥하리라 그리하여 내가 바로와 그의 모든 군대로 말미암아 영광을 얻으리니 애굽 사람들로 내가 주님인 것을 알게 하리라 하시매 그들이 그대로 행하니라

70인역에서는 '뒤를 쫓다'라는 말이 '사냥'으로 되어 있고, '군대'라는 말이 '천사'로 되어 있습니다.

출14:5 백성이 도망한 것을 애굽왕에게 알려지매 바로와 그의 신하들의 마음이 백성에 대해 변하여 말하기를 우리가 어찌 이같이 행하여 이스라엘로 우리를 섬김에서 놓아 보내었는가 하고

흑이 백성의 도망한 것을...고하매 - 아마 이스라엘 백성이 출애굽 한 후 3일이 지난 뒤, 즉 4일째 되는 날이었던 것 같습니다. 그러나 이 구절은 바로가 이스라엘 백성들이 출애굽 한것을 이전까지 전혀 몰랐다는 것을 뜻하지 않습니다. 오히려 그는 이스라엘 백성이 완전히 출애굽 하지 않고 전날 모세가 요구했던 대로 3일간만 나갔다가 다시 돌아와 종노릇 해주기를 은근히 바랐던 것 같습니다(출5:3;12:31). 그런데 3일이 지난 후에도 이스라엘 백성들이 계속 행군해 나간다는 보고를 듣자 그의 마음이 급변했던 것입니다.

출14:6 바로가 그의 전차와 팀을 이루어 그의 모든 백성을 데리고 가매

70인역에서는 '바로가 전차와 팀(무리)을 이루고 그의 백성을 데리고 갔다'고 되어 있는데 여기서 팀이 그의 전신갑주를 말하는 것인지 아니면 마차에 몇 명이 같이 탔다는 것인지 잘 모르겠습니다. 왜냐하면 70인역에서는 바로가 전차와 팀을 이루어 나갔다고 되어 있기 때문입니다. 당시 전차엔 2인용과 4인용 전차가 있었다고 하기 때문입니다. 이는 바로가 자신의 전차와 또다른 전파 부대를 이끌고 백성들과 같이 나아갔다는 말입니다.

출14:7 그가 선별한 육백대의 전차들과 애굽의 모든 병거들을 거느렸으며 병거마다 지도자들이 맡았더라

70인역에서는 '지휘관'을 '지도자'로 말하고 있습니다.
특별 병거-특수한 장치가 된 병거가 아니라 많은 병거 중 특별히 선발된 일종의 정예화 된 특공대를 말합니다.

출14:8 주님께서 애굽 왕 바로의 마음을 완고하게 하시므로 그가 이스라엘 자손들의 뒤를 사냥했으나 이스라엘 자손들은 높은 손안에서 나갔더라

1) 70인역에서는 '담대히 나아갔다'는 말은 '높은 손안에서 나아갔다'고 되어 있는데 이는 하나님의 권능의 손을 말하는 말로 곧 하나님의 권능의 손을 의지해서 두려워하지 않고 전진했다는 말입니다.

2) 요세푸스는 바로가 다시 이스라엘을 추격한 이유는 모세의 마술에 홀려서 보내 주어서 정신을 차리고 다시 추격했다고 하고 있습니다.

3) 그리고 요세푸스는 바로가 추격하면 이스라엘 사람들이 도주하려 하는 예상 길목마다 병력을 배치해서 해간가로 몰아갔다고 합니다.

출14:9 애굽사람들이 그들 뒤를 사냥했으니 곧 모든 말들과 바로의 전차들과 그의 기병들과 그의 군대라 바알스본 맞은편 피하히롯 곁 바닷가에 진을 치고 있는 그들을 찾은지라

1) 70인역에서는 '바알스본 맞은편'으로 되어 있지만 출14:2절에 너희는 피하히롯 앞 바닷가에 장막을 쳤다고 했기에 자세히 설명하느라고 피하히롯 곁이라는 말을 넣어 해석했습니다.

2) 그 장막 친 데 미치리니라-바로와 그의 군대들은 이스라엘 백성들을 불같이 추격해와 드디어 그들에게 미칠 수 있었습니다. 이때는 이스라엘이 출애굽 한지 약 6일쯤 되는 날입니다. 그 근거는 유대인의 전승에 따르면 홍해를 건넌 것이 니산(아빕)월 21일 밤이라는 사실에서 찾을 수 있습니다. 한편 바로가 이스라엘 백성들이 돌아오지 않고 계속 가나안을 향해 나아간다는 소식을 들은 것은 4일 후였기 때문에(5절) 그가 추적하여 따라잡은 날은 불과 2일 밖에 걸리지 않았음을 알 수 있습니다.

출14:10 바로가 가까이 다가올 때 이스라엘 자손들이 눈을 들어 그 눈으로 보니 애굽 사람들이 그들의 야영지 뒤로 접근해 온지라 이스라엘 자손들이 매우 두려워하며 주님께 부르짖었더라

출14:11 그들이 모세에게 말하기를 애굽 땅에 무덤이 없어 네가 우리를 이끌어 내어 광야에서 죽게 하느냐 어찌하여 네가 우리를 애굽에서 이끌어 내어 우리에게 이같이 행하느냐

애굽에 매장지가 없으므로--당시 애굽에는 각 성읍 주변에 사자들의 처소라 하여 공동 묘지와 묘비들이 많았다고 합니다.

출14:12 우리가 애굽에서 당신에게 이른 말이 이것이 아니냐 말하기를 우리를 늘어지게 하라(내버려 두라) 우리가 애굽사람들을 섬길 것이라 하지 않았느냐 우리가 광야에서 죽는 것보다 애굽사람을 섬기는 것이 더 낫겠노라

70인역에서는 내버려 두라는 말이 늘어지게 하라는 말로 이는 무기력한 상태를 말하는 말로 되어 있습니다.

출14:13 모세가 백성들에게 격려하여 말하기를 너희는 가만히 서서 오늘 우리에게 행하시는 하나님의 구원하심을 보라 너희가 오늘 본 애굽 사람을 결코 영원히 보지 못하리라

1) 가만히 서서-문자적으로 너희 자리를 지키라. 그 자리에 꿋꿋이 서있으라는 뜻으로 비록 현 상황이 절박하다 하더라도 다급해하거나 결코 좌절치 말고 조용히 그 상황을 맞이하라는 명령입니다. 결국 이는 하나님을 온전히 신앙하라는 준엄한 명령입니다.
2) 구원을 보라-넘실대는 홍해의 바닷물이나, 중무장한 애굽 군대를 바라보지 말고 위로부터 오시는 하나님의 크신 능력을 소망하라는 뜻입니다.
3) 요세푸스는 말하길 모세가 바닷게 간히게 되자 이스라엘 백성들을 놓고 설교를 하며 하나님이 도와주실 것이니 낙심하지 말라고 당부하며 이렇게 설교했다고 합니다. "하나님께서 원하신다면 이 산들을 평지로 만들어 놓을 수도 있고 바다를 마른 땅으로 변하게 하실 것입니다"라고 말입니다. 이 모세의 설교대로 하나님은 바다를 평지로 걷게 하셨습니다. 그리고 모세의 기도가 나오는데 모세는 이렇게 기도했습니다. "오 주여, 주님께서 명령하신다면 산들도 열려질 것이고, 바다도 마른 땅으로 변할 것입니다. 그리고 만일 당신께서 결정만 하신다면 공중으로 날아서라도 구원할 수 있을 것입니다"

출14:14 주께서 너희를 위하여 전쟁을 하시리니 너희는 평화를 유지하며 있을지니라

'가만히 있으라'는 말이 70인역에서는 '침묵을 지키다 또는 평화를 유지하라'로 되어 있습니다.

출14:15 주님께서 모세에게 말씀하시기를 어찌하여 내게 큰소리로 부르짖느냐 이스라엘의 자손들에게 명령하여 앞으로 진행하게 하고

1) '부르짖느냐'라는 말이 70인역에서는 '큰 소리로 부르짖는 것'을 말합니다.
2) '앞으로 나아가'라는 말이 히브리어에서는 '장막 말뚝을 뽑아 챙긴 후 곧장 전진해 가다'는 뜻으로 되어 있습니다. 70인역에서는 '진행하라'로 되어있습니다.

출14:16 너는 네 지팡이를 들어 네 손을 바다 위로 뻗쳐서 그것이 분리되게 하라 이스라엘 자손이 바다 가운데 마른 땅을 통해 가리라

'그것이 갈라지게 하라'는 말이 70인역에서는 '그것이 분리되게 하라'로 되어 있습니다.

출14:17 보라 내가 애굽과 바로의 마음을 완고하게 하리라 그러면 그들이 그 뒤를 따라 들어갈 것이라 내가 바로와 그의 모든 군대와 그의 병거들과 그의 마병들을 통하여 영광을 얻으리라
출14:18 바로와 그의 병거들과 그의 마병들이 네게 영광을 돌리고 나서야 애굽 사람들이 내가 주님인 줄 알게 되리라 하시더라
출14:19 이스라엘 자손의 진영 앞에 가던 하나님의 천사가 움직여 그들 뒤로 오니 구름기둥도 그들의 얼굴로부터 움직여 그들 뒤에 서고

1) 하나님의 사자-구약에서 '여호와의 사자' 혹은 '하나님의 사자'란 말을 70인역에서는 '천사'를 말합니다.

2) 구름 기둥도...뒤로 옮겨-구름 기둥은 하나님의 임재의 상징입니다.

출14:20 애굽 진영 사이와 이스라엘 진영 사이에 이르러 서니 그들에게는 흑암과 어두움이 있었고 밤이 지나갔지만 밤새도록 이스라엘 진영과 애굽 진정이 결코 서로 함께 섞이지 않았더라

1) 저편은...광명하므로-분리되어질 수 없는 하나의 실체로서 2중성을 지닌 구름 기둥과 불기둥은 하나님의 능력을 이중적으로 나타내었습니다. 즉 그 기둥은 애굽 군대에게는 심판을 상징하는 흑암을, 이스라엘 백성에게는 구원을 상징하는 광명을 동시에 드러내었습니다. 이는 흑암 재앙시 애굽 땅과 고센 땅을 가른 빛과 어두움을 연상시킵니다(출10:23).

2) 개정성경에서는 이스라엘에는 광명이 있었던 것으로 말하지만 70인역에는 그런 말이 나오지 않고 다만 애굽 군대가 '함께 섞이지 않았더라'하며 이스라엘 진영에 진입하지 못했다고만 나옵니다.

출14:21 모세가 바다 위로 그의 손을 뻗쳤더니 주님께서 밤새도록 난폭한 남풍으로 바다 물을 물러가게 하시어 바다를 마르게 하시니 물을 쪼개었더라

큰 동풍으로...물러가게 하시니-70인역에는 '큰 남풍'으로 보고 있으나 히브리 원문에는 '루아흐 카딤 아즈' 곧 '맹렬한(강한) 동풍'으로 분명히 기록하였습니다. 그러나 이것은 반드시 정방향에서 불어오는 것이라기보다 동쪽 모든 방향(남동, 북동쪽)을 가리키며 특히 건조한 사막의 바람을 포함한 것으로 보입니다.

출14:22 이스라엘 자손들은 바다 한가운데로 들어가 마른 땅 위로 갔는데 물이 그들에게 오른쪽과 왼쪽으로 벽이 되었더라
출14:23 애굽 사람들과 바로의 모든 말들과 병거들이 다 그들의 뒤를 추

격하여 바다 가운데로 올라오는 지라

1) "들어오는지라"라는 말이 70인역에서는 '올라간 것으로' 되어 있습니다.
2) 요세푸스는 왜 애굽의 바로가 이스라엘을 추격해 바다로 들어왔다가 수몰 되었는지에 대하여 말했는데 그는 말하길 "바로는 처음에는 이스라엘 사람들이 바다로 들어가자 이스라엘 사람들이 마음이 심란하여 죽음을 무릅쓰고 경솔하게 바다로 들어갔다고 생각했다. 그러나 그들이 어떠한 해도 받지 않고서 큰 길을 따라 가고 그들의 길에 어떠한 장애나 어려움도 없다는 것을 보게 되자 애굽사람들도 바다가 위험하지 않을 것이라 생각하고 그들을 조급하게 추격했다는 것이다. 그런데 이 바다 한가운데 길은 애굽사람들을 위해 만들어진 길이 아니라 히브리인들을 위하여 만들어진 길이라는 사실은 알지 못했다고 한다. 그때 전 애굽 군대가 바닷길로 들어서자 바닷물이 넘쳐흘러서 폭풍우에 의해 급류가 밀어 닥쳐서 애굽사람들은 바닷물로 휩싸였다고 한다. 또한 하늘에서는 폭우가 쏟아졌고 번쩍 거리는 불빛을 동반한 무서운 천둥과 번개가 내리쳤다. 또한 벼락이 그들에게로 떨어졌다. 그 결과 모든 애굽 군사가 죽었기에 애굽에 남아 있는 병자들에게 이런 참사를 전해줄 병사가 한명도 없었다고 하고 있다. 그리고 다음날 하나님이 강풍을 불게 해 이스라엘 진영에 애굽사람의 무기들이 모이게 했다는 것이다. 이때 모세는 그 무기들을 수거해 이스라엘 백성들을 무기로 무장을 시켰다고 하고 있다"

출14:24 새벽이 감금되어 있을때 주님께서 불기둥과 구름기둥 안에 계셔 애굽 사람의 진영 위에서 관찰하시고 애굽의 진영을 포위하시며

개정성경에는 "새벽에"로 되어 있지만 70인역은 "새벽이 감금되어 있다"라고 되어 있는데 이는 새벽 2시부터 동틀 무렵까지를 말합니다. 또한 주님이 불기둥 구름 기둥안에서 계셨는데 그곳에서 애굽의 진영을 응시하고 있었고 또한 '어지럽게 했다'는 말은 '포위하셨다'라고 되어 있습니다.

출14:25 그들의 병거 바퀴를 묶으시어 그들이 힘겹게 몰고 가게 하시니

애굽사람들이 말하기를 이스라엘 앞에서 사라지자(도망가자) 주님께서 그들 곁에서 애굽 사람들과 싸우시는도다

1) 그 병거 바퀴를 벗겨서-여기서 벗기다는 '야살'로서 (손으로) "징계하다.벌하다"는 뜻입니다. 따라서 이는 하나님께서 애굽 군대를 벌하사(친히 당신의 손으로) 전차 바퀴를 훼손하거나 빼놓음으로써 기동력을 완전히 제거하셨음을 가리킵니다. 70인역에서는 '벗기다'라는 말이 "묶은"것으로 되어 있습니다.
2) 극난하게(비크베두트)-"무겁다"란 뜻의"카바드'"에서 온 말로서 병거가 무거운 짐을 실은 듯 힘겹게 움직이는 것을 묘사한 말입니다.
3) "이스라엘 앞에서 도망하자"라는 말은 "사라지자"라고 되어 있습니다.

출14:26 주님께서 모세에게 말씀하시기를 네 손을 바다 위에 뻗치라 그리하면 물이 회복되어 애굽 사람들과 그들의 병거들과 그들의 기수들 위로 덮으라 하시니라

기병이 70인역에는 '아나바타스(올게하다)'인 '기수'로 되어 있는데 기수란 말에 '올라탄자'를 말함으로 곧 '기병'을 말합니다.

출14:27 모세가 바다 위로 자기 손을 뻗치니 낮에 물이 제자리로 회복 되었더라 그러자 애굽 사람들이 물속에서 도피하려 하나 주님이 애굽 사람들을 바다 한가운데서 맹렬히 흔들었더라

'새벽'이라는 말이 70인역에서는 '낮'으로 되어 있고, '엎으시었다'는 말이 70인역에서는 바다를 '맹렬히 흔들었다'고 되어있습니다.

출14:28 물이 다시 되돌아와서 그들을 따라 바다 가운데로 들어온 병거들과 기병들과 바로의 모든 군대를 덮으니 그들 중에 결코 한 사람도 남지 아니하였더라

하나도 남기지 아니하였더라-애굽 사람들은 한 사람도 빠짐없이 모두 죽었습니다. 이것은 애굽에 대한 이스라엘의 완전한 승리인 동시에 애굽 신들에 대한 하나님의 완전한 승리였습니다.

출14:29 그러나 이스라엘의 자손들은 바다 한가운데서 마른 땅 위로 나아갔으며 물이 오른쪽과 왼쪽에서 그들에게 벽이 되었더라

바다 가운데 육지로 행하였고-바다 가운데 육지는 걷기에 아무런 불편이 없는 건조한 상태였습니다(출14:22절). 그런데 이곳을 약 200만 가량의 남녀노소 및 각종 짐승들이 무사히 밤사이에 건너가기 위해서는 갈라진 통로의 폭이 적어도 1마일(1,609m) 정도는 족히 되었을 것입니다.

출14:30 주님께서 그 날에 이스라엘을 애굽 사람의 손에서 구원하시니 이스라엘이 바닷가에서 애굽 사람들이 죽어 있는 것을 보았더라

애굽 사람의 시체를 보았더라-유대사가 요세푸스는 이스라엘 진영이 모두 바다를 건넌 후 서쪽으로부터 바람이 불어와 애굽사람들의 군장과 시신이 홍해 동쪽 해변으로 수없이 밀려 떠내려 왔다고 합니다. 한편, 그러나 이 당시 애굽 왕 바로(아멘호텝2세, B.C.1448-1424)는 같이 죽은 것 같지 않습니다. 왜냐하면 출애굽(B.C.1446) 후의 애굽 역사에 그의 사적이 20년 가량 더 기록되어 있고, 그리고 A.D1898년 성서 고고학자 로렛에 의하여 그의 미이라가 애굽의 왕묘 골짜기에서 발굴되었기 때문입니다.

출14:31 이스라엘이 주님께서 애굽 사람들에게 행하신 큰 손을 보고 그 백성이 주님을 경외하고 하나님과 그의 종 모세를 믿더라

여호와께서...베푸신 큰 일-이것은 홍해 사건을 가리킵니다. 홍해 사건과 출애굽의 10대 재앙 사건들을 비롯하여 신 구약에 나타난 모든 이적 사건들은 단순히 인간의 호기심을 충족시키기 위한 것이 아닙니다.

출애굽기 15장

출15:1 그때 모세와 이스라엘의 자손들이 하나님께 이 노래를 부르며 주님께 노래로 말씀하여 이르되 그는 영광스럽고도 영광스럽다 말과 그 탄자를 바다 속으로 던지셨음이로다

그는 높고 영화로우심이요-여기서 '높다'에 해당하는 히브리어 "가아"는 "장엄하다", "영광스럽다"는 뜻으로, 원문에는 두번 반복 사용되고 있는데, 이는 하나님의 영광을 강조하는 효과를 내고 있습니다. 한편, 70인역은 이 구절을 "헨독소스 가르 독사스타이"즉 "그는 영광스럽고도 영광스럽다"라고 개역하였습니다. 이는 하나님의 영광이 높고 위대하심을 시적으로 강조한 것입니다.

출15:2 하나님은 나의 도움이시요 피난처시며 나의 구원이시로다 내가 그를 영화롭게 할 것이며 나의 아버지의 하나님이신 그를 높이리로다

70인역에서는 '힘이며 노래라'는 말이 나의 '도움과 피난처'라고 되어 있습니다.

출15:3 주님은 전쟁으로 파괴하는 분이시니 그 분의 이름은 주님이시로다

개정성경은 "여호와는 용사시니"라고 되어 있지만 70인역에서는 "전쟁으로 파괴하는 분"으로 되어 있습니다.

출15:4 바로의 병거들과 그의 군대를 바다 속에다 던져 넣으시고 그가 선

택한 기병들과 대장들도 홍해 바다에 익사 시키셨도다

"잠겼고"라는 말이 70인역에서는 "익사시켰다"라고 나옵니다.

출15:5 바다가 그들을 덮으니 그들이 돌처럼 깊은 곳에 잠수하였도다

"깊은 물"은 70인역에서는 "바다"로 되어 있고, "가라앉다"라는 말은 70인역에서는 "잠수했다"로 나옵니다. 이렇게 애굽의 정예부대가 돌처럼 가라앉은 이유는 실제 애굽의 방백들은 무거운 구리와 철로 제조 된 갑옷을 입고 있었기 때문에, 돌보다 빨리 바다 밑바닥에 (깊음에)깊이 가라앉고 말았을 것입니다.

출15:6 당신의 오른손이 권능으로 영화롭게 되셨나이다 주님의 오른손이 원수를 부수셨나이다
출15:7 당신의 풍성한 영광으로 주의 대적들을 산산조각 내셨나이다 당신의 진노를 보내사 그들을 지푸라기같이 소멸하셨나이다

"큰 위엄"이라는 말이 70인역에서는 "풍성한 영광"으로 되어 있습니다. "지푸라기 같이 살랐다"는 말이 70인역에서는 "지푸라기 같이 소멸했다"고 되어 있습니다.

출15:8 당신의(주님) 격노한 바람으로 말미암아 물이 갈라졌고 바다 한가운데 파도를 고정 시켰고 물을 벽으로 고정시켰나이다

1) 주의 콧김-문자적으로는 "분노에 찬 주의 바람"인데, 70인역에서도 "주님의 격노한 바람"으로 되어 있습니다. 이는 하나님의 능력에 의해 조성된 큰 동풍(출14:21)을 시적으로 묘사한 표현입니다(시18:15). 즉 홍해를 가른 무시무시한 일진광풍도 기껏 하나님의 콧바람에 불과하다는 뜻으로, 크신 하나님의 능력을 찬양하는 말입니다.
2) 파도가 언덕 같이 일어서고-공동번역은 "둑"으로 번역하였는데 70인역

에서는 파도가 움직이지 않고 고정된 것으로 나옵니다.

3) 큰물이 바다 가운데 엉기니이다-바닷물이 그 유동성을 상실하고 마치 단단한 덩어리처럼 응고되어 벽을 쌓는 것으로 말하는데 70인역에서는 물을 벽처럼 고정 시켰다고 나옵니다.

출15:9 대적들이 말하기를 내가 추격하여 따라잡아 전리품을 나누리라 그들로 말미암아 나의 영혼을 만족시킬 것이며 나의 칼로 그들을 죽일 것이며 나의 손으로 그들을 지배할 것이라 하였으나

"내 욕망을 채우리라"라는 말이 70인역에서는 "영혼"으로 되어 있고, "나의 칼을 빼리라"라는 "나의 칼로 죽이리라"로 되어 있고, "멸하리라"는 "지배하리라"로 되어 있습니다.

출15:10 주님께서 바람을 보내시어 바다가 그들을 덮으시니 그들이 거센물에 납같이 잠겼나이다
출15:11 주님 당신을 닮은 자가 누가 있습니까 신들 중에 당신을 닮은 자가 누구입니까 누가 주와 같이 거룩함으로 영화로우며 찬양받을 만큼 경이로우신 이적들을 행하는 자가 누구니이까

"신들중에 주와 같은 자가 누구냐"는 말이 70인역에서는 "주님을 닮은자가 누구냐"로 나옵니다.

출15:12 주님께서 오른손을 뻗치시니 땅이 그들을 마시었나이다

땅이 그들을 삼켰나이다-민16:31에는 땅이 갈라져 고라와 그 일행을 삼킨 사실이 기록되어 있는데, 여기서는 바다가 애굽 군대를 삼킨 것을 문학적으로 표현하고 있습니다. 히브리인들은 바다를 육지의 끝으로 생각했기에 "땅이 삼켰다"는 표현이 가능했던 것 같습니다. 70인역에는 '땅이 그들을 마시었다'로 나옵니다.

출15:13 당신의(주님) 의로우심으로 당신의 구속하신 백성을 인도하시되 당신의 거룩한 처소로 당신의 힘으로 초청 하셨나이다

1) "주의 인자하심으로"되어 있지만 70인역은 "주님의 의로우심으로"되어 있고, "처소에 들어가게 하셨다"는 말은 "처소 안으로 초청한"것으로 되어 있습니다.

2) 주의 성결한 처소-가나안 땅에 대한 은유적 표현입니다. 가나안 땅을 이렇게 부른 이유는 첫째, 하나님께서 자기의 이름을 두시려고 특별히 택하신 곳이고(신12:5;16:6;26:2) 둘째, 택하신 언약의 백성 이스라엘이 거할 땅이며, 세째, 하나님께서 임재하실 거룩한 성전이 세워질 땅이기 때문입니다.

출15:14 나라들이 듣고 격노했고 해산의 고통이 블레셋 주민들이 거주하는 곳에 닥쳤으며

"여러 나라들이 듣고 떨었다"고 되어 있지만 70인역에서는 "나라들이 듣고 격노했다"로 되어 있고, "두려움에 잡히며"를 70인역은 "해산의 고통이 닥친 것"으로 나옵니다.

출15:15 그때 에돔의 족장들이 놀라고 모압의 용사들이 떨림에 붙잡히며 가나안의 모든 거주민들이 낙담하리이다

1) 모압 영웅이 떨림-모압은 발락과 발람사건을 통해 그들이 얼마나 이스라엘을 경계했는지를 보여주고 있습니다(민22-24장). 한편 여기서 "영웅"은 특정한 인물을 지칭하기보다 용맹스러운 모압인들의 기질과 전력을 나타낸 말이라 할 수 있습니다.

2) 다 낙담 하나이다-고대인들은 각 국가간의 싸움은 곧 그 국가를 지키는 수호신들 간의 싸움이라는 전쟁 개념을 가지고 있었습니다. 그런데 이스라엘의 신 여호와가 막강한 애굽의 신들을 깨뜨리고 그 백성을 구출해 내었다는 소식은 가나안 거민과 가나안으로 향하는 길목에 있었던 모든 열방 종족들을 낙담케 하기에 충분했습니다.

3). "놀라고"가 70인역에서는 "서둘러"로 되어 있는데 히브리어에서는 "서둘러와 놀라고"가 같은 뜻으로 나오기에 "놀라고"로 해석했고, 또한 낙담하다가 70인역에서는 "녹이다"로 되어 있는데 히브리어에서는 역시 "낙담하다"와 같은 뜻의 단어로 나와 개정 성경 그대로 해석했습니다.

출15:16 두려움과 떨림이 그들 위에 임해 주님의 팔의 위대하심으로 인하여 그들이 화석처럼 되었사오니 주님 당신의 백성이 지나가기까지 당신께서 구입하신 당신의 그 백성이 지나가기까지니 이다

"돌 같이 침묵했다"는 말을 70인역에서는 "화석처럼 되었다"고 나오고 또한 "사신 백성"은 "구입하신 백성"으로 나옵니다.

출15:17 주님께서 그들을 데리고 오셔서 당신의 유업의 산에 심었으니 이는 주님께서 처소로 준비하신 곳이라 주님 그곳은 당신의 손으로 예비하신 성소니이다

주의 기업의 산-이는 일찍이 이삭의 제 단이 세워졌던 모리아 산을 가리킵니다(시78:54).
주의 손으로 세우신 성소로소이다-모세는 장차 '주의 성결한, 처소'(출15:13)인 가나안 땅에 세워질 하나님의 성소 곧 성전을 믿음의 눈으로 미리 바라보고 신앙을 고백하고 있습니다. 70인역에는 "주님 그곳은 당신의 손으로 예비하신 성소니이다"라고 되어 있습니다.

출15:18 주님은 영원중에 영원히 계속해서 통치하시로리다 하더라

"영원무궁"이라는 말이 70인역에서는 "아이오나(영원히)"가 반복해서 나옵니다.

출15:19 바로의 말이 그의 병거들과 그의 기병들과 함께 바다에 들어가니 주님께서 바닷물을 그들 위해 다시 가져오셨으나 이스라엘의 자손들

은 바다 한 가운데서 마른 땅으로 횡단하여 지나간지라

출15:20 아론의 누이 여선지자 미리암이 그녀의 손에 작은 탬버린을 잡으매 모든 여인들이 탬버린과 춤으로 그녀를 뒤따라 나오더라

70인역에서는 소고가 탬버린으로 되어 있습니다.

출15:21 미리암이 그들을 이끌어 말하되 너희는 주님을 노래하라 이는 주님께서 영광스럽게 말과 기병을 바다 속에다 던지셨음이라 하였더라

출15:22 모세가 이스라엘을 홍해에서 인도하니 그들이 술 광야로 가서 그 광야에서 삼일을 갔으나 결코 물을 찾지 못하더라

1) 수르 광야-주로 '술' 광야로 불려지며(창16:7;20:1;25:18,삼상15:7;27:8),때로 '에담 광야'로 표기되기도 하였습니다(민33:8). 애굽의 동편 국경 지역의 광야를 가리킵니다.
2) 사흘 길을 행하였으나-이스라엘 백성들은 하나님이 구름 기둥과 불기둥으로 인도하시는 섭리 속에서 계속 3일 동안이나 건조한 사막 지역을 경유하여 남쪽으로 내려갔습니다. 이는 하나님께서 그의 백성들로 하여금 시내산에서 당신을 섬기도록 미리 예정하여 인도하신 방향입니다(출13:17,18). 그러나 이 지역의 특성 때문에 마시기에 필요할 물을 얻지 못하였으며, 동물 가죽 등에 담아왔던 물은 고갈 상태에 이르렀고, 이어 서서히 고통이 스며들기 시작했습니다.

출15:23 그들이 마라에 왔으나 결코 마라의 물을 마실 수가 없었으니 이는 그 물이 썼기 때문이라 그러므로 그 곳 이름을 쓴맛 나는 장소라 불렀더라

1) 마라-이스라엘이 홍해를 건넌 후 최초로 장막을 친 지역입니다(민33:8). 이곳 지명의 뜻은 "쓰다,괴롭다"라는 뜻이 있습니다. 이는 이 지역의 물맛이 짜서 마실 수 없었기 때문에 생긴 명칭입니다. 이스라엘이 건넌 홍해의 남동쪽 약 75Km, 수에즈 만으로부터 동쪽 약 11Km 지점에 위치한 곳으로

오늘날의 "아인 하와라"로 추정됩니다. 당시 이곳의 물은 악취가 나고 맛이 짜서 마실 수 없었으므로, 아랍 사람들은 "이 물이 이 근방의 모든 지역에서 가장 나쁜 물이다"라고 말했을 정도였습니다.

2) 70인역에서는 "마라"라는 말이 안 나오고 "쓴맛"으로 나옵니다.

출15:24 백성들이 모세에게 불평하며 말하기를 우리가 무엇을 마실까 하매

출15:25 모세가 주님께 부르짖으니 주님께서 그에게 한 나무를 보여 주시는지라 그가 물에다 던지니 물이 달콤하게 되더라 그 곳에서 주께서 그들을 위한 규례와 율례를 만드시고 그곳에서 그들을 시험하실새

1) 모세가 스스로 본 것이 아니라 하나님이 나무를 보여 주셨다고 나옵니다.

2) 한 나무를...던지매 물이 달아 졌더라-혹자는 시내 반도 부근에 자생하는 어떤 나무의 열매, 예를 들면 "구르쿠드"란 나무의 열매가 쓴 물을 달게 만들었을 것이라고 주장합니다. 그러나 비록 나무 자체에 물을 맑게 하는 어떤 성분이 소량 함유되어 있는 것이 사실이라 할지라도, 그 효력이 갈증에 목이탄 200만 이스라엘 백성을 충족히 먹게끔 하기에는 불가능했을 것입니다. 따라서 여기 나무는 단지 하나님의 능력을 나타내는 기적의 도구로 사용됐을 뿐입니다. 한편 영적으로 이 나무는 예수님의 십자가를 상징합니다.

출15:26 말씀하시기를 네가 너의 하나님 주님의 음성을 듣고 청취하고 그가 보시기에 기뻐하는 일을 행하며 그의 계명을 청취하고 그의 모든 법령을 지키면 내가 애굽사람들에게 가져온 그 질병들을 결코 너에게 내리지 아니하리니 나는 너를 치유하는 주님이기 때문이라

나는 너희를 치료하는 여호와-문자적으로 "여호와",와 "너희의 치료자"란 동격의 단어가 합성을 이뤄 만들어진 것으로, 직역하면 "나 여호와는 너희의 치료자"가 된다는 말입니다. 이는 하나님께서 절대자이신 동시에 우리의 모든 질병과 아픔을 치료해 주시는 친근한 분이심을 나타내고 있습니다. 여기서 "치료하는"의 히브리어 "라파"는 "의사" 또는 "의원"을 가리킵니다. 곧 우리의 의원되시는 여호와는 실로 모든 질병으로 부터 우리를 자유케 하실 뿐만 아니라, 죽음과 죄 등 인생의 모든 문제점까지도 깨끗이 해결해 주시는 진정한 우리의 치료자이십니다(마9:12).

출15:27 그들이 엘림에 오니 거기에 열두 물샘 있고 칠십 그루의 종려나무가 있더라 그들이 그 곳 물 곁에 장막을 치니라

1) 당시 "엘림"은 비가 자주 왔고 개울과 샘이 상당히 많았습니다. 특히 이 곳은 물샘 12개와 종려 70주가 있었는데, 이는 완전수인 12와 70(7x10)이 상징하듯이 이스라엘 백성에게는 완전한 휴식처와 안식처를 의미했습니다. 그리고 몇몇 학자는 물샘 12개는 이스라엘 12지파를, 종려 70주는 이스라엘 70장로를 상징하는 것으로 보았습니다. 따라서 이곳은 우연히 이스라엘이 도달한 곳이 아니라 하나님이 예비하시고 섭리하심에 따라 인도된 곳이라 봅니다.

2) 한편 출애굽 후 이곳까지의 여정을 살펴보면 다음과 같습니다. 즉 애굽 고센 땅 라암셋(21:37)->숙곳(12:37)->에담(13:20)->바알스본(14:2)->홍해(14:22)->수르광야(15:22)->말(15:23)->엘림(15:27)

출애굽기 16장

출16:1 이스라엘 자손의 온 회중이 엘림을 떠나 엘림과 시내 사이에 있는 신 광야에 이르니 애굽에서 나온 후 이월 십오일이라

1) 엘림과 시내 산 사이 신 광야-이곳을 가데스 바네아 부근의 신 광야(민 33:36)와 혼동해서는 안 됩니다. 여기서 말하는 신 광야는 이스라엘이 애굽에서 나와 시내 산까지 가던 도중에 있는 훨씬 남쪽 지역을 가리킵니다. 정확한 위치는 알 수 없지만 이곳은 오늘날 "와디 타이베"에서 동쪽으로 이르는 산악 도로를 통과하여 시나이 반도의 북서쪽에서 남동쪽으로 뻗어있는 황량한 고원 지대인 것 같습니다.

2) 애굽에서 나온 후 제 이월 십 오일-이스라엘이 출애굽한 날은 1월 15일입니다(민33:3). 따라서 그들은 그로부터 꼭 한 달만에 이곳 신 광야에 도착하였음을 알 수 있습니다. 한편 출애굽한 이스라엘인의 수는 장정만 60만 가량이었으니(출12:37). 그들이 아무리 많은 양식을 갖고 나왔다 할지라도 이때에는 양식이 거의 다 떨어진 상태였을 것입니다.

출16:2 이스라엘 자손의 온 회중이 모세와 아론에게 불평하였는데
출16:3 이스라엘 자손이 그들에게 말하기를 우리가 보일러 옆에 앉아 고기와 빵을 포식해서 먹던 때에 애굽 땅에서 주님으로부터 죄로 인해 맞아 죽었더라면 좋았으리라 너희가 우리를 이 광야로 데리고 나와 온 회중을 식량이 없어 굶어 죽게 하는도다

1) 고기 가마 곁에...떡을 배불리 먹던 때-이스라엘의 배은망덕함이 단적으로 표현된 말로서 과거 애굽에서 종노릇하던 비참했던 때(출2:23;출5:9)를 오히려 미화시켜 회상하고 있는 장면입니다. 물론 그들은 간역자들의 혹독

한 감독하에서도 고기 끊이는 일과 빵 굽는 일에 종사함으로써 약간의 고기 맛을 볼 수도 있었을 것입니다. 그렇지만 그들은 마치 그 시절이 화려했던 것처럼 '배불리 먹었다'라고 자랑삼아 과장함으로써 애굽의 종살이를 부끄럽게 생각하지 않는 비굴한 노예근성을 여실히 드러내고 있는 것입니다.

2) 여호와의 손에 죽었다면 좋았을 것을-즉 "열번째 재앙 때에 애굽사람들과 같이 죽어 버렸으면 좋았을 것을"이라는 뜻입니다. 구속의 은혜에 감사하기는커녕 오히려 욕을 끼치는, 구원의 자유를 누릴 가치조차 없는 백성들의 패역한 태도입니다. 동시에 현세적 안일만을 추구하는 기회주의적인 모습도 엿보입니다.

3) 그런데 여기서 "고기 가마 곁에...떡을 배불리 먹던 때"라는 말이 70인역에서는 "보일러 곁에 앉아 빵과 고기를 포식하던 때"로 되어 있고, 또한 "주님의 손에 의해 죽었으면 좋겠다"는 말을 70인역은 "죄로 인해 그때 주님께 맞아 죽었으면 좋겠다"로 나옵니다.

16:4 그때에 주님께서 모세에게 말씀하시기를 보라 내가 하늘로부터 빵을 비처럼 내리리니 백성들은 매일 나가서 매일 거둘 것이요 이같이 하여 그들이 나의 율법을 행하는지 행하지 않는지 시험하리라

1) 개정 성경에서는 "일용할 것을 날마다 거둘 것이라"되어 있지만 70인역에서는 "매일 매일 거두라"고 되어 있습니다.

2) 나의 율법-이스라엘 백성들이 하늘에서 내려온 만나를 거두어들이는 데 있어서 지켜야 할 율법이 있었습니다. 그것은 곧 일용할 양식만 매일 거두되, 제 6일에는 갑절이 되게 거두어 안식일을 예비해야 하는 것을 가리킵니다(출6:23-29절). 하나님은 이 율법으로써 이스라엘 백성들을 시험코자 하셨습니다. 그런데 이 "만나 시험"은 최초 에덴 동산의 "선악과 시험"을 연상시킵니다(창2:16,17).

출16:5 여섯째 날에는 그들이 가져오는 것을 예비할지니 매일 매일 모은 것의 두 배가 될 것이니라

제 육 일에는...갑절이 되리라-혹자는 이 말을 제 6일에도 평일처럼 만나를 거두되, 그것을 되어 보면 놀랍게도 배가 된다는 뜻이라 말합니다.

출16:6 모세와 아론이 모든 이스라엘 자손에게 말하기를 저녁이 되면 주님께서 너희를 애굽 땅에서 인도하여 내셨음을 알 것이요
출16:7 아침이면 너희가 주의 영광을 보리니 이는 주님이 너희들의 불평을 들으셨음이라 우리가 무엇이기에 우리에게 계속 불평하느냐

아침에는-만나를 내려주시는 일이 아침에 일어날 것임을 암시하고 있습니다.

출16:8 모세가 말하기를 주님께서 저녁에는 고기를 너희에게 주시어 먹게 하시고 아침에는 빵을 주시어 포식하게 하시리니 이는 너희가 우리에게 불평하는 소리를 들으셨기 때문이다 우리가 무엇이냐 너희의 불평은 우리에게 하는 것이 아니라 하나님께 하는 것이니라

1) "주님이 백성들의 불평을 들으셨다"고 하고 있는데 70인역에서는 모세와 아론에게 불평한 것을 주님께 한 것으로 나옵니다. 즉 백성들이 모세와 아론에게 불평하였지만 하나님은 그것을 당신에게 한 불평으로 들었습니다. 이와 같이 하나님은 사람에게 잘못한 것을 곧 하나님께 잘못한 것으로 여겼습니다. 왜냐하면 사람은 곧 하나님의 형상으로 창조되었기에 사람을 모독하는 것은 곧 하나님을 모독하는 것이 되기 때문입니다.
2) 또한 메추라기가 아침에 내린 줄 아는데 사실은 메추라기는 저녁에 내리고, 만나는 아침에 내린 것을 알 수 있습니다.
3) 요세푸스는 메추라기 사건에 대하여 이렇게 말하고 있습니다. "모세가 기도한 후 얼마 후에 어느곳 보다도 아라비아 만에 더욱 많이 살고 있는 많은 수의 메추라기떼가 바다를 날아와서 날개에 힘이 빠질때까지 그 백성들의 머리 위로 날다가 또는 보통 때처럼 땅위로 날다가 히브리인들 위로 떨어졌다. 백성들은 하나님께서 내려주신 식량으로 그것들을 주워서 허기진

배를 채웠다"하며 메추라기가 날다가 이스라엘 사람들이 있으면 그냥 떨어졌다고 하고 있습니다.

출16:9 모세가 아론에게 말하기를 이스라엘 자손의 온 회중에게 말하여 하나님 앞에 가까이 나아오라 주님께서 너희의 불평을 들으셨느니라 하라
출16:10 아론이 이스라엘 자손의 모든 회중에게 말할 때 그들이 광야를 향하여 돌아보니 주의 영광이 구름 속에 나타나더라

여호와의 영광이 구름 속에 나타나더라-여기서 "여호와의 영광"이란 하나님께서 당신의 위엄을 현시한, 구름 사이로 터져나 온 찬란한 "빛의 섬광"을 의미합니다. 아마 이스라엘 백성들은 모세와 아론의 명을 따라 광야를 향해 구름기둥이 서 있는 쪽을 바라보았을 것입니다. 그 순간 여호와께서 구름 기둥 가운데 특이한 형상을 보임으로써 당신의 임재하심을 나타내셨을 것입니다.

출16:11 주님께서 모세에게 말씀하여 이르시되
출16:12 내가 이스라엘 자손의 불평을 들었노라 그들에게 말씀하여 이르시기를 저녁에는 너희가 고기를 먹을 것이요 아침에는 너희가 빵으로 배부르리라 내가 너희의 하나님 주님인 것을 너희가 알리라 하라 하시니라
출16:13 저녁에는 메추라기가 와서 진영을 덮고 아침에는 진영 사방에 이슬이 정착하니

1) "이슬이 진 주위에 있다"는 말이 70인역에서는 "이슬이 진영 사방에 이슬이 정착"한 것으로 되어 있습니다.
2) 요세푸스는 만나가 내려 온 것에 대하여 이렇게 말하고 있습니다. "하나님께서 메추라기를 내려 주시자 마자 또 그들에게 식량을 내려주셨습니다. 모세가 손을 들고 기도하는 동안 이슬이 내렸는데 그의 손에 응결된 채로 있었기 때문에 모세가 생각하기를 이것 역시 하나님께서 그들에게 내려 주신 양식이라고 생각해서 맛을 보니 달콤했다"하며 만나가 내려온 것이 모세가

기도할 때 내려왔다고 하고 있습니다. 또한 그는 이 만나는 지금도 아라비아 광야에 가면 내리고 있다고 말하고 있습니다.

출16:14 보라 작은 동전이 광야 지면 위에 있는데 땅 위의 서리 같고 하얀 고수 같이 생겼더라

1) 작고 둥글며 서리 같이 세미한 것-만나의 모양을 묘사한 구절로 민 11:7-9은 이것을 갓씨와 같고 모양은 진주와 같아 맷돌에 갈 수도 있고, 가마에 삶을 수도 있었던 것으로 말하고 있습니다. 그리고 이것의 색깔은 흰색이며 맛은 기름이나 꿀을 섞은 과자와 같았다고 증거하고 있습니다(출 16:31절).말하자면 이것은 굵은 모래알(약 3mm) 크기의 쌀가루 같은 것이었습니다.

2).만나가 "작고 둥글게 생겼다"고 하는데 70인역은 "작은 동전 같은"것으로 나오고, "하얀 고수"같이 생겼다고 나옵니다.

출16:15 이스라엘 자손이 그것을 보고 서로 말하되 이것이 무엇이냐 하니 이는 그것이 무엇인지 결코 알지 못함이라 모세가 그들에게 말하기를 그것은 주님께서 너희에게 먹으라고 주신 빵이니라

1) 이것이 무엇이냐-이 말의 히브리어는 "만 후"로서 "만나"(Manna)라는 명칭은 바로 이 단어에 기원을 두고 있습니다. 즉 "무엇이냐"(What)라는 뜻의 히브리어 "만"을 70인역이 헬라어로 "만나"라고 번역한 데서 그 명칭이 유래하였습니다.

2) 여호와께서...주어 먹게 하신 양식이라-성경에서 말하는 만나에 대하여 시나이반도 내륙 지방의 유목민들은 "만"이라 불리우는 연지벌레에서 나오는 분비물이 바로 이 "만나"인 것으로 주장합니다. 반면에 일부 아랍인들은 위성류에서 나오는 진액이 굳어 흰색을 띤 것이 "만나"라고 주장합니다. 그리고 몇몇 학자들 역시 이 만나를 시내 반도 부근에서 자생하는 식물액(液)으로 이해하여 기적적 만나의 공급을 의심합니다. 하지만 이러한 주장과 달리 분명 만나는 하나님께서 초자연적 방법으로 이스라엘 백성들에게 공급

하신 하늘의 양식임에 틀림없습니다. 이러한 사실은 만나가 (1)40년 동안 백성들이 행진하는 곳마다 사철 구분 없이 주어졌으며 (2)일정한 시간, 제한된 장소에서만 200만 명의 인구에 부족함 없이 충족하게 주어지고 안식일 전날은 평일의 2배가 내려졌다는 점 등에서 분명히 입증됩니다.

출16:16 주님께서 이같이 지시하시길 각 사람은 필요에 맞게 모아라 곧 너희 머리(가족)의 수에 따라 영혼(사람)의 수에 따라 오멜로 거둘지니 너희 장막 안에 있는 자들을 위하여도 거두라 하셨느니라

1) 오멜-성경에서 유일하게 본장에 나오는 도량형입니다. 본래 오멜은 마른 곡식의 양을 측정하던 조그만 토기 사발인데 점차 물건의 부피를 재는 단위로 그 의미가 바뀌게 되었습니다. 1오멜은 오늘날의 도량형으로 환산하여 대략 2,34리터에 해당됩니다.
2) 70인역에서는 "사람"을 "영혼"으로 말하고 있고, "가족"을 "머리"로 해석하고 있습니다.

출16:17 이스라엘 자손이 그렇게 하였으니 많이 거두기도 하고 적게 거두기도 하나
출16:18 그들이 모은 것을 오멜로 측정해보니 많이 거둔 자도 남은 것이 없고 적게 거둔 자도 부족함이 없이 그들 각 사람이 필요에 맞게 거두었더라
출16:19 모세가 그들에게 말하기를 아무도 아침까지 그것을 남겨 두지 말라 하였으나
출16:20 그들이 결코 모세에게 경청하지 아니하고 어떤 소수의 사람들은 아침까지 남겨 두어 구더기가 생기고 악취가 난지라 모세가 그들에게 화를 내더라

1) 벌레가 생기고 냄새가 난지라-하나님은 백성들의 불순종에 대한 일종의 징벌로서, 만나의 축적을 저지하기 위하여 초자연적인 현상으로 이렇게 하

신 것입니다.

2) "벌레"는 70인역에서는 "구더기"로 되어 있고, "더러는"이란 말은 "소수의 사람"으로 되어 있습니다.

출16:21 사람들은 아침마다 먹을 만큼씩만 거두어 들였고 태양으로 온열 되면 그것이 녹았더라

1) 해가 뜨겁게 쪼이면 그것이 스러졌더라-이것도 하나님의 이적적인 역사의 결과입니다. 앞에서 설명했듯이(14절) 만나는 맷돌에 갈거나 삶거나 또한 구울 수도 있는 것이었는데, 햇볕에 녹아졌다는 것은 매우 신기한 일이아닐 수 없습니다. 이것은 만나가 갖는 특별한 영적 중요성(요6:28-51)으로 인해 그것이 천하게 취급받지 않도록 하나님께서 이적적으로 배려하셨기 때문입니다.

2) '스러졌더라'라는 말이 70인역에서는 "녹았더라"로 되어 있습니다.

출16:22 여섯째 날에는 그들이 한 사람에 두 오멜씩 두 배로 거둔지라 회중의 모든 지도자들이 들어와서 모세에게 말하더라

회중의 모든 두목이...고하매-평소와는 다른 2오멜의 분량을 가지고 백성들이 어떻게 해야 할지 그 행할 바를 몰라 하자, 지도자들 역시 놀라 모세에게 이 사실을 보고하면서 백성들이 어떻게 해야 할지를 물었던 것입니다.

출16:23 모세가 그들에게 말하기를 이같이 주님께서 말씀하셨느니라 내일은 주님의 거룩한 휴식인 안식일이라 너희가 구울 것은 굽고 끓일 것은 끓이고 조금 남은 모든 것은 너희를 위하여 아침까지 저장하라

너희가 구울 것은 굽고 삶을 것은 삶고-이 말은 만나가 완제품으로 주어진 것이 아니라, 백성들의 취향에 따라 요리해 먹을 수 있도록 원재료로서 주어진 것을 보여줍니다.

출16:24 그들이 모세가 명한 대로 그것을 아침까지 남겨 두었으나 결코 악취도 나지 않았고 거기에 결코 구더기도 생기지 않았더라

냄새도 나지...아니한지라-만나가 하나님의 초자연적 섭리에 의하여 주어졌음을 더욱 명료하게 입증해준다. 즉 평일에는 만나를 다음날 아침까지 남겨두면 벌레가 생기고 냄새도 났으나(20절). 안식일에는 벌레도 냄새도 생기지 아니하였다.

출16:25 모세가 말하기를 오늘 그것을 먹으라 오늘이 주님의 안식일이니 오늘은 너희가 그것을 들에서 결코 얻지 못하리라
출16:26 육일동안은 거둘 것이나 일곱째 날은 안식일인즉 그 날에는 결코 아무것도 없으리라 하였으나
출16:27 일곱째 날에 백성 중 어떤 사람들이 거두러 나갔으나 결코 아무것도 얻지 못하더라
출16:28 주님께서 모세에게 말씀하시기를 너희가 언제까지 나의 계명과 나의 율법을 결코 듣지 아니하려느냐

1) 너희가...아니하려느냐-하나님의 명령을 어긴 자들은 이스라엘 민족 중 일부였으나, 하나님께서는 이스라엘 민족 전체를 대상으로 책망하셨습니다. 즉 하나님께서 이스라엘 민족을 대하실 때는 한 개개인으로 상대하신 것이 아니라, 민족 전체를 한 공동체 단위로 간주하여 취급하셨습니다.
2) "지키지 않느냐"가 70인역에서는 "듣지 않겠느냐"로 되어 있습니다.
3) 아직 시내산 율법이 주어지지 않았는데 율법이 등장하고 있습니다.
4) 율법과 계명의 차이는 계명은 각 개인에게 주신 명령이고, 율법은 전 백성에게 주신 명령입니다.

출16:29 보라 주님께서 너희에게 안식일을 주었노라 그러므로 주님이 여섯째 날에 이틀분의 빵을 너희에게 주나니 너희 각 사람은 자기 처소에 있고 일곱째 날에는 자기 처소에서 아무도 나가지 말지니라

안식일에는 70인역을 보면 집 밖으로 한 발자국도 나가지 말 것을 말하고 있습니다. 우리는 지금 안식일이 아닌 주일을 지키기에 이렇게 까지는 지키지 않아도 되는 것입니다.

출16:30 그러므로 백성이 일곱째 날을 안식일로 지키니라
출16:31 이스라엘 자손이 그것의 이름을 만나라 부르니 하얀 고수풀 씨앗 같았으며 그것의 맛은 꿀 섞은 과자 같았더라
출16:32 모세가 말하기를 주님께서 이같이 명령하시기를 만나를 오멜에 채워서 너희 세대를 위하여 저장하라(간수) 이는 내가 애굽 땅에서 너희를 이끌고 나올 때 광야에서 너희가 먹은 빵을 보게 하려 함이니라 하셨다 하고
출16:33 모세가 아론에게 말하기를 금 항아리 하나를 가져다가 그 속에 만나 오멜을 가득 채워서 하나님 앞에 두고 너희 세대를 위해 보존하라

항아리를 가져다가...담아...대대로 간수하라-이때로부터 만나 1오멜을 담은 항아리는 십계명을 새긴 두 돌판 및 아론의 싹난 지팡이와 함께 언약궤 안에 넣어져서(민17:10;히9:4), 광야 생활 동안 보존되어 후대까지 전해졌습니다. 그러나 역사서에 의하면 후일 솔로몬 성전 완공 후 언약궤가 안치될 무렵에는 두 돌판 외의 모든 것은 소실되었음을 알 수 있습니다(왕상8:9). 한편 혹자는 여기 '항아리'를 '바구니'로 보나, 70인역에 의하면 그 의미는 분명 흙으로 만든 항아리 내지는 포도주를 담는데 사용되는 단지를 가리킵니다(히9:4).

출16:34 주님께서 모세에게 명령하신 대로 아론이 그것을 증거 앞에 두어 보존하게 하니라

증거판 앞에-이 말에 해당하는 히브리어 "리프네 하에두트"는 "그 증거 앞에"란 뜻입니다. 70역에서도 "증거 앞에"로 되어 있는데, 그런데 여기서 증거란 율법을 새긴 두 판, 즉 하나님의 말씀의 증거를 기록한 판을 뜻하므로, 증거판이라고 불리워졌습니다(출31:18;출34:29). 그런데 이 일 후 모세는

시내 산에서 하나님의 증거판을 받았고(출32:15,출16;출34:1-4), 그때 아론은 만나가 담긴 항아리를 증거판과 함께 법궤 안에 두었습니다. 즉 만나가 담긴 항아리를 증거판과 아론의 싹난 지팡이와 함께 법궤 안에 넣어 두었던 것입니다(히9:4).

출16:35 이스라엘 자손이 거주하는 땅에 들어오기 사십년 동안 만나를 먹었으니 그들이 페니키아 지역에 도착하기 전까지 만나를 먹었더라

1) 사람 사는 땅-이어 언급되는 "가나안 지경"을 가리키는 말로, 곧 가나안 땅의 여리고 평지를 가리킵니다. 그런데 70인역에서는 사람이 사는 땅이 아닌 "거주하는 땅"으로 되어 있습니다.
2) 가나안 지경에 이르기까지-이스라엘 백성들이 가나안 땅에 도착하여 그 땅의 소산을 먹자 그 다음날 부터 만나가 그쳤습니다(수5:10-12). 이때가 출애굽 41년 1월 16일이었습니다. 따라서 만나를 처음으로 먹은 날이 출애굽 원년 제 2월 15일이었으므로(1절), 이스라엘 백성들이 만나를 먹은 정확한 기간은 만 39년 11개월이 됩니다.
3).개정 성경은 "가나안땅 접경으로"되어 있지만 70인역에서는 "페니키아 지역"으로 나옵니다

출16:36 오멜은 십분의 삼분량 이더라

개정 성경은 오멜이 십분의 1로 되어 있지만 70인역은 십분의 3으로 되어 있습니다

출애굽기 17장

출17:1 이스라엘 자손의 모든 회중이 신 광야로부터 그들의 장막을 따라 이동하였고 르비딤에 장막을 쳤으나 백성이 마실 물이 결코 없더라

1) 개정성경에는 "그 노정대로 행하여"로 되어 있지만 70인역은 노정이 아닌 "장막을 따라"로 되어 있습니다. 즉 그들이 장막 칠 곳을 향해 다시 떠났다는 말입니다.

2) 신 광야에서 떠나-백성들이 더이상 신 광양에 머물지 않고 그곳을 떠난 이유는 그곳이 경제적으로나 정치적, 군사적으로 영원한 안식처가 되기에는 미흡한 탓도 있었겠으나 근본적으로는 그곳이 하나님께서 이스라엘에게 약속하신 언약의 땅이 아니었기 때문입니다. 따라서 그들은 하나님의 명령을 따라 그들의 최종 목적지인 가나안(창13:14,15)을 향해 행진하여야 했습니다. 한편 이스라엘의 이와 같은 계속적인 광야 여행은 신약 시대 그리스도인들의 천국을 향한 끊임없는 나그네 생활을 예표합니다.

3) 르비딤-"원기 회복"이란 뜻입니다. 시내 산에서 가장 가까운 곳에 위치하였던 것만은 분명하나(6절) 정확한 위치는 알 수 없습니다. 혹자는 시내 산 서북쪽 20Km 지점에 있는 오늘날의 "와디 페이란"지역은 여러 개의 샘과 개울이 있어 물이 넉넉한 곳이었으나, 이때에는 분명 가뭄등으로 샘과 개울이 말라 물이 고갈된 듯합니다.

출17:2 백성이 모세에게 욕하여 말하기를 우리에게 마실 물을 달라 모세가 그들에게 말하기를 어찌하여 나에게 욕하느냐 어찌하여 주님을 시험하느냐

1) "다투다"라는 말이 70인역에서는 "욕하다"로 나오고 있습니다.

2) 너희가 어찌하여 여호와를 시험하느냐-이스라엘 백성들은 그들이 모세를 원망하는 것은 실제에 있어서는 모세가 아니라 하나님을 원망하는 것이 된다는 사실을 과거에도 알았었습니다(출16:7,8). 그럼에도 불구하고 그들은 다시 모세와 다툼으로 하나님을 시험하게 되었습니다. 즉 이스라엘 백성들은 모세에게 임한, 하나님의 종으로서의 신적 권위를 업신여겼으며, 따라서 항상 그들을 인도하시고 도우시는 하나님의 거룩하신 임재를 의심하고 불신하였던 것입니다.

출17:3 백성이 거기서 물로 목말라 하니 백성이 모세에게 불평하여 말하기를 어찌하여 네가 애굽에서 우리를 끌어 올려 나와서 우리와 우리 자녀와 우리의 가축이 목말라 죽게 하느냐

1) 개정성경에는 "목이 말라 물을 찾았다"고 되어 있지만 70인역은 "물로 목말라했다"고 나옵니다.
2) 목말라 죽게 하느냐-마라의 쓴 물 사건(출15:22-26)에 이어 물로 인한 두번째 원망이 나타나고 있습니다. 이처럼 이스라엘 백성들은 광야 생활 중 어려운 상황에 봉착할 때마다 항상 죽을 것으로 생각하여 모세를 원망하였습니다(출14:11;출16:3).이러한 백성들의 두려움은 근본적으로 하나님을 "전능하신 하나님"(엘 쇄다이-창 17:1)으로 인식하지 못한 불신에서 기인한 것이었습니다.

출17:4 모세가 주님께 부르짖어 말하기를 내가 이 백성들에게 어떻게 하리이까 그들이 조금 있으면 내게 돌을 던지려고 하나이다
출17:5 주님께서 모세에게 말씀하시기를 이 백성보다 먼저 가서 백성의 장로들을 데리고 강(나일강)을 쳤던 네 지팡이를 손에 잡고 가라

이스라엘 장로들을 데리고-하나님께서는 기적을 베푸시기에 앞서 이스라엘 백성들로 하여금 이후 일어나는 일이 오로지 하나님자신에 의하여 이루어지는 일임을 분명히 알게 하기 원하셨습니다. 그리하여 모세로 하여금 백성을 대표하는 장로들을 데리고 기적이 일어날 현장으로 가도록 명하신 것입니다.

출17:6 보라 내가 호렙산 반석 위 거기서 너의 앞에 서리니 너는 그 반석을 치라 그러면 그 곳에서 물이 나오리니 나의 백성이 마시게 하라 모세가 이스라엘의 자손 앞에서 그렇게 행하니라

1) 호렙 산-시내 반도 최남단에 위치한 해발 2,291m의 "예벨 무사"(모세의 산)인 것으로 추정됩니다. 성경에서는 흔히 "시내산"으로도 불리 웁니다(출 19:11,18;출24:16;레26:46).

2) 반석을 치라 그것에서 물이 나리니-이 기적 사건은 만나 사건과 마찬가지로 예수 그리스도와 그분의 구원 사역을 상징하는 사건입니다. 레온 우드박사도 본사건 속에서 영적인 의미를 발견했는데, 곧 그는 모세가 반석을 쳐 물을 낸 이 사건은 장차 갈보리 산에서 그리스도께서 매를 맞아 피를 흘림으로써 그 보혈로써 만백성을 영적갈증에서 구원하신 사건을 상징한다고 보았습니다.

3) "백성을 마시게 하라"했는데 70인역에서는 "나의 백성이 마시게 하라"라고 되어 있고, "장로들 앞에서 반석을 친 것이 아니라 이스라엘 백성들 앞에서 쳤다"고 나옵니다.

출17:7 그가 그 곳의 이름을 유혹(맛사)과 욕설(므리바)이라 칭하였으니 이는 이스라엘 자손이 욕설을 하였기 때문이요 이는 그들이 주를 시험하여 말하기를 주께서 우리 가운데 계신가 안계신가 하였음이더라

맛사라 또는 므리바라-여기에서 "맛사"란 히브리어의 "시험하다"라는 말에 그 어근을 두는 것으로서 "시험" 또는 "유혹"을 의미합니다. 70인역에서는 "유혹"으로 되어 있습니다. 그리고 "므리바"란 "다투다"라는 말에서 온 것으로 "다툼" 또는 "논쟁"을 뜻합니다. 70인역에서는 다툼 정도가 아닌 "욕설을 퍼부은"것으로 나옵니다. 이스라엘 백성들이 이곳에서 하나님을 시험하여 그를 대적하였기 때문에, 모세는 이곳의 이름들을 이처럼 명명하여 그들로 하여금 자신들의 불신앙과 패역함을 영원히 기억하도록 하였습니다.

출17:8 그때에 아말렉이 와서 르비딤에서 이스라엘과 싸우니라

아말렉이...이스라엘과...싸우니라-아말렉 족속은 에돔 사람들로부터 갈라
져 나와 시내 반도에서 그 세력을 뻗치며 유랑하던 유목민들이었습니다(창
36:11,12). 그런데 이스라엘 백성들이 애굽에서 홍해를 건너 르비딤에 이
르게 되자, 그들은 자신들의 영토에 대한 소유권 침해를 두려워한 나머지
이스라엘을 기습 공격 하였던 것입니다. 하나님께서는 후에 아말렉 족속들
이 이스라엘을 습격한 이때의 사건으로 인하여 그들의 이름을 천하에서 도
말하라고 이스라엘 백성들에게 명령하셨습니다(신25:19).

출17:9 모세가 예수(여호수아)에게 말하기를 우리에게서 힘 있는 남자들을 택하여 나가서 내일 아말렉에 배치하라 내가 하나님의 지팡이를 내 손에 들고 작은 산 정상에 서리라

1) 여호수아-여기서 처음으로 여호수아가 이스라엘 민족의 군사 지도자
로 언급되고 있습니다. 그는 원래 에브라임 지파 눈(Nun)의 아들로서 본명
은 호세아였는데(민13:8), 훗날 모세에 의해 여호수아로 개명되었습니다(
민13:16). 아말렉과의 전투에 임하여 그가 모세로부터 군사 선발권을 위임
받은 점은 이미 그가 하나님을 향한 신실한 믿음과 굳센 용기를 지닌 지도
자적 인물로 인정받고 있었음을 의미합니다. 그러기에 그는 모세 사후 백
성들로부터 아무런 반대도 받지 않은 채 모세의 후계자가 될 수 있었습니
다(신 34:9).
2) 70인역에서는 여호수아 아닌 "예수"로 되어있습니다
3) 하나님의 지팡이...산꼭대기에 서리라-모세가 자신은 산에 올라 기도할
것임을 암시하고 있습니다. 즉 지도자 모세는 선택된 병사들을 전쟁터에 보
낸 후 그들을 위하여 기도하려 한 것입니다. 당시 이스라엘 백성들은 전투
경험이 전혀 없고 특별한 무기나 갑옷으로 무장하지도 않은 비정규군들
이었습니다. 따라서 모세가 그들의 승리를 위해 하나님의 능력을 구하지 않
으면 그들의 패배는 누가 보아도 자명한 일이었습니다. 이에 모세는 하나님
의 능력과 도우심의 상징인 지팡이를 손에 잡고 올라가 하나님께 기도하겠
다고 말한 것입니다.

4).70인역에서는 '작은 산 정상'으로 되어 있습니다.

5).요세푸스는 그의 책에서 여호수아에 대하여 말하길 그는 에브라임지파의 눈의 아들인데 인내심과 이해력이 뛰어났고 말도 잘했고, 모세에게서 배운 경건함으로 하나님께 예배드리는데 전심을 다했다고 합니다. 이후 모세는 아말렉과 싸우기 위해 산 정상에 올라갔고 군대를 하나님과 여호수아에게 맡겼다라고 나옵니다. 이 전쟁에서 승리한 후 수 많은 전리품인 무기들과 그릇들과 금과 은과 가축들을 얻었고, 이웃나라들로 부터 공포의 대상이 되었고, 아말렉을 노예로 삼았다고 나옵니다. 또한 이 전쟁에서 이스라엘 사람들은 한 명도 죽지 않았다고 나옵니다. 이 승리로 이스라엘은 막대한 부를 누리게 되었고 번영을 누리게 되는 계기가 되었고, 여호수아는 전쟁 영웅이 되었다고 나옵니다.

출17:10 예수(여호수아)가 모세의 말대로 행하여 나가서 아말렉과 맞섰고 모세와 아론과 훌은 산꼭대기에 올라가서

훌-이름의 뜻은 "존귀함" 또는 "고귀함"으로 그는 유다 지파 갈렙의 후손이며 또한 유명한 성막 건축가였던 브사렐의 조부였습니다(출31:2;대상2:19). 그러나 정확히 훌이 어떤 인물이었는지는 알 수 없는데 요세푸스 같은 사학자는 모세의 누이인 미리암의 남편이었던 것으로 추측하기도 합니다.

출17:11 모세가 언제든지 손을 높이 들면 이스라엘이 우세하고 그가 손을 낮추면 언제든지 아말렉이 우세하더라

1) 모세가 손을 들면...이기고-이것은 이스라엘의 승리가 모세의 손에 좌우된다는 의미가 아닙니다. 모세의 손 역시 다른 사람, 즉 여호수아나 아론, 훌 등과 똑같은 평범한 손이었습니다. 그러나 모세의 손에는 하나님의 능력을 상징하는 지팡이가 들려져 있었습니다. 그 지팡이는 일찍이 뱀이 되었던 지팡이요, 애굽에 10대 재앙을 내린 지팡이이며, 홍해를 가른 지팡이요, 반석을 쳐서 물을 냈던 기적의 지팡이었습니다. 따라서 모세는 그 지팡이를 잡

은 손을 들어 하나님의 능력을 간절히 구했던 것입니다. 즉 여기서 지팡이
는 성경을 말합니다.

2) "손을 들면 이기고"라는 말이 70인역에서는 "언제든지 손을 들면"으로
되어 있고, "이기고"는 "우세하더라"로 되어 있습니다.

출17:12 모세가 손이 무거워지니 그들이 돌을 취하여 모세 아래다 놓아 그가 그 위에 앉자 아론과 훌이 하나는 이편에서 하나는 저편에서 모세의 손을 붙들어 확고부동하게 고정시켜 모세의 손이 해가질 때까지 그대로 확고부동하게 고정되게 하였더라

1) 모세의 팔이 피곤하매-아말렉을 물리친 승리의 원동력이 이스라엘의 지
도자 모세의 능력 자체에 있지 않음을 암시합니다. 사실 인간으로서 모세는
자신의 손 무게도 스스로 감당할 수 없었던 연약한 인간이었습니다. 따라서
아말렉과의 전쟁을 승리로 이끈 것은 모세 자신이 아니라, 모세의 기도를
듣고서 배후에서 역사하신 전능하신 하나님이셨음을 알 수 있습니다. 70인
역에서는 "피곤하매"가 "무거우매"로 나오고 있습니다.

2) 아론과 훌이...붙들어 올렸더니-당시 모세는 80여 세의 노인이었으니 오
랫동안 손을 들고 기도한다는 것은 무리였을 것입니다. 따라서 그의 신실한
동역자들인 아론과 훌이 모세를 도왔는데 이는 지도자와 아랫사람 간의 모
범적인 관계의 일례입니다.

3) 그 손이 해가 지도록 내려오지 아니한지라-모세가 기도하기 위하여 아침
일찍 산꼭대기에 올라 왔었음을 시사해 줍니다. 아마 그는 아말렉 족속이
기습 공격한(신25:18) 그 다음날(출17:9,10절) 여호수아와 백성들을 전쟁
터에 보내고 자신은 아론, 훌과 함께 아침 일찍부터 산 꼭대기에 올라와 기
도했던 것 같습니다. 한편 여기서 "내려오지 아니한지라"에 해당하는 히브
리어 "에무나"는 "확고 부동하다"란 뜻으로 아론과 훌이 계속 확고하게 모
세의 팔을 받쳐 세우고 있었음을 의미합니다. 70인역에서도 "확고 부동하
게 고정되다"로 되어 있습니다.

출17:13 예수(여호수아)가 달려가 칼로 아말렉과 그의 백성을 도살하니라

70인역에서는 여호수아를 예수로 해석하고 있는데, 이는 상징적인 의미가 아닌 실제적 의미로 주님이 아말렉이라는 귀신들을 말씀의 칼로 도륙하고 있는 것을 말하고 있습니다. 결국 광야 40년 동안과 가나안 입성에서 여호수아가 실제로 싸워서 승리해 가나안 땅에 입성하고 가나안 땅을 평정한 것은 결국 예수님이 그렇게 했다는 뜻입니다. 즉 출애굽의 주역이 모세가 아닌 실무자가 여호수아인 예수였다는 것입니다. 즉 예수님이 주역이고 모세는 조역이라는 뜻이며 모세(믿는자)의 배후에서 실제적으로 예수님이 역사하고 있음을 알 수 있는 대목입니다. 여기서 모세는 믿는 자이며 여호수아는 예수님입니다. 그러므로 출애굽 전 과정은 겉으로는 모세의 주도아래 이루어진 것 같지만 사실은 배후에 예수님이 실제로 역사했다는 것입니다. 오늘날도 우리 성도들의 배후에는 예수의 이름이 실제적으로 역사해 귀신이 떠나고 병이 치료되고 문제가 해결 되는 것 같이 출애굽때도 그랬다는 것입니다.

출17:14 주님께서 모세에게 말씀하시기를 이것을 책에 기록하여 기념하게 하고 예수(여호수아)의 귀에 들리게 들려주어라 이는 내가 하늘 아래에서 아말렉에 대한 기억을 연고를 발라 더러움을 없애듯이 완전히 없앨 것임이라 하리라

1) 여호수아의 귀에 외워 들리라-하나님께서 미리부터 여호수아를 이스라엘의 후임 지도자로 삼으시려고 계획하셨음을 보여 줍니다.
2) 아말렉을 도말하여...기억함이 없게 하리라-아말렉 족속이 이토록 하나님께 철저하게 징벌을 당한 이유는 다음과 같습니다. (1)같은 혈족〈8절〉임에도 불구하고 무자비하고도 비겁하게 연약하고 지친 상태에 있는 이스라엘 백성들의 배후를 기습 공격했기 때문입니다(신25:18). (2)동시에 출애굽 후 이스라엘 첫 교전국이었던 아말렉은(민24:20) 이후에도 반 이스라엘 전쟁시 항상 앞장서 하나님의 백성을 진멸하려 했기 때문입니다. 한편 이

말씀은 사울과 다윗왕에 의해(삼상 15:7;27:8), 그리고 마침내는 히스기야 왕의 통치하에서 시므온 지파에 의해 최종 성취되었습니다(대상4:41-43).
3) 그런데 여기서 "아말렉을 없이하여 천하에서 기억도 못 하게 하리라"라는 말이 70이역에서는 "연고(고약)을 발라 더러움을 없애듯이 그렇게 아말렉을 진멸하라"고 말하고 있습니다.
4) 요세푸스는 이스라엘이 출애굽 한지 삼 개월만에 시내산에 당도했다고 나옵니다.

출17:15 모세가 제단을 쌓고 그것의 이름을 주님은 나의 피난처라 부르고

1) 그 이름을 여호와 닛시라 하고-"여호와 닛시"란 "여호와는 나의 깃발"이란 뜻으로 하나님께서는 전쟁터에서 이스라엘을 항상 승리하게 하시는 분이라는 의미입니다. 즉 여기서 "깃발"은 전쟁시 용기와 힘을 북돋워 주며, 동시에 소속 의식을 고취시켜 주는 상징물입니다. 따라서 여호와는 당신을 의지하고 따르는 자의 승리의 깃발이 되신다는 의미입니다(시20:5).
2) 70인역에서 "여호와 닛시"라는 말이 "주님은 나의 피난처"로 되어 있습니다.

출17:16 주님께서는 비밀의 손으로 모든 세대에 걸쳐 아말렉과 전쟁하시리라고 하셨기 때문이라 하더라

"맹세하시길"이라는 말이 70인역에서는 "비밀의 손으로"되어 있습니다.

출애굽기 18장

출18:1 모세의 장인 미디안 제사장 이오돌(이드로)이 하나님께서 자기 백성 이스라엘에게 하신 모든 일 즉 주께서 애굽에서 이스라엘을 데리고 나오신 것을 들으니라

1) 모세의 장인-여기서 "장인"에 해당하는 히브리어 "호텐" 그리고 헬라어 "감브로스"는 모두 결혼 관계로 인해 생겨지는 장인이나 처남에 다같이 적용되어지는 포괄적인 의미입니다. 그런데 70인역에서는 "감브로스"로 되어 있습니다. 따라서 혹자는 여기 "장인"을 처남으로 이해하기도 하나, 여기서는 문자 그대로 장인으로 봄이 타당합니다. 요세푸스는 모세의 장인의 이름을 라구엘이라 말합니다.

2) 미디안 제사장 이드로-미디안 족속은 아브라함의 후처인 그두라의 아들 미디안의 후손입니다(창25:1,2).이들은 주로 아라비아 서북쪽의 아카바 만 동쪽 지역을 본토로 삼아 거주하던 유목민들로서 여호와 하나님이 아닌 다른 이방신을 섬겼습니다. 모세의 장인 이드로는 이들로부터 갈라져 나와 시나이 반도에 살았던 무리들의 제사장이었는데, 그도 모세를 만나기 전까지는 여호와 하나님을 몰랐음이 분명합니다(출2:18).

출18:2 모세의 아내 십보라가 자유를 얻은 후에 모세의 장인 이오돌(이드로)이 그녀를 데리고 있었더라

모세가 돌려 보내었던-모세가 언제, 어디서, 그의 처와 두 아들을 되돌려 보내었는지는 성경에 자세히 언급되어 있지 않습니다. 단지 추측컨대, 하나님께로부터 소명을 받고 신적 권위를 위임받은 모세가 그의 처와 더불어 두 아들을 데리고 애굽으로 귀환하던 중 아들의 할례 문제로 인하여 하나님에 의해 죽을 뻔한 위험을 당하자(출4:24-26),다시 그들을 미디안 땅의 이드로에게 보낸 것 같습니다. 70인역에서는 모세가 돌려보냈다는 말을 자유를 주었다는 말로 되어 있습니다.

출18:3 그녀의 두 아들을 데리고 왔는데 하나의 이름은 게르솜이니 이는 그가 말하기를 내가 외국 땅에서 손님이 되었다 함이요

1) 하나의 이름은 게르솜이라...엘리에셀이라-모세의 두 아들은 이름의 뜻 그대로 과거의 삶에 대한 모세의 진솔한 신앙 고백이었습니다. 모세는 두 아들의 이름을 통하여 과거 바로의 추격을 피해 도망치던 비참했던 시절의 자신의 모습을 뒤돌아 볼 수 있었을 뿐만 아니라 그럼에도 자신을 끝까지 도와주셨던 하나님의 크신 은혜를 기억할 수 있었습니다(출2:11-25).
2) 엘리에셀-"나의 도움이 되시는 하나님"이란 뜻으로, 애굽 귀환시 할례를 받은 모세의 둘째 아들입니다(출4:25).후일 솔로몬 시대에 이르러 그의 후손은 크게 번창했습니다(대상23:15-17).

출18:4 두 번째의 이름은 엘리에셀이니 이는 그가 말하기를 내 아버지의 하나님께서 나를 도우사 바로에게서 나를 구하셨다 함이더라
출18:5 모세의 장인 이오돌(이드로)이 모세의 아들들과 모세의 아내와 함께 광야에 이르러 모세에게 오니 그 곳은 모세가 하나님의 산에다 장막을 친 곳이더라

하나님의 산에 진 친 곳이라-본래 "하나님의 산"이란 일명 시내 산으로 불리우는 호렙 산을 가리킵니다(출17:6). 그런데 이를 특별히 "하나님의 산"이라 칭하는 까닭은 훗날 모세가 이 산에서 하나님의 율법을 받았기 때문입니다(출3:1). 그러나 여기서 의미하는 "하나님의 산"이란 호렙 산 자체를 뜻하지 아니하고, 호렙 산에 인접해 있는 르비딤을 가리키는데 이스라엘 백성들은 앞서 이곳에 장막을 쳤습니다(출17:1).

출18:6 어떤 사람이 모세에게 말하기를 보라 너의 장인 이오돌(이드로)

이 네게 도착했으니 너의 아내와 그녀와 함께 너의 두 아들들도 왔노라

그가 모세에게 전언하되-이드로는 모세가 백성들과 함께 진을 치고 있는 곳에 가까이 이르러서는 먼저 모세에게 사람을 보내어 자기가 왔음을 전하였습니다.

출18:7 모세가 나가서 그의 장인을 만나 절하고 그에게 입맞추며 서로 포응하고 그를 집으로 데리고 들어가서

1) 그에게 입맞추고-반가움을 표시하는 인사로서 고대 근동 지방에 흔히 있었던 풍속이었습니다(창29:13;33:4;삼하 19:39).
2) 문안하고(샤알 샬롬)-"샤알"은 "묻다, 문의하다, 간구하다, 빌다"는 뜻이고, "샬롬"은 "평화, 행복"을 뜻합니다. 따라서 이 말은 "평안을 빌다"라는 뜻입니다. 70인역에서는 단순히 서로 "포옹하다"로 되어 있습니다.

출18:8 모세가 그의 장인에게 주님께서 이스라엘을 위하여 바로와 애굽 사람들에게 행하신 모든 일과 길에서 그들이 이웃 나라들에게서 당한 모든 고난과 주님께서 바로의 손과 애굽 사람들의 손으로 부터 그들을 어떻게 구해 내셨는지를 말하니라

70인역은 "여호와께서"란 말 다음에 "바로의 손과 애굽 사람들의 손으로부터"란 말을 첨가하였습니다.

출18:9 이오돌(이드로)이 주님께서 애굽 사람들의 손과 바로의 손에서 그들을(이스라엘) 구해내신 것에 대하여 듣고 주님께서 그들에게 행하신 모든 선한 일에 놀라매

이오돌(이드로)이...기뻐하여-모세의 간증을 듣고 이오돌(이드로)이 이방신앙에서 돌이켜 하나님께로 귀의하였음을 시사합니다. "기뻐하다"는 말이 70인역에서는 제정신을 잃을 정도로 놀라게 되었다고 나옵니다.

출18:10 이오돌(이드로)이 말하되 주님은 축복을 받으십시오 바로의 손과 애굽 사람들의 손에서 그 백성을 구하셨도다

그런데 이오돌(이드로)이 이토록 쉽게 여호와 신앙을 가질 수 있었던 것은 과거 모세와 지냈던 40년 동안 부지불식간에 모세로부터 많은 영향을 받았기 때문일 것입니다. 이렇게 볼 때 성도들의 삶의 현장에서 어떻게 행하고 살았느냐가 중요합니다. 왜냐하면 나의 삶을 보고 사람들은 하나님을 알게 되기 때문입니다.

출18:11 이제 내가 주님께서 모든 신들보다 위대하심을 아노니 그들에게 (이스라엘) 교만하게 행한 이런 까닭에

1) "교만하게"라는 말이 70인에서는 "위에 올라가다 또는 위에 두다"라고 되어 있는데 헬라어서 교만이라는 뜻이 "다른 것들 위로 나타난"것을 말함으로 "위에 두다"라는 말을 교만으로 해석했습니다.
2) "그들을 이기셨도다 하고"라는 말이 70인에서는 "이런 까닭에"로 되어 있습니다. 그러므로 개정 성경에서 그들을 이기셨도다라고 해석하는 것이 맞습니다. 그런데 원문대로 "이런 까닭에"로 해석하고 있습니다.

출18:12 모세의 장인 이오돌(이드로)이 하나님께 번제물과 희생제물을 가져오매 아론과 이스라엘 모든 장로들이 와서 하나님 앞에서 모세의 장인과 함께 음식을 먹으니라
출18:13 다음날이 되자 모세가 백성을 재판하려고 앉았고 백성은 아침부터 저녁까지 모세 곁에 서있더라

모세가 백성을 재판하느라고 앉았고-당시 모세는 분화(分化)되지 못한 행정조직 때문에 종교적인 일은 물론 사사로운 민사 소송까지 처리해야만 하는 격무에 "아침부터 저녁까지" 시달리고 있었습니다.

출18:14 이오돌(이드로)이 모세가 백성에게 행한 모든 일을 보고 말하기

를 네가 이 백성에게 행하는 이 일이 어찌 됨이냐 어찌하여 그대 혼자만 앉아 있고 모든 백성은 아침부터 저녁까지 네 곁에 서 있느냐

어찌하여 그대는 홀로 앉았고-당시 이스라엘의 인구는 여자와 어린아이를 제외하고도 장정만 60만 가량이었습니다(출12:37). 따라서 이러한 거대 집단에서 발생하는 문제는 사소한 것들을 차치하고라도 무수히 많았을 것입니다. 그러므로 이를 효율적으로 처리하고 관리하기 위하여서는 당연히 분화된 행정 조직이 필요하였는데 미처 모세는 이를 자각하지 못하고 있었습니다. 따라서 이드로는 모세에게 조언해 줄 필요성을 느꼈을 터인데, 이에 그는 먼저 모세의 비능률적이고도 불합리한 행정 처리 방식에 강한 의문을 제기하고 있는 것입니다.

출18:15 모세가 그의 장인에게 말하기를 이는 백성이 하나님의 결정을 구하려고 내게 오기 때문이라

"하나님께 물으려고"라는 말이 70인역에서는 "하나님의 결정을 구하려고" 왔다고 되어 있습니다.

출18:16 그들에게 논박이 생기면 내게로 오나니 그 각각을 분별하여 하나님의 명령과 율법을 가르치나이다

"일이 있으면"이 70이역에서는 "논박으로"되어 있고 "그 양쪽을 재판"하여는 "각각을 분별하여"로 되어 있고 "율례와 법도"는 "명령과 율법"으로 되어 있습니다. 그런데 여기서 관심을 가져야 할 것은 아직 율법이 주어지지 않았는데 율법이라는 말이 등장하고 있습니다.

출18:17 모세의 장인이 그에게 말하기를 네가 그 일을 하는 것이 결코 올바르지 않도다
출18:18 너와 이 모든 백성이 참을 수 없어 반드시 망하게 되리니 이는 그 일이 너에게 보다 무거운 짐이어서 네가 홀로 결코 할 수 없으리라

그대와...기력이 쇠하리니-여기에서 "기력이 쇠하다"란 말에 해당하는 히브리어 "나벨"은 "시들다, 떨어지다, 실신하다"는 뜻입니다. 모세가 비록 하나님의 일에 충성된 자이며(히3:5), 그의 성품이 세상의 모든 사람보다 더 온유하다(민12:3) 할지라도 그가 하나님 보시기에 지혜롭지 못한 방법으로 일을 처리한다면 오래가지 못해 육체적인 연약함으로 인하여 기진할 것이라는 말인데 70인역에서는 "망치다"라는 말이 두 번 반복되는데 이는 강조용법으로 앞의 것은 "반드시"라는 말로 해석이 되고 뒤에 것은 "전부 망치다"라는 말로 해석이 됩니다. 또한 중함이라는 말은 "보다 무거운 짐"으로 되어 있고, "혼자 할 수 없다"는 말은 "결코 혼자 할 수 없다"고 되어 있습니다.

출18:19 지금 이제 내 말을 들으라 내가 너에게 충고하리니 주님이 너와 함께 계시리로다 너는 백성을 위하여 하나님 앞에 있을지니 이는 네가 그들의 말을 하나님께로 가져오며

1) "백성을 위하여 하나님 앞에 있어서"-하나님과 백성들 사이에 서서 중재 사역을 하는 모세의 중재자로서의 역할을 암시하는 표현입니다.
2) "소송을 하나님께 베풀며"-즉 백성들의 모든 문제들을 하나님 앞에 아뢰는 것임을 분명히 밝히고 있습니다. '그 사건들을 하나님께 가져오며'라는 말이 70인역에서는 '그들의 말을 하나님께 가져오는 것'으로 되어있습니다.

출18:20 그들에게 명령과 율법을 권고하고 그들이 나아갈 길과 그들이 행해야 할 일을 그들에게 지시하여야 하리라
출18:21 너는 모든 백성 가운데서 능력 있는 자 곧 하나님을 두려워하고 의로운 사람이며 교만을 증오하는 자를 감독자로 세워 천부장과 백부장과 오십부장과 십부장을 삼아

"진실하며 불의한 이익을 미워하는 자를 살펴서 백성 위에 세워"로 되어 있지만 70인역에서는 "의로운 사람과 교만을 증오하는 사람을 감독자로 세우라"고 되어 있습니다.

출18:22 그들이 모든 때에 백성을 재판하게 하라 너무 큰일은 너에게 가져오게 하고 작은 형벌은 그들로 재판하게 하여 그들로 너를 돕게하여 너의 짐을 내려놓아라

1) 때를 따라...재판하게 하라-"때를 따라"란 "시종 어느 때나.항상"을 뜻합니다.
2) "작은일"은 70인역에서 "작은 형벌"로 되어 있고, "쉽게 하라"는 말은 "짐을 덜어 준다"는 말로 되어 있습니다.

출18:23 만일 네가 이 일을 행하면 하나님께서도 너에게 감당하게 하실 것이며 너도 일을 쉽게 처리할 수 있을 것이며 이 모든 백성들도 그들의 집으로 평화롭게 돌아가리라
출18:24 이에 모세가 그의 장인의 말을 듣고 장인이 모세에게 말한 대로 모든 것을 행하니
출18:25 모세가 모든 이스라엘 사람들 중에 능력 있는 사람들을 선택하여 그들을 백성들의 우두머리 곧 천부장과 백부장과 오십부장과 십부장으로 삼았더라

백성의 두목-이드로의 충고를 받아들여 세워진 "천부장, 백부장, 오십부장, 십부장"들은 단순한 재판관이 아니라, 그들에게 맡겨진 조직의 "우두머리"로서 행군 시에는 그들의 앞장에 서서 행군하며, 전쟁시에는 "군대 장관"이 되었습니다(민31:14). 그런데 70인역에는 우두머리가 나오지 않고 단순히 세운 것으로 나오지만 흐름상 개정성경의 우두머리라는 들어가는 것이 해석하는데 있어 자연스러워 개정 성경대로 해석했습니다.

출18:26 그리고 그들이 모든 때에 백성을 재판하되 어려운 사건은 모세에게로 가져왔으나 쉬운 일들은 그들이 재판하더라
출18:27 모세가 그의 장인을 떠나보내니 그가 자기 땅으로 가니라

출애굽기 19장

출19:1 이스라엘 자손이 애굽 땅에서 탈출한지 셋째 달이 되는 그 날 그 들이 시내 광야에 이르렀으니

1) 제 삼 월-이스라엘이 출애굽한 때로부터 석 달째 되는 달을 가리킵니다. 일명 "시완월"이라고 하는데 양력으로는 5-6월에 해당됩니다.

2) 곧 그 때에-70인역(LXX)과 유대 전승에는 이때가 제 3월의 첫째 날인 것으로 언급되어 있습니다. 그러나 개정성경에서는 그들이 애굽을 떠난 지 만 2개월이 되는 날로 말하고 있습니다.

3) 시내 광야에 이르니라-이스라엘 백성들은 라암셋에서 출애굽한 후 숙곳 (출12:37)->에담(출13:20)->엘림(출15:27)->신 광야(출16:2)->르비암(출 17:2,3)을 거쳐 이제 이곳 시내 광야에 이르게 되었습니다. 이곳에서 비로 소 이스라엘은 정식으로 계약을 통해 하나님의 백성이 되었으며 아울러 신 정 국가의 초석이 되는 율법을 수여받았으니(출19:5-8절;22장 이하) 그 의 미가 자못 큽니다.

출19:2 그들이 르비딤에서 사라진 후 시내 광야에 도착해 이스라엘이 그 산 앞에 장막을 치니라

1) 개정성경에서는 "르비딤을 떠난 것"으로 되어 있지만 70인역에서는 "르 비딤에서 사라졌다"고 나옵니다. 다시 말해 횡적 부활로 말하고 있습니다.

2) "그 광야에 장막을 치되"-70인역에서는 이 부분이 생략되어 있습니다.

3) 산 앞에-여기서의 산은 아랍인들이 보통 "예벨 무사"(모세의 산)로 부르 고 있는 시내 산을 의미합니다. 오늘날의 수에즈 만과 아카바 만 사이의 V 자형 반도남단에 위치해 있는데 해발 2,291m입니다(출3:1).

출19:3 모세가 하나님의 산에 올라가니 하나님께서 산에서 그를 불러 말씀하시기를 너는 이같이 야곱의 집에게 말하고 이스라엘의 자손들에게 말하라

모세가 하나님 앞에 올라가니-하나님께서 호렙 산 떨기나무 사이에 나타나셔서 처음으로 모세를 부르신 후 그에게 주셨던 예언이 성취되는 첫번째 단계입니다(출3:4-12). 즉 하나님께서는 이스라엘이 출애굽 후 이곳 시내산에서 자신을 경배하게 될 것이라고 예언하셨던 것입니다. 따라서 이 사실을 잊지 않은 모세는 시내 산에 도착하자마자 하나님의 인도하심을 따라 산 위로 올라갔는데, 이는 앞으로 이스라엘이 어떻게 하나님을 경배해야 할 것인지를 계시받기 위함이었습니다.

출19:4 너희는 내가 애굽사람들에게 한 모든 일을 보았고 내가 독수리 날개 위로 너희를 업은 것 같이 내게로 데려왔느니라

독수리 날개로 너희를 업어-사랑의 팔로 당신의 백성을 보호, 인도하시는 크신 하나님의 은혜와 능력을 문학적으로 표현한 말입니다(신32:10,11,12). 70인역 원어대로 하면 "독수리 날개 위에 업어"로 되어 있습니다. 출애굽 과정 전체가 마치 독수리 날개로 업어 옮겼다는 것입니다. 이 독수리가 계시록에서는 천사로 되어 있습니다(계4:7,계8:13,계12:14).

출19:5 그리고 이제 만일 너희가 진심으로 내 음성을 듣고 나의 언약을 지키면 너희는 모든 백성보다 나의 특별한 백성이 되리니 이는 모든 땅이 내 것임이라

헬라어에서 강조용법은 같은 말을 반복하는데 "듣고"가 바로 70인역에서는 반복하여 쓰이고 있습니다. 이때 해석은 "진심으로"로 해석이 됩니다. 또한 "세계가 다 내게 속했다"는 말이 70인역에서는 "모든 땅이 내 것이라"고 되어 있고, "모든 민족 중에서 내 소유가 되겠고"라는 말은 "나의 특별한 백성으로"되어 있습니다.

출19:6 너희는 나의 왕 같은 제사장직이며 거룩한 민족이 되리라 이 말을 이스라엘의 자손에게 말할지니라

제사장 나라가 되며-70인역은 이 구절을 "왕 같은 제사장직" (바실레이온 히에라튜마)이라는 의미로 번역하였는데, 이것은 이스라엘이 하나님의 율법을 지켜 행하면 세계를 향한 하나님의 구속 계획을 위해 특별히 선택된 민족으로서(출4:22) 하나님과 열방 사이를 중재하는 제사장이 됨과 동시에 그들을 다스리는 왕권을 가지게 된다는 의미를 내포하는 말입니다. 70인역의 이 말을 그대로 인용한 것이 벧전2:9절의 "왕 같은 제사장이며 거룩한 나라"라는 말입니다. 그런데 이 말을 원어 그대로 해석 하면 "나의 제사장 신분의 왕족"이란 뜻인데 벧전2:9절에서는 같은 문장을 "왕 같은 제사장"으로 해석하고 있습니다. 그러나 "왕 같은 제사장"이란 말 보다 "나의 제사장 신분의 왕족"으로 해석하는 것이 더 원어에 가깝게 해석하는 것이 됩니다.

출19:7 모세가 와서 백성의 장로들을 불러 하나님께서 자기에게 지시하신 이 모든 말씀들을 그들에게 제시하자
출19:8 모든 백성이 만장일치로(한마음이 되어) 대답하여 말하기를 하나님께서 말씀하신 모든 것을 행하고 듣겠나이다 모세가 백성의 말을 하나님께 고하니라

1) 다 행하리이다-고대 근동의 계약법 개념을 적용시킬 때 이스라엘이 하나님과 맺은 언약이 일종의 쌍무 언약임을 보여 줍니다. 그런데 여기서 우리가 기억해야 할 것은 언약과 약속은 다르다는 것입니다. 언약엔 갑을과의 계약이 따르나 약속에는 계약이 따르지 않는다는 것입니다. 하나님이 우리와 언약으로 맺었기에 믿음으로 구원을 받을 수 있게 된 것입니다.
2) 개정성경은 "일제히"라 되어 있지만 70인역은 "만장일치"로 되어 있고, 또한 "행한다"는 말을 70인역은 "행하고 듣겠나이다"로 되어 있습니다.

출19:9 주님께서 모세에게 말씀하시기를 보라 내가 구름 기둥 속에서 네

게 임한(오다) 것은 내가 너와 말할 때 백성들이 듣게 하기 위함이요 그리고 너를(모세) 영원히 믿게 하려 함이니라 모세가 백성의 말을 주님께 알리더라

출19:10 주님께서 모세에게 말씀하시기를 백성에게로 내려가서 권고하길 오늘과 내일 그들을 정결케 하고 그들로 자기들의 옷을 빨게 하라

출19:11 셋째 날을 준비하라 이는 셋째 날에 주님께서 온 백성 앞에서 시내 산 위에 임할(내려갈) 것임이라

출19:12 너는 백성 주위에 경계를 정하고 말하기를 너희는 스스로 조심하여 산에 올라가지 않도록 하고 그리고 그 경계를 만지지 말지니 산을 만지는 자는 누구라도 반드시 죽임을 당하리라

출19:13 결코 그에게 터치하지 마라 그는 반드시 돌로 치든지 또는 창을 던져 찌르든지 하리니 만일 짐승이든 사람이든 간에 결코 살지 못하리라 목소리와 나팔과 구름이 산으로부터 떠나면 산 위로 올라오라 하시니라

1) 살에 쐬어-곧 화살과 같은 날카로운 기구에 관통 당하는 것을 가리킵니다. 또한 "돌로쳐 죽이거나 화살로 쏘아 죽여야 하리니"라는 말이 70인역에서는 "반드시 돌로 치든지 또는 창을 던져 찌르든지 하리니"로 되어 있습니다.

2) 나팔을 길게 불거든 산 앞에 이를 것이니라 하라-이 말이 70인역에서는 "목소리와 나팔과 구름이 산으로부터 떠나면 산 위로 올라오라"로 되어 있습니다.

출19:14 모세가 산에서 내려와 백성에게 이르러 백성을 거룩하게 하니 그들이 자기들의 옷을 빨더라

출19:15 그리고 백성에게 말하기를 삼일 동안 너희 아내들을 가까이 하지 말고 준비하라

1) 여인을 가까이 말라-여기서 여인이란 아내를 말하며, "가까이 말라"는 "함께 눕다"는 뜻의 "나가쉬"에 부정어 "알"이 붙은 말로 "부부관계를 갖지

말라"는 뜻입니다. 특별히 거룩한 의식을 앞두고 몸을 절제하던 이와 비슷한 관습은 고대 근동에 널리 퍼져 있었는데, 후일 바울도 특별한 경우에는 부부간에 얼마동안은 분방할 수 있다고 하였습니다(고전7:5).

2) "셋째 날을 기다리고"-이 말이 70인역에서는 "삼일 동안"으로 되어 있습니다.

출19:16 셋째 날 아침에 천둥과 번개와 짙은 구름이 시내산 위에 있고 나팔 소리가 매우 크므로 진영에 있는 모든 백성이 떨더라

1) 나팔 소리가 심히 크니-성경에서 나팔 소리는 대개 천사들에 의해 들려졌습니다(계8:6,7,8,10,12;9:1,13;11:15).이 당시에도 하나님께서는 인간 역사의 시공 속에 당신께서 친히 개입하시는 것을 위엄 스럽게 선포하는 수단으로써 당신의 종들인 천사들로 하여금 나팔을 불도록 하셨을 것입니다. 동시에 이 나팔 소리는 감추어진 뜻을 이제 밝혀 계시할 것이라는 일종의 예고 행위이기도 했습니다. 한편 성경은 예수께서도 장차 재림하실 때에 천사와 함께 하나님의 나팔 소리 가운데 이 세상에 임재하실 것이라고 증거하고 있습니다(마24:31;고전15:52;살전4:161).

2) 요세푸스는 말하길 "축제를 벌인 제 삼일째 되던날 동이 트기 전에 아무도 본 적이 없는 것 같은 구름이 모든 히브리인들 장막 위에 덮였고 그들의 장막을 친 곳을 둘러쌌다. 그리고 나머지 부분의 하늘은 맑았는데 강풍이 불어오자 소나기가 내리더니 무서운 폭풍우가 되었다. 무서운 번개와 벼락을 동반한 천둥이 치는 것은 모세가 바라던 대로 하나님께서 강림 하셨다는 표시였다" 이 요세푸스의 증언을 통해 알 수 있는 것은 모세가 시내산에 올라갔을 때 이런 폭풍우와 어두움이 다른 곳에서는 없었고 시내산 주위에만 있었다는 것과 또한 천둥과 번개를 당시에는 하나님의 임재로 보았다는 것입니다.

출19:17 모세가 하나님을 만나려고 진영에서 백성을 이끌어 나오매 그들이 산 아래(경계표시한 곳,산 기슭)에 서있는데

산 기슭이 70인역에서는 산아래로 되어 있는데 그곳은 경계 표시된 곳을 의미합니다.

출19:18 불로 하나님이 강림하심으로 말이 암아 시내산 전체가 연기를 내뿜고 있었다 그 연기가 용광로의 연기 같이 연기를 피우며 올라갔고 그 것으로 인해 백성들 모두는 크게 놀라게 되었더라

1) 시내 산에 연기가 자욱하니-시내 산 전체가 온통 연기로 뒤덮였음을 뜻합니다. 즉 하나님께서 불 가운데 임하셨으므로 초자연적인 연기가 나타나 시내 산을 덮었던 것입니다.
2) 여호와께서 불 가운데서 거기 강림하심이라-70인역은 이를 하나님이 불 가운데가 아닌 불로 강림했다고 나오고, 하나님이 이렇게 시내산에 불로 강림하자 그 하나님의 열기로 인해 시내산이 연기를 내뿜었다고 나옵니다. 우리가 성령의 불 하는데 바로 하나님이 불이셨던 것입니다. 즉 불이 탈 때 연기를 내면서 타는데 마치 하나님이 불로 임하자 그 불에서 연기가 나서 그 연기가 시내산에 가득 찼다는 것입니다.
3) 온 산이 크게 진동하며-히12:26에서는 "하나님의 소리로 말미암아 땅이 진동하게 되었다"라고 묘사하였습니다. 그런데 70인역에서는 산이 진동한 것이 아니라 백성들이 이것을 보고 매우 놀랐다고 나옵니다.

출19:19 나팔 소리가 매우 커질 때 모세가 말하니 하나님께서 모세에게 음성으로 대답하시더라

나팔 소리-이 나팔소리는 본장 16절을 토대로 볼 때 천사들의 나팔소리였습니다.

출19:20 주님께서 시내 산꼭대기에 강림하셔서 주님께서 모세를 산꼭대기로 부르시니 모세가 올라가더라
출19:21 하나님께서 모세에게 말씀하시기를 내려가서 백성에게 증거하라 그들이 하나님을 보려고 결코 가까이 오지 말라 그러다가 그들 중 많

은 자가 떨어질까(죽음) 하노라

많이 죽을까 하노라-구약 시대에는 거룩한 장소나 물건을 하나님께서 정한 규례외에 범접할 경우에는 죽음을 면치 못했습니다(민4:20;레10:1,2).후일 거룩한 여호와의 궤를 들여다 보다 벧세메스 사람 (오만)칠십 인이 죽음을 당한 사건은 그 좋은 예입니다(삼상6:19,20,21).

출19:22 주님 하나님께 가까이 오는 제사장들도 스스로 거룩하게 하라 주님께서 그 제사장들을 제거하지 않게 하려 함이라 하노라

1) 제사장들-이스라엘 백성들 가운데 제사장을 임명하는 제도는 하나님께로부터 율법을 받은 이후에 생겨난 제도입니다(출28:1). 따라서 여기서 제사장들이란 율법 제도에 의해 임명을 받지는 않았지만, 하나님께 제사 드리는 일을 기존에 맡았던 백성의 종교지도자들을 가리키는 듯합니다.
2) 그들을 돌격할까 하노라-70인역에서는 '제사장들을 제거하지 않도록'으로 되어 있습니다.

출19:23 모세가 하나님께 말씀드리길 주님께서 우리에게 명령하여 말씀하시기를 산을 구별하여 거룩하게 하라 하셨은즉 백성이 시내산에 올라갈 수 없나이다
출19:24 주님께서 그에게 말씀하시기를 가라 너는 내려가서 아론과 함께 올라올지니라 그러나 제사장들과 백성들이 무력을 사용해서(뛰쳐나와) 하나님께로 올라오지 못하게 하라 주님께서 그들을 결코 죽이지 않게 하려 함이라 하노라

"경계를 넘어라"는 말이 70인역에서는 "무력을 사용해서 백성들이 돌파하지 않게 하라"로 되어 있고, "칠까 하노라"는 "결코 죽이지 아니하게 하라"로 되어 있습니다.

출19:25 모세가 백성에게 내려가서 그들에게 말하니라

출애굽기 20장

출20:1 주님께서 이 모든 말씀으로 말씀하시기를

이 모든 말씀-이것은 2-17절에 나오는 "열마디 말씀"(신4:13;10:4)을 가리키는데, 이 말씀은 곧 "십계명"으로서 신5:6-21에서 다시 반복되고 있습니다.

출20:2 나는 애굽 땅 노예의 집에서 너를 이끌고 나온 너의 하나님 주님이라

종 되었던 집-여기서 "집"에 해당하는 "베트"는 "타족"으로부터 "궁전,장소,건물,뜰"에 이르기까지 다양한 뜻을 지니나 여기서는 특히 "감옥"이나 "지하 감옥"을 가리킵니다(창39:21). 따라서 "종 되었던 집"이란 정확히 "노예로서 고역 하던 감옥"을 의미 합니다.사실 출애굽 전까지 노예민족으로 생활하였던 이스라엘(출1:8-2:25;5:4-21)에게는 애굽이 하나의 거대한 감옥과 다름없었을 것입니다(출13:3). 70인역에서는 "노예의 집"으로 되어 있습니다.

출20:3 나를 제외하고 다른 신들은 결코 너에게 없을 것이니라

1) 나 외에는(알 파나이).-"알"은 "올라가다"라는 뜻을 가진 "알라"에서 온 말로 "위에,넘어" 혹은 "대하여"란 뜻이 있습니다. 그리고 "파나이"는 "...을 향하다,돌아서다"라는 뜻을 가진 "파나"에서 파생된 단어로 "얼굴,앞" 등

의 뜻이 있습니다. 따라서 본문을 직역하면 "나의 얼굴(앞)을 넘어서, 나의 얼굴(앞) 위에" 혹은 "나의 얼굴과 대립시켜"가 됩니다. 70인역(LXX)에서는 이를 "나를 제외하고"(플랜 에무)라고 했으며, 벌게이트역에서는 "앞에"라고 번역했습니다. 아무튼 본절의 의미는 하나님을 제외한 그 무엇이나, 아니면 하나님과 대립되는 그 무엇을 하나님보다 더 사랑해서는 안 됨을 암시합니다.

2) 다른 신들-"다른"에 해당하는 "아헤르"의 원래 의미는 "이상한,헛된"이다. 따라서 이는 하나님 외에도 다른 참된 신들이 있음을 인정하는 것이 아니라 사람들에게는 일반적으로 "헛된 신들", 혹은 "이상한 존재"를 추구하는 잘못된 속성이 있음을 지적하는 말임을 알 수 있습니다. 이는 당시 근동 지방에서 널리 행해지던 다신숭배 행위 뿐 아니라 하나님보다 더 위하고 섬기던 각종 유형, 무형의 존재들을 염두에 둔 말입니다. 결론적으로 십계명 중 본 첫번째 계명은 하나님의 유일성(唯一性) 사상을 선포한 계명으로서 모든 다신교적 우상 숭배나 범신론적 철학 사상을 용납지 아니하고 오직 여호와 하나님만을 참신으로 인정하고 섬기라는 계명임을 알 수 있습니다.

3.말지니라-강한 금지나 부정을 나타내는 말로 보다 정확히 번역하면 "결코... 하지 말라"입니다. 십계명에 나타난 금지 조항은 모두가 히브리어 "로"로 지시되는 절대적인 금지입니다. 70인역에서는 "결코 아니다"로 되어 있습니다.

출20:4 너는 너 자신을 위하여 결코 우상을 만들지 말고 또한 위로 하늘에 있는 모든 것이나 아래로 땅에 있는 모든 것이나 땅 아래 물에 있는 어떤 이미지도 결코 만들지 말며

1) 새긴 우상-히브리 역사 가운데는 돌(레26:1;합2:18,19,20), 금(시115:4;사40:18,19,20), 은(렘10:9), 나무(합2:18,19,20)등으로 우상을 새긴 기록이 많이 나옵니다. 물론 당시 팔레스틴에는 부어 만드는 우상도 있었으나(사41:29;44:10), 주로 새긴 것이 많았으므로(신12:3;렘10:14) 여기서는 이것을 대표적으로 거론하여 금지시키고 있습니다.

2) 형상(테무나)-여기서 "형상"은"자연물"과 같이 형체를 지니는 것을 형상화시켜 경배 대상으로 만든 것을 말합니다. 70인역에서 형상은 "이미지"로

163

되어 있습니다.

3) 만들지 말며-예술을 목적으로 사물의 형상을 조각하고 만드는 것을 금지 시킨 것이 아니라 다만 종교적인 경배나 구복 등의 목적으로는 절대 만들지 말라는 경고입니다.

출20:5 너는 그것들에게 결코 절하지 말고 그것들을 결코 섬기지 말지니라 이는 나 너의 하나님 주님은 질투하는 하나님임이니 나를 몹시 싫어하는 죄를 복수하되 아버지로부터 아들에게로 삼사 대까지 이르게 하거니와

1) 절하지 말며-"절하다"에 해당하는 "솨하"는 "엎드리다, 몸을 굽히다, 존경하다"는 뜻을 지니나 종종 "예배한다"는 파생적 의미로도 쓰입니다(레 26:1). 여기서도 우상에 대한 행위적인 경배뿐만 아니라, 마음으로의 존경도 금지하기 위하여 이 단어를 사용하였습니다. 70인역도 역시 "절하다"로 되어 있습니다.

2) 섬기지 말라-"섬기다"에 해당하는 "타아브딤"은 "종(노예)이 되게 하다"는 뜻입니다. 따라서 "섬기지 말라"는 표현보다는 "노예가 되지 말라"는 번역이 보다 자연스럽습니다. 하나님은 이러한 위험성을 강조하기 위하여 "절대로...하지 말라"는 뜻인 '로'를 사용하여 우상숭배를 강력히 금지하고 있습니다. 70인역에서는 "예배"로 되어 있습니다.

3). 갚되-이에 해당하는 "파카드"는 "방문하다, 맡기다, 기억하다, 계산하다"는 뜻과 더불어 "복수하다, 벌을주다"는 의미도 지닙니다. 70인역도 역시 "복수하다"로 해석하고 있습니다.

출20:6 나를 사랑하고 나의 계명들을 지키는 자들에게는 천명의 사람들에게 은혜를 행하리라

천대까지 (라알라핌)-직역하면 "천 명의 사람들에게" 한 사람이 하나님을 사랑하고 계명을 지키면 (그의 후손) 천명의 사람들에게까지, 즉 많은 후손들이 은혜를 입는다는 말입니다. 70인역도 역시 천명의 사람으로 되어 있습니다. 그러나 이는 천대로 해석하는 것이 맞지만 저는 70인역 원문에 충실해

천명의 사람으로 해석했습니다.

출20:7 너는 주님 너의 하나님의 이름을 결코 헛되게 취하지 말라 헛되게 주님의 이름을 취하는 자에게 주님께서 결코 정결하다고 여기지 아니하리라

1) 망령되이(라쉬웨)-강한 부정을 나타내는 "라"와 함께 쓰인 "쇼웨"는 "낭비된 것,무질서한 것,소모하는 것"을 뜻합니다. 따라서 이 말은 "헛되이,쓸데없이,함부로"라고 번역하는 것이 좋습니다. 그런데 70인역에서는 "헛되이"로 나오고 있습니다.
2) 일컫지(티쇼)-이는 하나님의 이름을 단순히 부르는 것이 아니라, 모든 경우에 사용하는 것을 말합니다. 70인역에서는 "취하다"라로 되어 있습니다.
3) 죄 없다 하지 아니 하리라(로 예나케)-"로"는 강한 부정을 나타내는 말로서 본문은 강한 부정과 강조가 중복되는, 일종의 강력한 경고입니다. 70인역에서는 "결코 정결하다 여기지 아니하리라"로 해석하고 있습니다.

출20:8 그 안식일 날을 기억하고 그것을 거룩하게 지키라

안식일(욤 하쇼바트)-안식일로 번역되는 "쇼바트"에 정관사 "하"가 붙음으로써 특정한 안식일을 지칭합니다. 따라서 직역하면 "그 안식의 날"이 되는데, 이것은 천지 창조 사역 후 하나님께서 안식하신 바로 그 날을 가리킵니다. 70인역에도 "안식일" 앞에 정관사가 붙어 있습니다.

출20:9 엿새 동안 네가 일할지니 네 모든 일을 할지니라
출20:10 그러나 일곱째 날은 너의 하나님 주님의 안식일이니 그 날에는 너와 네 아들이나 네 딸이나 네 남종이나 네 여종 네 가축이나 너와 함께 있는 외국인 개종자도 아무 일도 하지 말지니라

네 문 안에 유하는 객-"네 문 안에 유하는 객"이란 이스라엘 영토 내에 거주하는 외국인들을 가리킵니다. 이들은 일시적인 나그네가 아닌 영주자들 로서 이스라엘 사람과 동등한 권리와 의무를 갖도록 되어 있습니다(신 29:11,12,13). 따라서 그들은 이스라엘의 율법도 함께 지킬 의무가 있었습니다. 70인역에서는 이들을 "너와 함께 있는 외국인 개종자"라 함으로 그냥 외국인이 아닌 유대교회 개종한 외국인들을 말하고 있습니다.

출20:11 이는 육일동안 주님께서 하늘과 땅과 바다와 그 안에 있는 모든 것을 창조하시고 일곱째 날에는 쉬었음이라 이것이 주님께서 일곱째 날을 축복 하시고 거룩하게 하신 이유 이니라

70인역은 안식일이 거룩한 이유는 주님이 휴식한 날이기 때문이라 말하고 있습니다.

출20:12 네 아버지 어머니를 공경하라 그리하면 너의 하나님 주님께서 네가 잘 되고 좋은 땅에서 오래 살 수 있게 해줄 것이니라

1) 네 부모를 공경하라-제 5 계명은 대인 계명 중 가장 으뜸이 되는 "약속 있는 첫 계명"(엡6:2)으로서 곧 부모 공경에 대한 계명입니다. 여기서 "공경하다"에 해당하는 "카베드"는 "존경하다,영광되게 하다"란 뜻인 "카바드"의 명령형으로서 여호와를 경외하는 것을 가리킬 때도 사용되는 말입니다(잠3:9). 따라서 이는 부모를 공경하되 마치 하나님을 경외하듯 섬겨야 됨을 의미합니다. 그런 의미에서 루터는 본절에 언급된 "부모"를 "하나님의 대리자"로 이해하였습니다.
2) 70인역에서는 부모를 공경하면 잘되게 하고 뿐만 아니라 그냥 땅이 아닌 좋은 땅에서 오래 살 수 있게 해준다고 나옵니다,

출20:13 결코 간음하지 말라

개정 성경에는 살인하지 말라가 6번째 개명으로 나오지만 70인역은 간음하지 말라가 6개명으로 나옵니다.

출20:14 결코 도둑질 하지 말라

개성성경에서는 7번째 개명이 "간음하지 말라"로 되어 있지만 70인역에는 "결코 도둑질 하지 말라"가 7번째 개명으로 나옵니다.

출20:15 결코 살인하지 말라

8번째 개명이 개정성경에는 "도둑질 하지 말라"로 되어 있지만 70인역에서는 "살인하지 말라"로 되어 있습니다. 유대인들은 살인하지 말라의 범주를 다른 사람을 죽이는 것 뿐 아니라 자살까지 포함된 말로 해석했습니다.

출20:16 너의 이웃에게 거짓 증언하는 하는 것 너는 결코 거짓 증언하지 말라

70인역에서는 거짓 증언에 대하여 다시 한번 강조하고 거짓 증거를 하지 말라 경고하고 있습니다.

출20:17 너는 결코 네 이웃의 집을 갈망하지 말며 너는 네 이웃의 아내나 그의 남종이나 그의 여종이나 그의 소나 그의 나귀나 네 이웃의 소유 중 아무것도 결코 갈망하지 말지니라.

70인역에서는 '탐내다'라는 말을 '갈망하다'로 나옵니다. '결코'가 문장마다 반복해서 나옵니다.

출20:18 모든 백성들이 천둥과 번개와 나팔 소리와 연기가 뿜어져 나오는 산을 보면서 모든 백성이 두려워 멀리 떨어져 서서

70인역에서는 산이 주님의 불로 인해 연기가 뿜어져 나온 것으로 되어 있습니다.

출20:19 모세에게 말하기를 당신이 우리에게 말씀 하소서 하나님께서 우리에게 말씀하시지 않게 하여 우리로 죽지 않도록 하소서 하니

개정 성경에는 "우리가 들으리이다"하는 부분이 있지만 70인역에서는 이 부분이 빠져있습니다.

출20:20 모세가 백성에게 말하기를 용기를 내어라 너희에게 하나님께서 오심은 너희를 시험하시고 너희 안에 하나님에 대한 두려움이 있게 하여 너희로 죄를 짓지 않게 하려 하심이니라
출20:21 백성은 멀리 떨어져 서있고 모세는 하나님이 계신 어두움 속으로 들어가니라

여기서 어두움은 곧 짙은 구름속을 말하는데 70인역은 이 구름속에 들어간 것을 하나님속에 들어간 것으로 말하고 있습니다.

출20:22 주님께서 모세에게 말씀하시기를 야곱의 집 이스라엘 자손에게 이 같이 말하라 내가 하늘에서 말한 것을 너희 스스로 보았으니

개정성경에는 애굽의 집이 나오지 않지만 70인역에서는 야곱의 집이 나옵니다.

출20:23 너희는 너희를 위하여 결코 은으로 하나님을 만들지 말고 또한 결코 금으로도 만들지 말지니라

70인으로 보면 이스라엘인들에게 은금 신상을 만들지 말라 하고 있는데 이는 다른 신의 은금신상을 만들지 말라는 말이 아니라 하나님을 은금 신상을 만들지 말라고 되어 있습니다.

출20:24 너는 흙으로 제단을 나에게 만들어서 그 위에 너의 큰 양과 너

의 숫 송아지로 번제로 희생제물(화목제)을 드려 너를 구원하게 하라 나의 이름을 부르는 장소라면 모든 곳에서 너에게 와서 너에게 복을 주리라

1) 번제에 대하여는 출29:18절을 참고하기 바랍니다.
2) 토단을 쌓고-제단을 흙으로 만드는 것은 족장 시대로부터 유래한 것 같은데, 아마 이는 한곳에 정착하지 않고 옮겨 다니던 이스라엘의 생활양식 때문에 흙으로 만든 것으로 추측됩니다. 토단이란 말이 70인역에서는 제단으로 되어 있습니다. 즉 흙으로 제단을 지으라는 말입니다.
3) 번제-하나님과의 정상적인 관계 유지 및 그분께 대한 온전한 헌신을 상징하는 제사입니다(출18:12).
4) 화목제-하나님과의 화목과 친교를 상징하는 제사로 감사제와 서원제, 자원제로 구분됩니다. 제물로는 생활, 형편에 따라 수소나 암소, 수양이나 암양 또는 염소를 바칠 수 있습니다(레3:1-4;6:1-17).
5) 70인역은 화목제를 드리라는 말이 나오지 않고 번제로 희생제물을 드리라고 나오고, 또한 양은 "큰 양"으로 나오고, 소는 "숫송아지"로 나오는데 중요한 것은 이 양과 소를 통해 "너를 구원하라"라고 나옵니다.

출20:25 네가 만일 내게 돌로 제단을 만들려 거든 결코 절단한 돌로 짓지 말라 이는 네가 칼을 그 돌 위에 대면 그 제단이 더럽혀 지기 때문이라

다듬은 돌로 쌓지 말라-이 또한 24절과 마찬가지로 인위적 요소를 배격하고, 또한 예배하는 자가 어떠한 외형적 요소에 집착해 하나님께만 치중해야 할 본질적 예배 요소를 저버리는 것을 방지하기 위함입니다. 24절의 제단을 만들 때 자연 그대로 돌을 쌓아 제단을 만들어야 칼을 대면 그 칼로 인해 제단이 부정하다는 말입니다.

출20:26 너는 결코 계단으로 나의 번제단에 올라가지 말지니 이는 외음부가 그 계단에 오를 때 드러나지 않게 함이니라

하체(에롬)-원래 의미는 "벌거벗음"입니다. 그런데 에덴 동산에서의 범죄

이후 벌거벗음은 종교 의식상 인간의 죄를 나타내는 부끄러움이 되었습니다. 따라서 하나님께서는 제단에 예물을 바치기 위하여 단에 오르내리는 도중에라도 하체가 드러나는 것을 금지하셨습니다. 아울러 이는 당시 이방 종교에서 나체로 의식을 진행하는 습성을 배격하기 위해서이기도 하였습니다. 그러므로 이후 이러한 규례에 따라 성막 제도가 완비된 후 이스라엘의 제사장들은 오늘날의 바지와 같은 것을 착용하게 되었는데, 곧 고의(袴衣)입니다(출28:42). 70인역에서는 '외음부'로 되어 있습니다.

출애굽기 21장

출21:1 그리고 네가 그들 앞에 세울 법령들은 이러하니라
출21:2 네가 히브리인 종을 구매하면(사면) 그가 육년 동안 섬길 것이요 칠년째는 값없이 자유롭게 나가게 할 것이며

1) 히브리 종을 사면-히브리인이 같은 동족에게 노예가 되는 경우로는 (1) 빚을 갚지 못했을 때(레25:39) (2)도적질한 것을 배상할 능력이 없을 때(출22:3) 등이 있습니다. 그렇지만 이 경우 그는 종이 아닌 고용된 노동자로서의 대우를 받을 수 있었고, 6년이 지난 뒤에는 자유를 얻을 수 있었습니다(신15:12). 그러나 이방인 종의 경우는 이와 달랐는데 그는 주인의 영구한 소유가 되어 후손에게까지 상속될 수 있었습니다(레25:39-46).

2) 제 칠 년에는...자유할 것이며-신15:12에 의하면 이런 법은 히브리 여종에게도 동일하게 적용되었음을 알 수 있습니다. 이처럼 칠년 만에 종에게 자유를 주는 제도는 히브리인들의 안식년 및 희년 제도와 밀접히 관련되어 있는 것만은 분명합니다(레25장). 그러나 여기서의 제 칠 년은 반드시 안식년을 가리키는 것이 아니라, 종 된 자가 만 6년을 채우고 제 7년째 되는 해를 가리킵니다. 물론 종이 그 중간에 희년을 당하면 그 즉시로 해방되는 것은 두말할 나위 없습니다.

출21:3 만일 그가 혼자 왔으면 혼자 나갈 것이며 만일 그가 아내와 함께 들어왔으면 그의 아내도 그와 함께 나갈 것이니라

1) 단신으로 왔으면-주인이 종을 해방시킬 때 다음과 같은 세 가지 상황이 발생할 수 있습니다. 첫째, 종이 결혼하지 않았을 경우인데, 이때에 그 종은 별다른 문제없이 혼자 해방되었습니다. 둘째, 종된 자가 종이 되기 이전 이

미 아내를 얻은 경우인데, 이때 그 아내는 남편과 함께 종이 되었다가 남편이 해방될 때 같이 해방되었습니다. 세째, 종된 자가 종 된 후 주인으로부터 아내를 얻었을 경우인데 이때 그 종은 제 7년째에 해방되었지만 그 아내와 자녀는 해방될 수 없었습니다(출21:4). 이 중 두번째 경우가 종의 인권을 보호하기 위한 조처라면, 세번째 경우는 주인의 재산권을 보호하기 위한 조처라 할 수 있습니다.

2) 장가 들었으면 그의 아내도-개정성경은 '그 종이 장가 들었으면'으로 해석하지만 70인역은 장가가 아닌 이미 부인이 있는 상태에서 '부인과 함께 종이 되었다'고 나옵니다.

출21:4 만일 그의 주인이 그에게 아내를 주어 그녀가 그에게 아들들이나 딸들을 낳았으면 그 아내와 그녀의 자식들은 그녀의 주인의 것이니 그는 혼자 나갈 것이니라
출21:5 만일 종이 대답하여 말하기를 내가 주인과 아내와 자식들을 사랑하여 자유로이 나가지 않겠노라 하면

내가...자유하지 않겠노라-본절은 3절에 나타난 바 세번째 경우에 있어서의 예외 사항입니다. 즉 종이 주인으로부터 받은 아내와 그리고 그를 통해 낳은 자식들을 사랑하고 또한 주인과 헤어지기 싫어할 경우, 종은 자유를 얻는 것(2절)을 포기하고 계속 주인의 종으로 남아있음으로써 자신의 소원을 이룰 수 있었습니다.

출21:6 그때 그의 주인은 그를 하나님의 법정으로 데리고 갈 것이며 그는 또한 그를 문이나 문설주로 데리고 가서 그의 주인이 송곳으로 그의 귀를 뚫으리니 그가 영원히 그 주인을 섬기리라

1) 재판장(엘로힘)-이는 본래 지존자로서의 "하나님"을 가리키는 명칭입니다(창24:3;수2:11). 그러므로 70인역은 이를 "하나님의 법정"으로 번역하였습니다. 따라서 추측컨대 이는 공개된 장소에서 하나님의 이름으로 엄숙히 판단 받는 것을 의미하는 것입니다.

2) 귀를 뚫을 것이라-고대 근동의 관습으로 이것은 완전한 예속과 순종을 나타내는 의식이었습니다. 왜냐하면 고대 근동인들에게 있어서 귀는 "예속의 기관"이었으니 귀를 뚫린다는 것은 곧 "자유의 상실"을 상징하기 때문입니다. 그런 의미에서 후일 칼타고인들은 종의 표식으로 종의 귀에 귀걸이를 매달았다고 합니다.

출21:7 만일 어떤 사람이 자기 딸을 종으로 팔았으면 그녀는 여종들이 떠나는 것 같이 떠나지 못할 것이라

1) 그 딸을 여종으로 팔았으면-고대 가부장적 사회에서는 자식에 대한 아버지의 권위가 절대적이었습니다. 따라서 피치 못할 가난이나 빚 등으로 인해 아버지가 자식을 팔 경우가 더러 있었는데 당시에는 사회적으로 이것이 용납되었습니다.
2) 남종 같이 나오지 못할지며-신15:17에 의하면 이 경우는 주인이 여종을 첩으로 취한 때임을 알 수 있습니다. 따라서 이때 여종은 주인으로부터 그 지위를 보장받을 수 있었습니다. 개정성경에는 남종 같이라 되어 있지만 70인역은 다른 여종들 같이로 되어 있습니다. 그러나 뜻은 신15:17절에 해당해 주인이 여종을 첩으로 삼았기에 7년째가 되어도 나오지 못하는 것입니다. 왜냐하면 주인에게 시집갔으니 못 나오는 것입니다.

출21:8 만일 그녀가 자기와 정혼한 주인을 기쁘게 하지 못하면 그는 그녀를 해방 시켜줄 수 있으나 외국 민족에 그녀를 결코 팔수 없으니 왜냐하면 주인이 그녀에게 정혼을 무효화 시켰기 때문임이라

1) 만일...기뻐 아니하여(임라아)-"만약"이라는 뜻의 "임"과 "상하게 하다, 깨뜨리다, 불쾌하게 하다"는 뜻의 "라아"가 결합된 형태로 "만일 (그녀를) 불쾌하게 하면", "만일 (그녀와의) 관계를 나쁘게 하면"이란 뜻입니다. 이는 상전이 볼 때 그녀가 눈에 차지 않아 그녀를 첩으로 삼지 아니하고, 따라서 그녀와 동침하지도 아니하는 경우를 의미합니다. 그럴 경우 그녀는 속전을 지불하고 자유의 몸이 될 수 있었습니다.

2) 타국인에게 팔지 못할 것이요-이스라엘인 노예는 이스라엘 내에서만 매매하고 외국인에게는 팔지 못하도록 규정되었습니다. 이 같은 이유는 동족 간에는 비록 노예라 하더라도 형제처럼 대우받고(레25:39,40) 또한 제 7년째에는 해방될 수 있었으나 외국으로 팔려 가면 그것이 불가능했기 때문입니다. 한편 모세 율법은 히브리인이 가난 때문에 부득이 이방인의 종이 되었을 경우에는, 그 동족이 속전을 지불하고 그를 자유의 몸이 되게 하라고 권고하고 있습니다(레25:47-55).

출21:9 만일 그가 그녀를 자기 아들과 정혼시켰으면 그녀를 딸의 권리에 따라 대해야 하리니

아들에게 주기로 하였으면-주인이 어떤 사람의 딸을 첩으로 삼기 위하여 샀으나 중도에 마음이 변하여(8절) 아들로 하여금 그녀의 남편이 되게 하는 경우를 가리킵니다. 이때 주인은 장차 며느리가 될 그 여종을 자신의 가족의 일원으로 대하여야 했습니다.

출21:10 만일 그가 다른(새로운 첩) 여자를 취했으면 그녀에게(옛날 첩) 필요한 물건과 의복을 제공하고 그녀와의 부부생활도 결코 끊어서도 안 될지니

1) 달리 장가들지라도-주인이 새로운 여자 노예를 택해서 그녀를 또 다른 첩으로 삼는 것을 의미합니다. 그러나 그리할지라도 상전은 이전에 첩으로 취했던 여종에 대해 의식주 및 동침에 대한 권리를 계속 보장해 주어야 한다는 율법 규정입니다.
2) 동침(오나타)-법적 용어로 "부부권, 부부의 의무"를 의미합니다. 70인역은 이를 "부부 생활"을 의미하는 "호밀리안"으로 번역했는데 바울이 말한 "부부의 의무"도 이와 같은 의미입니다(고전7:3).

출21:11 만일 그가 그녀에게 이 세 가지를 행하지 아니하면 그때에는 그녀가 돈을 갚지 않아도 자유로이 나가게 하라

1) 이 세 가지-일단 첩이 된 여종에게 주인이 남편의 자격으로서 당연히 책임져야 할 의무(10절), 즉 의복, 음식, 동침의 의무를 가리킵니다.

2) 속전을 내지 않고 거저 나가게-일전에(7절) 딸을 여종으로 팔고서 주인으로부터 받았던 돈을 다시금 그에게 되돌려 줌이 없이 딸을 자유인의 몸으로 되돌려 받는 것을 가리킵니다. 따라서 그렇게 되면 이제 그 딸은 더 이상 주인에게 속한 여종이 아니라, 다른 사람과도 결혼할 수 있는 자유로운 여인의 신분을 회복하게 되는 것입니다. 70인역에서는 돈을 값지 않아도 자유로이 나가게 하라로 되어 있습니다.

출21:12 사람을 쳐서 죽게 하는 자는 반드시 살인 할지니라

반드시 죽일(모트 유마트)-히브리어에서는 한 단어를 강조할 때 같은 말을 반복하는데 여기서도 "모트"(죽음)가 반복되어 형벌의 의미를 강조하고 있습니다. 뒷부분(14,15,16,17절)도 모두 이와 같은 강조 용법이 사용된 경우입니다. 그런데 70인역에서도 역시 똑 같이 같은 단어를 반복하고 있습니다.

출21:13 만일 어떤 사람이 고의적으로 살인한 것이 아니라 하나님께서 그 남자의 손에 넘겨준 것이면 내가 그를 위하여 한 곳을 정하리니 그 살인한 사람은 그 곳으로 도망할 것이니라

1) 고의적으로 한 것이 아니라-고의적 살인이 아닌 과실 치사나 정당방위의 경우에는 보복적 죽음을 면하도록 조처하고 있습니다.

2) 붙임(인나)-"넘겨주다"는 뜻인 "아나"의 사역형 수동태로 하나님이 상대방에게 생명을 넘겨주었다는 뜻입니다. 70인역은 '고의'가 아니라 '과실'로 사람을 죽인 경우도 하나님이 그 죽은 사람의 목숨을 과실치사한 사람에게 죽이도록 생명을 넘겨주었다는 말입니다. 즉 하나님이 그 죽은 사람을 죽이려고 작정하셨는데 그 죽인 사람이 자기도 모르게 하나님에 의해 사용되어 죽이게 되는 과실치사를 했다는 말입니다. 그래서 어쨌든 그 사람이 하나님께 쓰임 받았기에 그 쓰인 사람을 위해 하나님께서 도피성을 만들었다

는 말입니다.

3) 한 곳을 정하리니...도망할 것이며-당시 고대 근동에서 인정되던 복수권의 남용으로 억울한 죽음을 당하는 경우가 많아지자 이를 방지하기 위해 마련된 제도입니다. 처음에는 하나님의 제단이 있는 성소가 유일한 도피처였는데(14절) 훗날 보다 효율적이고 공식적인 도피성 제도로 발달하였습니다(민35:5-15;신4:41-49;수20:1-9). 하나님께서는 이 같은 방법을 통해 하나의 살인이 기계적으로 또 다른 살인을 부르는 것을 막으셨습니다(마16:26).

출21:14 만일 어떤 사람이 자기 이웃을 계략으로 죽이고 도망가면 너는 그를 나의 번제단에서 끌어내어(취하여) 죽일지니

잡아내려-이는 하나님의 성소를 범죄한 인간의 더러운 피로 오염시키지 않기 위한 조처입니다(왕상11:15). 즉 번제단에서 끌어내어 다른 곳에서 죽이라는 말입니다. 70인역은 '취하여'로 되어 있습니다.

출21:15 자기 아버지나 어머니를 주먹으로 치는 자는 반드시 죽일지니라

헬라어에서는 강조할때는 언제나 같은 단어를 반복해서 쓰는데 우리 성경에서는 반드시로 해석합니다

출21:16 만일 이스라엘 자손 중 누가 어떤 사람을 납치해서 그를 팔거나 압제한 것이 발견되면 그를 반드시 죽일지니라

1) 본래 70인역에서는 16절과 17일절이 바뀌어 있는데 저는 개정 성경의 순 로대로 그냥 해석했습니다.
2) 사람을 후린 자-여기서 '후리다'에 해당하는 '가나브'는 '몰래 도적질하다'란 뜻으로 곧 사람을 유괴하는 행위를 가리킵니다. 70인역에서는 '도둑질하다'로 되어 있습니다. 이런 행위를 한 자는 극형에 처해졌는데, 이는 생명을 도적질한 자는 자신의 생명으로 배상해야 된다는 원리입니다.
3) 팔았든지-인신 매매 행위는 고대 세계의 일반적 현상으로(창37:28), 호

머는 일찍이 페니키아의 노예상을 보편적 직업 중의 하나로 인정했습니다. 그러나 성경에서는 빚이나 도적질의 배상 같은 경우에만 이를 인정할 뿐, 인신매매를 엄격히 금하고 사형죄로 규정하였습니다. 하지만 인간의 완악함으로 인해 이 계명은 후대로 갈수록 점점 무시되었는데(암2:6;8:6;슥11:12) 급기야는 예수께서도 사람에게 은 삼십에 팔리우셨습니다(마26:14-16).

출21:17 자기의 아버지나 어머니를 저주하는 자는 반드시 죽일지니라

본래 70인역에서는 16절과 17일절이 바뀌어 있는데 저는 개정 성경의 순서 대로 그냥 해석했습니다.

출21:18 만일 사람이 서로 욕하다가 한 사람이 다른 사람을 돌이나 주먹으로 쳤으나 그가 죽지 않고 침상에 누워 있다가

1) 돌이나 주먹-이것들은 원래 사람을 해치는 무기가 아니므로, 우발적인 살인 도구로 쓰이게 된 것을 의미합니다. 그러나 이와 달리 쇠 도구가 사용되었을 경우에는 계획적인 살인으로 인정, 사형에 처해집니다(레24:17,21;민35:16;신19:11이하).
2) 기간 손해(쉬브토)-만일 부상자가 회복되면 가해자는 치료비 전액과 피해 기간에 따른 손해 배상을 지불하고 풀려날 수 있었으나, 만일 피해자가 죽으면 살인죄(12절)가 적용되었습니다.

출21:19 만일 그가 지팡이를 짚고 일어나 걸으면 그를 친 자는 무죄가 되나 그간의 휴식을 가진 것에 대해 손해를 변상하고 그를 완전히 낫게 할지니라
출21:20 만일 어떤 사람이 자기 종이나 여종을 막대기로 치자마자 그가 그의 손아래에서 죽으면 그는 반드시 형벌을 받으리라

1) 매-당시 부모는 자식에 대해 채찍이나 매로 징계할 사형(私刑) 권리가 있었습니다(잠13:24;22:15등). 그런데 주인도 종에 대하여 이런 권한을 가졌

다는 것은 곧 그가 종에 대하여 부모의 권위를 지녔다는 말도 됩니다.

2) 당장에 죽으면...연명하면-이는 종을 살해하게 된 주인의 과실이 의도적이었는지 여부를 판단할 수 있는 객관적 근거입니다. 따라서 매를 맞아 종이 즉사한 경우에는 주인의 구타에 고의성이 있다고 판단되어 그를 처벌하였지만(20절), 몇일을 경과한 후에 죽으면 주인의 실수로 인정되어 이미 종이 죽음으로써 주인이 당한 경제적 손실을 죄값으로 치부하고 더 이상 처벌을 가하지 아니하였습니다. 따라서 이 제도는 종에 대한 주인의 살해 의도 여부에 따른 동기 판별법으로서, 종의 인권을 보호해 줌과 아울러 주인의 재산권도 동시에 인정해 주고 있는 율법입니다. 그러나 이와는 달리 고대 근동에서는 종은 단순히 주인의 소유물로서 주인의 판단 여하에 따라 팔고, 죽이는 등 마음대로 할 수 있었습니다.

3) 개정 성경은 당장 죽으면 이라 되어 있지만 70인역은 '막대기로 치자마자 그가 그 친 주인의 손아래에서 죽으면'으로 되어 있습니다. 즉 이 말은 개정 성경에서 말하는 것 같이 '당장'이라는 뜻입니다.

출21:21 만일 그 종이 하루나 이틀을 살아 있으면 그 주인은 형벌을 받지 않으리니 이는 그가 주인의 돈이기 때문이라
출21:22 만일 두 사람이 싸우다가 임신한 여자를 쳐서 그 아이가 완전히 형성되지(조산) 않은 가운데 출산하면 상해에 대한 벌금을 내야 하리니 그 여인의 남편이 청구한 대로 후에 필요에 따라 주어야 한다

1) 아이 밴 여인-남편의 싸움에 끼어 든 아내로서 곧 수태한 여인을 가리킵니다(신25:11).

2) 낙태케 하였으나-여기서 "낙태"라는 말은 "조산"을 의미하는데 70인역도 '조산'으로 나옵니다. 즉 그는 본절을 임산부가 외부의 충격을 받아 아기를 일찍 낳는 경우를 가리키는 것으로 보았습니다. 그리하여 이 경우 아이가 죽지 않고 태어나면 벌금을 내는 것으로 그쳤지만, 아이가 죽었을 경우에는 동해 보복법(본장24,25절)이 적용된 것으로 이해하였습니다.

3) 벌금을 내되...판결을 좇아낼 것이니라-피해자의 요구 금액이 너무 많다고 생각할 경우, 가해자가 재판장에게 호소하여 정당한 선에서 보상액을 조

정할 수 있음을 의미합니다. 70인역에서는 재판장이 나오지 않지만 그러나 뉘앙스상 재판장을 넣어야 흐름이 더 자연스럽습니다.

출21:23 만일 아이가 완전히 형성되지 않은 상태에서 피해가 있다면 영혼은 영혼으로 갚아야 하며

"다른 해가 있으면"으로 해석해 산모와 태아 모두에게 해가 있는 경우를 의미하고 있습니다. 70인역은 조산한 상태만 말하고 있습니다. 왜냐하면 "엔"이 미완료시제로 되어 있기 때문입니다. 그리고 개성성경은 아이와 엄마가 해가 있어 죽은 경우를 말하고 있지만 70인역은 단지 아이가 조산해서 죽은 상태를 말하고 있습니다. 그런데 70인역에서는 아이가 죽었다는 말은 나오지 않지만 뉘앙스상 아이가 조산해서 죽은 것으로 나옵니다. 왜냐하면 아기 죽었기에 영혼은 영혼으로 갚아야 한다는 말이 나오기 때문입니다.

출21:24 눈은 눈으로 이는 이로 손은 손으로 발은 발로

눈은 눈으로...갚을지니라-히브리인들은 장차 메시야가 자기 가족 중에서 나오기를 모두 희망하고 있었기 때문에, 산모나 아이에 대한 위해는 이런 희망을 없애는 중대한 범죄로 간주해 엄벌에 처했던 것입니다.

출21:25 타는 것은 타는 것으로 상처는 상처로 채찍질한 것은 채찍질한 것으로 갚을지니라
출21:26 만일 어떤 사람이 자기 남종의 눈이나 여종의 눈을 쳐서 그 눈이 멀었으면 그 사람은 그 종의 눈으로 인해 그를 자유롭게 보내야 할지니라

한 눈이나...한 이-당시 종은 어디까지나 주인의 소유물로 간주되었기 때문에(21절) 자유인과는 다른 법을 적용받았습니다. 그렇다고 해서 모세 율법이 한 인격체로서의 종의 기본적인 권리마저 외면하고 있는 것은 아니었습니다. 본절은 이를 분명히 보여주고 있습니다. 즉 여기서 눈과 이는 인체에 있어서 가장 중요한 부분과 비교적 덜 중요한 부분을 총칭한 표현으로, 주인이 종의 인체 중 어떠한 부위라도 잃게 하면 그 대가로 종을 해방시켜야 함을 보여주고 있는 것입니다.

출21:27 만일 그가 그의 남종의 이나 여종의 이를 빠트리면 그의 이 대신 그를 자유롭게 내 보내야 할지니라

출21:28 만일 어떤 소가 뿔로 남자나 여자를 받아서 그들이 죽으면 그 소는 반드시 돌로 쳐서 죽일 것이며 그 고기는 먹지 못할 것이나 그 소의 주인은 무죄가 될지니라

그 고기는 먹지 말 것이며-따라서 히브리인들은 돌에 맞아 죽은 짐승은 피 흘린 죄를 범한 저주받은 동물로 간주하여(레24:16;민15:35;신21:21) 식용으로 사용하지 않았습니다. 후일 엄격한 유대 랍비들은 이 고기를 이방인들에게 파는 것조차 금지시켰습니다. 이런 점에 있어선 목매어 죽은 것도 마찬가지였습니다(행15:20).

출21:29 만일 그 소가 어제 이전과 삼일전에도 뿔로 받는 버릇이 있어서 그 주인이 그로 인해 항의를 받았음에도 결코 그 주인이 그 소가 받는 원인을 제거하지 않아 그 소가 남자나 여자를 죽였으면 그 소는 돌로 쳐서 죽일 것이며 그 주인도 죽일지니라

출21:30 만일 그에게 몸값을(보상금) 요구해 오면 그는 목숨에 대한 몸값을 그에게 주되 그가 요구하는 보상금을 다 주어야 하리라

1) 속죄금-곧 "몸값,보석금"을 가리킵니다.
2) 명한 것을...낼 것이요-이 속죄금은 생명에 대한 속전이었으므로, 그 요구액은 아마 상당하였을 것임에 틀림없습니다.

출21:31 만일 뿔로 아들 또는 딸을 받아도 이 법령대로 그에게 행해져야 하리라

아들을 반드시...율례대로-당시 히브리인들의 속전 제도는 나이와 성별에 따라 세분되어 있었습니다. 따라서 그 같은 규정대로 행하라는 뜻인데 속죄금은 최저 은 3세겔에서 최고 은 50세겔에까지 이르렀습니다(레27:3-8).

출21:32 만일 소가 남종이나 여종을 받으면 그는(소 주인은) 그들의 주인에게 은 삼십 세겔을 줄 것이요 그 소는 돌로 칠지니라
출21:33 만일 어떤 사람이 구덩이를 열어 두거나 어떤 사람이 구덩이를 파고 덮지 아니하여 소나 나귀가 거기에 빠졌으면
출21:34 그 구덩이 주인은 전부 갚아서 그 짐승의 주인에게 돈을 줄 것이요 그 죽은 짐승은 그의 것이 될지니라
출21:35 만일 어떤 사람의 소가 다른 사람의 소를 뿔로 받아 죽으면 그들은 살아 있는 소를 팔아서 그 돈을 나누고 죽은 소도 그들이 나눌 것이나
출21:36 만일 그 소가 어제 이전과 삼일전에도 뿔로 받는 버릇이 있어 그 주인이 그로 인해 항의를 받았음에도 결코 그 주인이 그 소가 받는 원인을 제거하지 않은 것이 알려지면 그는 소 대신 소로 전부 갚을 것이요 죽은 짐승은 그의 것이 될지니라

출애굽기 22장

출22:1 만일 어떤 사람이 소나 양을 도둑질하여 잡거나 팔면 그는 소 한 마리에 소 다섯 마리로 갚고 양 한 마리에 양 네 마리로 갚을지니라

1) 70인역에서는 본절이 출21:37절로 나오지만 개정성경에는 22:1절로 나오기에 개정성경의 순서로 해석했습니다.
2) 소 하나에 소 다섯...양 하나에 양 넷-동일한 도둑질임에도 불구하고 이처럼 양보다 소에 대한 배상률이 높은 이유는 다음과 같습니다. (1)근동 지방에서 소는 가족의 일원처럼 여겨지기 때문이며 (2)소는 말과 마찬가지로 길들이는데 보다 오랜 시간이 걸리기 때문입니다. 즉 양에 비해 소는 상대적으로 더 귀중한 가축이므로 소 도둑질이 보다 중한 죄로 간주된 것입니다.

출22:2 도둑이 도랑을 타고 들어오는 것을 보고 그를 쳐 죽이면 결코 그는 살인한 것이 아니니라

1) 뚫고 들어옴-실제로 벽을 허물고 들어오는 상황으로도 이해할 수 있지만(욥24:16;렘2:34), 이스라엘이 다윗 시대에도 장막 생활을 하였던 사실을 생각하면(삼하11:11;왕상12:16) 이는 천막의 한쪽을 찢는 행위로 보는 것이 자연스럽습니다. 그러나 70인역에서는 도랑을 타고 들어왔다고 하고 있습니다.
2) 피 흘린 죄-살인, 특히 불의한 살인을 가리키는 성경의 관용적인 표현입니다(신19:10;삼상19:5;시94:21). 70인역에서는 '피흘림'이 아닌 '살인'으로 되어 있습니다.

출22:3 해가 뜬 후에는 살인죄가 있으리라 도둑은 배상할 것이나 배상할

재산이 없으면 그 몸을 팔아 그 도둑질한 것을 배상할 것이요

해 돋은 후-가택 침입자를 죽였을 경우, 야간과 달리 주간에 살인죄가 성립되는 이유는 밝을 때에는 이웃의 도움이나 기타 방법으로 그를 사로잡거나 내쫓음으로써 살인만은 피할 수 있기 때문입니다.

출22:4 만일 도둑질한 것이 살아 그의 손 안에 있으면 나귀부터 양까지 두배로 갚아야 할지니라

우발적인 도둑질에 대하여는 2배로 변상하라는 말입니다. 70인역에서는 소가 빠져있으나 나귀로부터 양까지로 되어 있기에 소도 들어가는 것이 맞지만 저는 70인역 원문을 그대로 반영해 소를 뺐습니다.

출22:5 만일 어떤 사람이 밭이나 포도원에서 짐승을 먹이다가 그의 짐승을 놓아 남의 밭에서 농산물을 먹게 하면 그는 그의 농산물에 따라 그 분야에 맞게 전부 갚아야 하고 만일 그 짐승이 밭 전체를 먹었으면 자신의 밭의 가장 좋은 것과 자기 포도원의 가장 좋은 것으로 전부 갚아야 할지니라

먹이다가 그 짐승을 놓아서-고의로 짐승을 놓아 이웃의 농작물을 뜯어 먹게 한 경우나 또는 실수로 이웃의 농작물을 뜯어 먹게 한 경우나 어쨌든 본절은 전체 문맥으로 보아 비록 고의가 아니더라도 자기 가축을 감시하지 못해 이웃의 농작물에 손해를 입혔을 경우에는 자기 밭의 제일 좋은 소출로 보상해야함을 규정한 것입니다(롬13:10). 그런데 70인역에서는 "그는 그의 농산물에 따라 그 분야에 맞게 전부 갚아야 하고, 만일 그 짐승이 밭 전체를 먹었으면"이 첨가되어 있습니다.

출22:6 만일 불이 나서 가시나무에 옮겨 붙어서 타작마당에 쌓아 둔 곡식단이나 또는 이삭이나 들을 태우면 불을 피운 자가 전부 갚아야 할지니라

1) 불이 나서...태우면-밭을 태우는 것은 일종의 농사법인데, 유목민인 히브리인이 농사를 지을 경우 이러한 실화 혹은 방화의 가능성이 있기 때문에 이에 대해서도 하나님은 세세한 법을 마련하셨던 것입니다.
2) 가시나무-밭의 경계를 표시하기 위하여 주위에 둘러가면서 쳐놓은 가시나무 울타리를 가리킵니다(욥5:5).

출22:7 만일 어떤 사람이 돈이나 물건을 자기 이웃에게 맡겨 지키게 하였다가 그 사람의 집에서 도둑을 맞았는데 그 도둑이 잡히면 그는 두 배로 갚아야 할 것이요
출22:8 만일 도둑을 찾지 못했다면 그 집 주인이 하나님 앞에 나아가서 그 이웃의 예금 전체에 대하여 결코 악행을 저지르지 않았다고 아멘하고 맹세해야 할지니라

손 댄 여부의 조사를 받을 것이며-맡겨진 물건을 훔쳐간 도둑이 잡히지 않을 경우 일단 그 물건을 맡았던 자가 의심을 받는 것은 당연합니다. 따라서 그는 재판장에게 나아가 자신의 정직함을 확인받아야 하였는데, 이때 수탁자는 위탁자의 물건을 결코 착복하지 않았다고 "맹세의 법"(본장11절)을 따라 여호와의 이름으로 자신의 정직성을 맹세하기만 하면 그는 혐의를 벗을 수 있었습니다. 그러나 70인역에서는 '재판장'이 아닌 하나님께 '아멘하고 맹세'하라 되어 있습니다. 또한 돈을 맡긴 것을 '예금'으로 해석하고 있습니다.

출22:9 모든 범죄를 분명하게 하려면 즉 송아지나 나귀나 양이나 의복이나 잃어버린 물건으로 고소하여 그것에 대하여 어떤 사람이 자기 것이라고 주장하면 둘 다 재판 받으러 하나님 앞에 나올 것이요 하나님께로 부터 유죄 판결을 받은 사람이 그 이웃에게 두 배로 갚을지니라

이것이 그것이라 하면-물건을 맡겼던 자가 물건을 보관했던 자의 재산 중에서 일부를 자기 것으로 주장하는 경우를 가리킵니다. 이때 두 사람은 재판장에게 가서 분쟁을 해결해야 하였는데, 그 물건이 원고의 것으로 판명될 경우에는 피고가 원고에게 도둑질에 해당하는 배상(4,7절)을 하여야 했습니다. 그러나 그렇지 않고 그 물건이 피고의 것으로 판명될 경우에는 도리어 원고가 무고죄를 범한 결과가 되어 피고에게 동일한 배상을 하여야 했습니다. 이처럼 상대방을 의심하거나 무고하는 죄를 도둑질과 같은 비중으로 규정한 것은 이 죄가 도둑질에 못 지 않음을 보여 주며, 비록 경제적 손실을 입히지는 않더라도 마음으로부터의 죄가 얼마나 큰 것인가를 가르쳐 줍니다. 70인역에서는 '재판장'이 '하나님'으로 나옵니다.

출22:10 만일 어떤 사람이 이웃에게 나귀나 소나 양이나 다른 짐승을 지키게 하였는데 그것이 죽거나 다치거나 끌려갔는데(도둑에게) 본 사람이 없으면

죽거나 상하거나 몰려가도-고대 유목민 사회에서는 혼자의 힘으로 많은 가축을 관리할 수 없는 경우 종종 타인에게 가축 관리를 위탁하였습니다(창 47:3,6). 그런데 살아있는 짐승을 수탁(목자에 해당) 관리하다 보면 병들어 죽거나, 맹수를 만나 상하거나, 아니면 관리자도 모르는 사이에 도난당하는 경우가 자주 발생하기 마련입니다. 이럴때 수탁자(목자)가 일일이 책임을 져야 한다면 이는 일방적으로 위탁자(맡긴자)의 이익만을 위하는 처사가 됩니다. 따라서 율법은 아무도 모르는 가운데 이러한 사고가 발생하였을 경우에는 관리자에게 책임을 물을 수 없도록 규정함으로써 약자들의 정당한 노동 조건을 옹호하고 있습니다.

출22:11 그들 두 사람 사이에 이웃의 어떤 물건에도(예금) 손을 대지 아니하였다고 하나님 앞에 맹세할 것이요 그 주인이 그 맹세한 것을 받아들이면 그는 갚지 않아도 되리라

맹세-히브리인들에게 있어서 "맹세"란 하나님의 권위를 빌어 약속의 정당성 및 약속 이행의 절대성을 보증하는 행위였습니다. 따라서 그들은 맹세를 각종 인간관계 속에서 광범위하게 활용하였고 또한 맹세한 바를 반드시 이행하였는데 그로 인한 믿고 신용할 수 있는 사회생활이 구현되었습니다.

출22:12 그러나 만일 그가 훔쳐갔다면 그는 짐승의 주인에게 전부 갚아야 하리라

자기에게서...봉적하였으면-"자기 집에서 도둑맞음이 확실하면"(공동 번역)이란 뜻입니다. 이때는 관리인의 관리 소홀이란 책임이 성립되므로 주인에게 배상할 의무가 생깁니다.

출22:13 만일 그 짐승이 물려 찢겼으면 그 파괴된(찢겨진) 것을 가져와야 할지니 그러면 결코 갚지 않아도 되리라

출22:14 만일 누군가가 그 이웃에게 요구했다면(빌려달라고) 그 요구한 것이 그 주인과 결코 함께 하지 않았을때 그것이 다치거나 죽거나 끌려갔으면 그는(빌려간 사람) 그것을 전부 갚아야할지니라

출22:15 그러나 만일 주인이 짐승과 함께 있었으면 결코 갚지 않아도 되지만 만일 그것이 품꾼이 빌린 것이면 그 품꾼은 그의 월급으로 대신 할지니라

출22:16 만일 어떤 사람이 약혼하지 않은 처녀를 속여서 동침하였다면 그는 반드시 그녀에게 지참금을 주어 아내를 삼을지니라

빙페-결혼 지참금을 의미합니다. 히브리인들에게 있어서 결혼 지참금은 남편이 죽었을 경우에 여자의 생활을 보장하기 위해서 주어진 것입니다(창 34:12; 삼상18:25).

출22:17 만일 처녀의 아버지가 그녀를 그 사람에게 주기를 강하게 거절하면 그 사람은 처녀의 지참금에 따른 돈 전체를 그 아버지께 지불해야 할지니라

본문은 처녀의 순결을 범한 자에 대한 처리 규정입니다. 만일 그 처녀가 정혼한 처녀라는 불가피한 경우가 아닌 이상 둘 다 돌로 쳐 죽여야 했습니다(신22:23-29). 그러나 정혼하지 않은 처녀일 때 그 남자는 (1)그 처녀의 부

모의 허락이 있을 경우, 은 50세겔을 내고 결혼하되 평생 이혼할 수 없었으며(신22:29) (2)만일 부모가 허락지 않으면, 남자는 할 수 없이 속전(결혼 지참금)만을 그 부모에게 지불해야 했습니다. 이것은 당시 자식은 부모의 소유물로 간주되었으므로 자식에게 해를 입힌 것은 결과적으로 부모의 재산에 해를 입힌 것은 결과적으로 부모의 재산에 해를 입힌 셈이 되기 때문이었습니다.

출22:18 너는 마법사(무당)들이 결코 존재하지 못하게 하라

1).무당(카쉐파)-"요술을 부리다,마법을 쓰다"는 뜻의 "카쇠프"의 여성형 명사로 곧 무녀를 가리킵니다. 70인역에서는 마법사로 나오고 있습니다.
2).살려두지 마라는 70인역에서는 "결코 존재하지 못하게 하라"로 되어 있습니다.

출22:19 모든 짐승과 동침하는 자는 반드시 죽일지니라

짐승과 행음하는 자-곧 수간을 가리킵니다. 그런데 수간은 애굽에서 종교의식의 하나로 실시되었습니다. 따라서 애굽에서 나온 이스라엘 백성 중에서 이 영향을 받아 수간하는 자가 있었던 것 같습니다. 이는 자연의 질서를 파괴하는 짓이므로 수간자는 반드시 죽임을 당하도록 규정되었습니다(레18:23;20:15,16;신27:21). 70인역에서는 '행음'이 아닌 '동침'으로 나옵니다.

출22:20 유일하신 주님 외에 다른 신에게 제사를 드리는 자는 멸하여 죽일지니라
출22:21 너는 결코 외국인을 악하게 대하지 말고 괴롭히지 말라 이는 너희도 애굽 땅에서 외국인 이었음이라
출22:22 너희는 모든 과부와 고아에게 악하게 대하지 말지니라

과부나 고아-고아에 대하여서는 그들을 학대할 경우 중범죄로 다루어 엄한 형벌을 가하였으며(욥24:3;사1:23) 항상 그들에게 사랑과 자비를 베풀라고 권면하였었습니다(사1:17;렘7:6;호14:3). 이러한 정신은 신약 시대에까지 그대로 이어져 내려왔는데 초대 교회는 의무적으로 이들을 도왔습니다(행6:1-4).

출22:23 만일 네가 그들을 매우 악하게 대하므로 그들이 내게 탄원하여 소리 지르면 내가 반드시 그들의 소리를 들으리라

부르짖으면...반드시...들을지라-공중 나는 새와 들의 백합화까지도 먹이시고 기르시는 하나님께서는(마6:26-29)특별히 의지할 곳 없는 약하고 외로운 과부와 고아들에게 더욱 깊은 관심을 보이십니다(신14:29;24:17;26:12;사1:17;렘22:3). 따라서 그들이 고통 중에 부르짖을 때에 하나님께서는 그들의 신원을 가장 먼저 들어 주시는 것입니다. 이런 의미에서 성경은 고아와 과부를 돌보는 것을 참된 경건과 구제의 표식으로(약1:17), 이들을 학대하는 것을 가장 잔인한 범죄로 간주하였습니다(욥24:3;시94:6;사1:23;겔22:7;막12:40).

출22:24 나의 분노가 맹렬하므로 내가 너희를 칼로 죽이리니 너희 아내들은 과부가 되고 너희 자식들은 고아가 되리라

칼로 너희를 죽이리니-하나님께서 고아나 과부를 학대하는 자에 대하여 반드시 보응하겠다는 강조적 의미로 보아야 할 것입니다.

출22:25 만일 네가 네 곁에 있는 가난한 형제에게 돈을 꾸어주었다면 너는 결코 그에게 빚쟁이처럼 재촉하지 말며 그에게 결코 이자를 내라고 공격하지 말지니라

변리를 받지 말 것이며-성경은 가난한 이웃에게 (높은)이자를 받고 돈을 빌려주는 행위를 금지하며, 오히려 그들을 도와주라고 가르칩니다(레25:35-38;신15:7,8;잠28:8;겔18:13;22:12). 이같은 명령은 의식주 문제와 질병

등 절박한 상황에 처해있는 가난한 자의 약점을 이용하여 부당한 이득을 취하고자 하는 부자들의 횡포를 막기 위한 것입니다. 그러나 이와는 달리 타국인과의 거래에서는 이 규정이 적용되지 않았는데(신23:20), 그 이유는 이때의 금전 거래가 부당 이득을 취하는 것이 아니라 상업적 이윤 추구를 위한 정당한 무역 행위였기 때문입니다. 70인역에서는 '변리'가 '이자'로 되어 있습니다.

출22:26 네가 만일 이웃의 옷을 담보로 잡았으면 해가 지기 전에 그에게 돌려보내라

해가 지기 전-팔레스틴 지방은 일교차가 커서 해가 진후에는 모포 없이 잠자기가 어렵습니다. 따라서 가진 것이라고는 한벌 옷밖에 없는 가난한 자들이 해지기까지 전당잡힌 그 옷을 도로 찾지 못하면 추위를 막을 수 없을 것은 자명합니다. 그러므로 하나님께서는 해지기 전에 그러한 가난한 자들의 옷은 돌려보내라고 명령하신 것입니다. '저당'을 70인역에서는 '담보'로 되어 있습니다.

출22:27 이는 그의 외투가 이것뿐이라 그것이 그의 외음부를 가릴 유일한 옷임이니 그가 무엇을 입고 자겠느냐 그가 만일 나에게 부르짖으면 내가 들으리라 나는 자비로운 자임이니라

무엇을 입고 자겠느냐-고대 히브리인들은 오늘날과 같은 의복을 착용치 아니하였습니다. 대신 그들은 넓고 길다란 천을 가지고 온 몸을 감싸는 것으로 의복을 삼았습니다. 그리고 가난한 자들은 밤에는 그것으로 이불을 삼았습니다. 이와 비슷한 형태의 의복은 오늘날 사막에서 유목 생활을 하는 베두인들에게서 찾아볼 수 있습니다.

출22:28 너는 신들을(재판장) 욕하지 말며 네 백성의 지도자들을 악하게 말하지 말지니라

재판장...유사-재판장과 유사는 각각 종교와 정치를 담당하는 사람으로서 신정국가 하에서 이들은 하나님의 뜻에 따라 세움을 입은 사람들이므로, 이들을 욕하고 저주하는 것은 곧 하나님의 뜻을 거스리는 것이 됩니다. 그런데 여기서 재판장이 70인역에서는 "신들"로 되어 있습니다. 이 신들이 삼위하나님을 말하는 것 같습니다. 왜냐하면 히브리어도 "엘로힘"으로 되어 있습니다. 즉 신의 복수형으로 되어 있습니다.

출22:29 너는 네가 타작한 첫 열매와 네 포도즙의 첫 열매를 바치는데 지연하지 말며 네 처음 난 아들들을 내게 줄지며

1) 첫 수확-모세 율법은 이를 구체적으로 명기하고 있는데, 곧 처음 익은 열매를 하나님께 바치도록 하는 규례입니다.
2) 처음 난 아들들을 내게 줄지며-유월절 사건에서 시작된(출13:2) 장자의 성별 의무는 장자의 성별을 통해 이스라엘이 애굽에서 구원받았던 사실을 계속해서 상기시키는 데 그 목적이 있습니다.

출22:30 너는 너의 소와 양과 나귀들도 이와 같이 하되 칠일동안은 어미와 함께 있게 하고 팔일째에 그것을 내게 줄지니라

1) 팔 일 만에 내게 줄지니라-그 이유는 다음과 같습니다. 즉 (1)새끼로 하여금 7일 동안은 어미의 젖을 빨도록 하기 위함입니다(레22:27). (2)가축은 적어도 7일은 지나야 제 구실을 할 수 있기 때문입니다. 그런데 여기서 특별히 8일이 규정된 것은 종교 의식상 할례법과 밀접히 연관되어 있는 듯합니다(창17:12).
2) 70인역에서는 이 부분이 빠져있습니다. "너희는 내게 거룩한 사람이 될지니 들에서 짐승에게 찢긴 동물의 고기를 먹지 말고 그것을 개에게 던질지니라"

출22:31 너희는 나에게 거룩한 사람이 될지니 짐승에게 물려 찢겨진 고기는 결코 먹지 말고 개들에게 줄 지니라

출23:1 너는 결코 유언비어를 받아들이지 말며 결코 불의한 자와 함께 연합하지 말려 불의한 증인이 되지 말라

허망한 풍설(쉐마 쇠웨)-"거짓된,근거없는"이라는 뜻의 '쇠웨'와 '소문,보고'라는 뜻의 '쉐마'가 합쳐진 말로 '근거없는 소문'이란 의미입니다. 이는 오늘날의 유언비어에 해당하는데 이것은 타인에 대한 비방일 뿐만 아니라, 사회적 신뢰를 잃게 만드는 행위란 점에서 중대한 범죄로 간주되었습니다. 우리 개정 성경에서는 유언비어를 퍼트리지 말라 되어 있지만 70인역에서는 유언비어를 받아들이지 말라로 되어 있습니다.

출23:2 너는 결코 악을 행하기 위해 무리와 연합하지 말라 재판을 피하기 위해 결코 다수의 무리와 함께 말을 더하지(거짓증언) 말라

'부당한 증언'증언이 70인역에서는 '말을 더하는'으로 되어 있습니다.

출23:3 그리고 너는 가난한 자의 재판이라 해서 결코 그를 동정하지 마라
출23:4 만일 네가 원수의 소나 나귀가 길을 잃고 헤매는 것을 만나면 너는 그것을 뒤돌려 넘겨주어야 하리니
출23:5 만일 네가 미워하는 자의 나귀가 짐을 실은 채 쓰러져 있는 것을 보거든 너는 결코 그것을 피하지 말고 그와 함께 그것을 일으켜라
출23:6 너희는 결코 가난한 사람의 재판이라 해서 결정을 왜곡하지 말지니라

'정의를 굽게 하지 말며'라는 말이 70인역에서는 '결정을 왜곡하지 말라'로 되어 있습니다.

출23:7 모든 사악한 말을 멀리하고 무죄한 자와 의로운 자를 결코 죽이지 말라 뇌물 때문에 악인을 의롭다고 하지 말라

개정 성경에서 "나는 악인을 의롭다 하지 아니하겠노라"라는 말이 70인역에서는 "뇌물 때문에 악인을 의롭다고 하지 말라"로 되어 있습니다.

출23:8 너는 뇌물을 결코 취하지 말라 뇌물은 보는 자의 눈을 멀게 하고 의로운 자의 말을 더럽히느니라

뇌물을 받지 말라-재판관이 범하기 쉬운 뇌물 수수에 대한 경고입니다. 성경에 의하면 어느 시대에나, 또한 어느 분야에서나 일어나기 쉬운 이러한 범죄 행위기 유대 사회에서도 자주 있었음을 알 수 있습니다(삼상8:3;시26:10;사1:23;5:23;미3:9-11). 그런데 성경에는 이에 대한 처벌 규정이 구체적으로 나와 있지 않습니다. 그 이유는 아마 재판이 주로 장로들(율법시대 이전)이나 제사장들(율법 시대 이후)에 의해 이루어졌음으로, 따라서 이들의 죄는 하나님이 직접 처벌하신다고 생각했기 때문일 것입니다. 이상을 통해 볼 때 재판을 담당하는 사람들은 정적인 면에 치우치지 말아야하고(6절), 올바른 지적 능력을 가져야 하며(출23:7절), 유혹을 물리칠 수 있는 뜻이 분명해야 함을 알 수 있습니다. 즉 지.정.의를 겸비한 바른 인격을 갖춘 사람만이 재판관의 자격이 있었던 것입니다.

출23:9 너는 그리고 외국인을 괴롭히지 말라 이는 너희가 애굽 땅에서 외국들이었기에 너희가 외국인의 영혼사정을 알기 때문이라
출23:10 육년 동안 너는 네 땅에 씨를 뿌려 그의 열매를 거둘 것이지만

안식년에 대한 첫번째 규정으로 이렇게 규정한 이유는 (1)한해를 쉬는 동안 육체의 일을 멈추고 영적인 일에 힘쓰도록 하며(신31:10-13) (2)가난한 이웃과 그리고 심지어 짐승에게까지 긍휼을 베풀 기회를 제공하기 위함이며 (3)또한 땅의 휴식을 통해 토질을 회복시키는 기회를 제공하며 (4)그리고 궁극적으로 맞이할 장래의 안식(히4:9-11)을 예표하기 위함으로 볼 수 있습니다.

출23:11 일곱째는 자유롭게 쉬게 하여 그것을 버려둘지니 네 백성 중의 빈민들이 먹게 하라 그들이 남긴 것은 들짐승들이 먹으리라 너의 포도원과 올리브 밭도 이와 같이 행할지니라

1) 그 남은 것은 들짐승이 먹으리라-이스라엘의 하나님은 들짐승까지도 먹이시는 분이십니다(시36:6;104:21).
2) 포도원과 감람원도 그리할지니라-포도주와 감람유는 팔레스틴의 주요 산물이자, 히브리인들의 주식으로도 사용되는 중요 작물입니다. 따라서 이런 작물을 소출해 내는 밭까지도 안식년 규정에 포함시키고 있는 것은 안식년에는 이스라엘 국토전체를 경작하지 않고 묵혀 두어야 한다는 의미입니다. 그러나 이스라엘 역사에 의하면, 사사 시대나 왕국 시대 동안에는 이 같은 규정이 제대로 지켜지지 않았음을 알 수 있습니다. 그러므로 대신 70년 동안의 바벨론 포로 기간 중에 비로소 땅이 안식을 얻었으며(대하36:21), 그 후 마카비 시대에 전 이스라엘이 이법을 지켰습니다. 그러므로 어떤 의미에서 바벨론 포로 생활은 이 안식년 법을 지키지 않는데 대한 하나님의 벌이라고도 볼 수 있습니다.

출23:12 너는 육일 동안은 일을 하고 칠일째에는 휴식할지니라 네 소와 네 나귀도 쉴 것이며 네 여종의 아들과 타국인도 쉬게 할지니라
출23:13 내가 네게 말한 모든 일을 삼가 지키고 다른 신들의 이름은 결코 생각해서도 안 되고 결코 네 입에서 들리지도 않게 하라
출23:14 너는 연중 세 번 내게 명절을 지킬지니라

매년 삼 차...절기를 지킬지니라-히브리인들이 해마다 지켜야 할 3대 절기는 곧 무교절, 맥추절, 수장절을 가리킵니다.

출23:15 너는 무교절을 지켜 행하라 내가 네게 명령한 대로 새달 정한 때에 칠일 동안 누룩 없는 빵을 먹을지니 이는 네가 그 달에 애굽에서 나왔음이라 아무도 내 앞에 빈손으로 나타나지 말지니라

1) 무교병의 절기-이스라엘이 출애굽 직전 급박한 상황하에서 하나님의 명령에 따라 무교병을 구워 먹은 것(출12:15-20)을 기념하기 위하여 아빕월 15일부터 21일까지 7일 동안 지키는 절기입니다.

2) 아빕월-유대 종교력의 제 1월, 그리고 유대 민간력의 제 7월에 해당하는데 후대에는 바벨론식 이름인 '니산'로 불리 웠습니다. 오늘날의 양력으로는 3,4월에 해당합니다. 70인역에서는 아빕월이 새달로 나옵니다. 즉 한해의 시작을 말합니다.

3) 빈손으로 내게 보이지 말지니라-직역하면 "내 앞에 빈 채로(비어서) 나타나지 말라"인데 이는 곧 하나님 앞에 나아올 때에는 예물을 갖고 오라는 뜻으로, 그와 평행 구절인 신16:16,17에는 이러한 사실이 분명히 명기되어 있습니다. 70인역에는 "빈,헛된.텅빈"으로 나옵니다.

출23:16 그리고 추수하는 절기(맥추절)인데 네가 밭에 뿌렸던 네 일한 것의 첫열매들이라 수확을 완성하는 절기(수장절)는 일년의 끝에 있는데 그때 네가 밭으로 부터 네가 일하고 모은 것임이라

1) 맥추절-밀 수확을 기념하여 드리는 봄 작물 추수 감사제입니다. 무교절 기간 중 첫 수확한 보릿단을 하나님께 바칠 날로부터 제 50일째 되는 날에 지키는 절기이므로 일명 "오순절"이라고도 합니다. 이때는 "시완절"로 양력 5, 6월에 해당합니. 70인역에서는 '추수하는 절기'로 나옵니다.

2) 수장절-모든 추수가 끝나는 가을에 큰 기쁨으로 지키는 절기입니다. 이때는 초막을 짓고 그곳에서 생활하면서 출애굽 이후 이스라엘이 40년간 광야 방랑 생활을 했던 것을 기억하므로 일명 "초막절"이라고도 합니다. "더스리월" 15일부터 1주간 지키는데 오늘날 양력으로는 9,10월에 해당합니다. 수장절을 70인역에서는 '수확을 완성하는 절기'로 되어 있습니다. 다른 말로 '추수 감사절'이라 한다.

출23:17 너의 모든 남자들은 일년에 세 번씩 네 하나님 주님 앞에 보일 지니라

출23:18 내가 네 앞에서 열방을 쫓아내고 네 경계를 넓힐 때에 너는 내 희생의 피를 누룩 있는 빵과 함께 바치지 말며 아침까지 나의 절기의 기름을 가지고 결코 자서는 안 되느니라

1) 70인역에서는 "내가 네 앞에서 열방을 쫓아내고 네 경계를 넓힐 때에"라는 말이 첨가되어 있습니다.

2) 희생의 피-본절은 유월절 제물에 대한 규례입니다. 따라서 여기서의 "희생의 피"는 "유월절 어린 양의 피"를 가리킵니다. 그런데 이 피는 구속사적으로 그리스도의 보혈을 상징합니다.

3) 유교병과 함께 드리지 말며-성경에서 누룩은 종종 죄와 악을 상징합니다 (마16:6;고전5:6;갈5:9).

4) 희생의 기름을 아침까지 남겨 두지 말지니라-여기서 '희생의 기름'이란 어린양을 구워 하나님께 제물로 바칠 때 그것에서부터 흘러나오는 기름을 가리킵니다. 그런데 이와 같은 것을 아침까지 남겨 두지 못하도록 한 이유는 성물을 경홀히 취급하지 않도록 하기 위해서입니다. 이와 관련하여 출12:10에서는 남은 것은 소각시키시도록 명하고 있습니다. 70인역에서는 이 말을 "아침까지 나의 절기의 기름을 가지고 결코 자서는 안되느니라"로 되어 있습니다.

출23:19 네 땅에서 처음 것의 첫 열매로 너의 하나님 주님의 집에(전) 드리려거든 너는 어린양을 그 어미의 젖으로 결코 삶지 말지니라

1) 처음 익은 열매의 첫 것(레쉬트 비쿠레이)-'첫째의,으뜸의'라는 뜻의 '로쉬'와 '첫 열매'라는 뜻의 '바카르'가 결합한 말로서 단순한 첫 열매가 아니라 그중에서도 제일 좋은 것을 가리킵니다.

2) 여호와의 전-신명기에서는 일반적으로 "...여호와께서 자기 이름을 두시려고 너희 모든 지파 중에서 택하신 곳"으로 나와 있는데(신12:5;16:2;26:2 등). 이는 곧 예배장소의 난립을 막고 민족 공동체의 결속을 유지시키기 위

해 하나님께서 이스라엘 12지파 가운데서 특별히 지정해 주신 이스라엘 내의 유일한 "중앙 성소"를 가리킵니다. 70인역에서는 '전'이 아닌 '집'으로 되어 있지만 "전"으로 해석하는 것이 합당합니다.

3) 염소 새끼를 그 어미의 젖으로 삶지 말지니라-염소 새끼를 그 생명의 공급원인 어미의 젖에 삶는 행위는 생명의 존엄성을 경멸하는 아주 야만적인 행위입니다. 70인역에서는 '염소'가 아닌 '어린양'으로 되어 있습니다.

출23:20 보라 내가 천사를 네 앞에 보내어 길에서 너를 지키게 하고 내가 예비한 땅으로 너를 데리고 들어가게 하리라

사자(말아크)-'대리로 파견하다'는 의미를 지닌 말로서 성경에서는 종종 천사를 지칭하기도 하며 때로는 제사장 혹은 교사를 가리키기도 합니다. 유대 랍비들은 이를 모세 혹은 여호수아를 가리킨다고 봅니다. 그러나 이것은 뒤에 기록된(21절) 신적인 능력에 비추어 볼 때 타당하지 않습니다. 70인역을 보면 천사를 보낸다고 되어 있는데 이렇게 볼 때 이스라엘 백성 앞에는 보이지 않는 천사가 이스라엘을 애굽땅으로 부터 가나안땅까지 인도했던 것입니다. 즉 모세가 인도한 것 같지만 사실은 하나님의 천사가 인도한 것입니다.

출23:21 너희는 스스로 조심하고 그의 목소리를 듣고 그에게 결코 불순종하지 마라 그는 너에게 결코 굴복하지 아니하리니 이는 그 천사 위에 나의 이름을 주셨기 때문이라

1) 그를 노엽게 하지 말라(알 타메르 보)-본절은 "그에 대항하여 반역하지 말라"로도 번역될 수 있습니다. 그러나 이스라엘 백성들은 시내 산을 떠나 가나안으로 향하던 중 하나님에 대한 배반과 시험을 되풀이하던 끝에 결국 40년간의 광야 생활동안 20세 이상의 출애굽 세대는 가나안 땅에 들어가지 못하고 광야에서 모두 죽고 새로운 세대만이 가나안에 들어갔습니다(민 14:22,23).

2) 내 이름이 그에게 있음이니라-70인역에서는 "그 천사위에 하나님의 이

름을 주셨다"고 나옵니다. 그런데 여기서 '그는'은 20절의 '천사'를 말합니다. 그러므로 우리가 생각할 것은 여기서 천사에게 하나님의 이름을 부여했다는 것입니다. 이는 출3장의 여호와를 말하는 것입니다. 즉 천사에게 하나님의 이름을 부여했다는 것입니다.

출23:22 만일 너희가 참으로 내 목소리를 듣고 내가 말한 모든 것을 행하고 언약을 지키면 너는 모든 민족 중에 특별한 나의 백성이 될 것이니라 이는 모든 땅이 내 것이기 때문이라 (너희는 나의 제사장직의 왕족이며 거룩한 민족이 되리라 이 말을 이스라엘의 자손에게 말할지니라 만일 너희가 참으로 내 목소리를 듣고 내가 말한 모든 것을 행하면 그때는 내가 네 원수들에게는 원수가 되고 네 대적들에게는 대적이 되리라)

개정성경은 "네가 그의 목소리를 잘 청종하고 내 모든 말대로 행하면 내가 네 원수에게 원수가 되고 네 대적에게 대적이 될지라" 이렇게 되어 있지만 70인역은 첨가 부분이 많이 있습니다.

출23:23 내 천사가 네 앞에 가서 너를 아모리 사람들과 헷 사람들과 브리스 사람들과 가나안 사람들과 게르게 사람들과 히위 사람들과 여부스 사람들에게로 데려가리니 내가 그들을 말살하리라
출23:24 너는 그들의 신들에게 결코 경배하지 말며 그것들에게 결코 예배를 드리지 말고 결코 그들의 일을 따라 행하지 말라 그들을 던져 파괴하고 그들의 기념물을 부수고 부셔버려라

1) 그들의 신-당시 가나안 인들은 바알, 아스다롯, 몰록, 림몬 등 각종 신을 섬기는 다신론 종교를 갖고 있었습니다. 따라서 그들의 도덕적 타락은 사악한 우상 숭배 의식과 밀접히 연관되어 있었습니다. 한편 그러한 의미에서 여기 '신'은 '신들'이라고 번역하는 것이 보다 타당합니다.
2) 본받지 말고 ...훼파하며...타파하고-원문에는 구절마다 '결코'와 '반드시'란 말이 첨가되어 있어 그 의미를 한층 강조해 주고 있습니다. 따라서 본

절을 직역하면 "결코 본받지 말고...반드시 훼파하며...반드시 타파하고"가 됩니다(출20:12,15,16,17).
3).'주상'을 70인역에서는 '기념물'로 해석하고 있습니다.

출23:25 너희 하나님 주님께 예배 할지니라 그가 너의 빵과 너의 포도주와 너의 물에 복을 주며 나는 너에게 병을 돌이킬 것이니

1) 양식과 물에 복을 내리고-물이 귀한 팔레스틴 지방에서는 다른 어떤 것보다 물과 양식의 풍부함이 첫째 가는 복이 됩니다.
2) 병을 제거하리니-이러한 측면에서 "병을 제하겠다"는 하나님의 축복은 물과 양식 못지않게 당신의 큰 자비로움을 보여주는 것이며 이스라엘에게는 필요 적절한 축복이었습니다. 그런데 70인역에서는 '나는 너에게서 병을 돌이킬 것이다'라고 되어 있습니다.

출23:26 네 땅에는 낙태하는 자가 없고 임신하지 못하는 자가 없으리니 내가 너의 날 수를 채우리라

1) 낙태하는 자가 없고 잉태치 못하는 자가 없을 것이라-인구의 증가 곧 생육과 번성의 축복을 가리킵니다.
2) 너의 날수를 채우라-모세는 사람의 년수가 70혹은 80이라고 했는데(시90:10), 여기서 날 수를 채운다는 것은 일찍 죽는 일 없이 그처럼 주어진 수명을 안연 중 누릴 수 있다는 것을 의미합니다. 70이역에서는 '내가 너의 날수를 채우리라'로 되어 있습니다.

출23:27 내가 두려움을 너의 앞에 보내어 네가 들어 갈 모든 민족을 놀라게 하여 너의 대적 모두를 도망가게 할 것이다

본절은 이스라엘이 가나안에 들어가기 전에 모든 가나안 족속들이 모두 두려움에 떨 것을 의미합니다(민22:3;신 2:25;수2:9-11). 70인역에는 '두려움'을 가나안땅에 먼저 보낸다고 되어 있습니다.

출23:28 내가 말벌들을 네 앞에 보내리니 그들이 히위족속과 가나안족속과 헷족속을 너로부터 쫓아내리라

내가 왕벌을 네 앞에 보내리니-여기서 '왕벌'이 무엇을 가리키는지에 대하여서는 사람들마다 의견이 분분한데 혹자는 왕벌을 개구리나 쥐, 악충과 같은 자연적 재해로 보며 가나안을 침략하였던 애굽의 라암세스 3세로 이해하기도 하고, 그 외에도 팔레스틴에 자생하던 독한 말벌떼, 하나님의 초자연적인 재해, 가나안인들의 마음속에 있는 극심한 공포 등등을 가리킨다는 견해가 있습니다. 70인역에서는 '말벌떼'로 나옵니다.

출23:29 내가 일 년 내에는 그들을 결코 쫓아내지 않으리니 이는 그 땅이 광야가 되어 들짐승들이 많이 번식할까 함이라
출23:30 네가 번성하여 그 땅을 상속으로 받을 때까지는 내가 그들을 네 앞에서 조금씩 쫓아내리라

조금씩 쫓아내리라-하나님께서 이처럼 가나안 족속을 점진적으로 쫓아내시겠다고 하신 데에는 사려 깊은 이유가 있었습니다.

출23:31 내가 경계를 홍해에서부터 블레셋 바다까지와 광야에서부터 큰 강 유브라데 까지 정할 것이라 내가 그 땅 안에서 대기 중인 주민들을 네 손에 넘겨주리니 네가 그들을 네 앞에서 쫓아낼지라

1) 너의 지경을...정하고-장차 이스라엘 백성이 차지하게 될 가나안 땅의 경계로 일찍이 아브라함에게 주어졌던 약속인데(창15:18), 다윗과 솔로몬 시대에 부분적으로 성취되었습니다(삼하8장;왕상4:21,24;대하9:26).
2) 홍해...블레셋 바다-여기서 홍해는 아카바 만을, 블레셋 바다는 지중해를 가리키는데 이것은 곧 당시의 동쪽과 서쪽 경계를 의미합니다.
3) 광야...하수-여기서 광야는 수르광야를 뜻하고 하수(강)는 유프라테스 강을 가리키는데, 이것은 곧 남쪽과 북쪽 경계를 의미합니다.

출23:32 너는 결코 그들과 동의하지 말고 그들의 신들과 언약하지 말라

그들과 그들의 신과 언약하지 말라-당시 가나안 지역의 조약 방법은 서로의
신을 인정하고 그 신들에게 경배하는 의식이 포함되어 있었습니다.

출23:33 그들이 결코 너의 땅에 살지 못하게 하리니 그들이 너희를 유혹
하여 결코 나에게 죄를 짓지 못하게 하려 함이라 만일 네가 그들의 신들
을 섬기면 그것이 너희를 걸려 넘어지게 하리라

출애굽기 24장

출24:1 주님께서 모세에게 말씀하시기를 너와 아론과 나답과 아비후와 이스라엘 장로 칠십 인은 주님께로 올라오고 너희는 멀리서 경배하라

나답과 아비후-대제사장인 아론의 두 아들입니다(출6:23). 이들이 아론 및 장로 70인과 함께 산 위로 올라갈 수 있었던 것은 제사장 자격으로 모세와 동행하는 것이 허락되었기 때문입니다. 그러나 훗날 이 둘은 제사장직을 잘못 수행함으로써 여호와의 진노를 사 죽임을 당하게 됩니다(레10:1-3)

출24:2 모세 너만 유일하게 하나님께 가까이 올라올지니 그들은 결코 가까이 오지 말며 백성은 너와 함께 올라오지 말지니라
출24:3 모세가 와서 백성에게 하나님의 모든 말씀들과 법령들을 말하였더니 모든 백성이 한 소리로 대답하여 말하기를 주님께서 하신 모든 말씀대로 듣고 행하리이다

1).모세가 와서-하나님께로부터 지시를 받는 모세(1,2절)가 일단 시내 산에서 내려와 백성들에게 지시 사항을 전달하는 것을 가리킵니다.
2).한 소리로 응답하여-곧 '만장일치로 응답' 함을 말합니다.

출24:4 모세가 주님의 모든 말씀들을 기록하고 모세가 아침에 일찍 일어나서 산 아래에 번제단을 쌓고 이스라엘 열두 지파에 따라 열두 돌을 세우고

1) 여호와의 모든 말씀을 기록하고-밤사이 모세가 하나님의 말씀을 기록하

는 동안 하나님의 "진리의 영"(요 14:17)이 그에게 초자연적으로 역사하셨을 것이기 때문에 그 기록에는 인간적인 오류가 전혀 없었을 것입니다(딤후3:16;벧후1:21).

2) 열 두 기둥을 세우고-"단"이 하나님의 현존을 상징하는 것이라면, 여기 "열 두기둥"은 하나님과 계약을 맺는 당사자인 이스라엘 열 두 지파를 상징합니다. 고대에는 이처럼 쌍방간에 계약을 체결한 데 대한 기념으로 돌기둥을 세우거나 돌무더기를 쌓는 풍습이 있었습니다(창31:44-53;수24:26). '기둥'으로 되어 있지만 70인역은 '돌'로 되어 있습니다.

출24:5 이스라엘 자손의 청년들을 보내어 번제를 드리게 하였고 하나님의 구원하심에 대하여 송아지로 희생제를 드리게 하였더라

1) 청년들을 보내어-이들은 문자 그대로 젊은이들을 의미하는데, 이들이 선택된 이유는 짐승을 잡아 다룰만한 힘이 있었기 때문입니다.

2) '여호와께 소로 번제와 화목제를 드리게 하고'로 되어 있지만 70인역은 '하나님의 구원하심에 대하여 송아지로 희생제를 드리게 하였더라'로 되어 있습니다.

출24:6 모세가 피의 절반은 대야에 붓고 피의 절반은 번제단 위에 다 뿌리며
출24:7 그리고 언약의 책을 가져다가 백성의 귀에 읽으니 그들이 말하기를 주님께서 말씀하신 모든 것을 우리가 행하고 듣겠나이다 하더라
출24:8 모세가 피를 취하여 백성에게 뿌리고 말하기를 보라 이는 주님께서 이 모든 말씀에 대하여 너희와 맺으신 언약의 피니라

1) 피를...백성에게 뿌려-피의 반은 하나님의 임재를 상징하는 단에 뿌리고(6절), 나머지 반은 백성들에게 뿌렸는데 이때 피는 붉은 양털과 우슬초에 적셔서 흩뿌렸는데(히9:19), 사람뿐만 아니라 거의 모든 물건이 이런 방법을 통해 종교 의식상 깨끗해졌습니다(히9:22).

2) 언약의 피-즉 하나님과 이스라엘 백성 간에 체결된 언약을 공식적으로

성립시키는 파란 뜻입니다.

출24:9 모세와 아론과 나답과 아비후와 이스라엘 장로 칠십 인이 올라가서

모세와...올라가서-모세와는 달리 아론과 나답과 아비후, 그리고 70인의 장로는 산꼭대기까지는 올라가지 못하고(2,12절) 시내산 기슭이나 중턱까지에만 올라갔을 것입니다.

출24:10 그리고 그들이 이스라엘의 하나님이 서계신 장소를 보니 그의 발아래에는 마치 사파이어(청옥) 벽돌로 만든 것 같은 금속판 모양의 하늘이 청명하더라

1) 이스라엘 하나님을 보니-성경은 하나님의 얼굴을 보고는 살 자가 없다고 기록하고 있으며(출33:20), 또한 실제로 아무도 본 자가 없다고 분명히 말하고 있습니다(딤전6:16). 그런데 본절에서 이스라엘의 지도자들이 마치 하나님을 본 것으로 나와 있는 것은 이들이 하나님의 얼굴을 직접 보았다는 뜻이 아니라, 아마도 하나님의 형상의 영광을 보았거나 혹은 70인역의 번역처럼 하나님이 계신 장소를 보았음을 가리키는 것입니다. 이것은 십지어 시내 산 정상에서 하나님과 단 둘이 6일간을 체류한 모세까지도 하나님의 얼굴을 직접 뵌 것이 아니라 "하나님의 등"을 보았다는 기록(출33:23)을 보아서도 분명해집니다.

2) 청옥을 편 듯하고-70인역에서는 하나님의 발아래 청옥돌로 되어 있는데 금속판 같은 하늘이 청명하더라 하고 있습니다. 즉 이스라엘에서 하늘은 금속판으로 되어 있다고 믿는데 그 금속판 하늘이 청옥 같이 청명하였다고 나옵니다.

출24:11 하나님께서 이스라엘의 선택된(9절의 사람들) 자들 중 결코 한 사람도 반대하지 않으셨으매 그들은 하나님이 계신 장소에 와서 하나님을 보며 먹고 마시더라

1) 이스라엘의 존귀한 자들-70인역은 이스라엘의 선택된 자로 해석하고 있습니다.

2) 개정 성경에는 "손을 대지 아니하셨고"하고 있는데 70인역에는 '결코 반대하지 않았다'고 되어 있는데 이는 만약 주님이 한사람이라도 반대하셨으면 그는 죽었을 것입니다. 그런데 주님께서 모세와 아론, 나답과 아비후 그리고 70인 장로들이 주님이 계신 장소에 와서 먹고 마시는 것을 반대하지 않았다는 것입니다. 즉 반대하지 않았다는 말은 곧 하나님께서 손대지 아니하였다는 말입니다

출24:12 주님께서 모세에게 말씀하시기를 너는 산으로 내게 올라와서 그곳에 있으라 내가 너에게 율법과 십계명을 기록한 돌판을 주어 그들이 율법의 명령을 받게 하리라

1) 율법과 계명- 본문에 나타난 "율법과 계명"은 정확히 십계명 전문을 가리킵니다(출34:1,28).

2) 돌판-이 돌판은 두 개로 이루어져 있고 각각 앞뒤로 글이 새겨져 있었습니다(출32:15). 그 내용의 성격상 종종 증거판(출31:18), 혹은 언약의 돌판(신9:9)이라고도 하는데 첫번째 돌판은 이스라엘 백성의 금송아지 숭배사건 때문에 깨뜨려졌고(출32:19), 후일 법궤안에 보관된 십계명 돌판은 하나님께서 다시 만들어 주신 두번째 돌판입니다(출34:1,28). 그러나 두번째의 돌판은 처음 것과는 달리 모세에 의해 판이 만들어졌고, 하나님께서는 그 만들어진 판에다 글을 새겨주신 것입니다(출34:1,4). 판이라는 말이 70인역에서 '태블릿'으로 말하고 있습니다.

출24:13 모세가 그의 옆에 서있는 예수(여호수아)와 함께 일어나 그들은 하나님의 산으로 올라가며

1) 하나님의 산-성경에는 호렙 산을 "하나님의 산"이라고 부르는데(출18:5; 왕상19:8) 원어로는 "하르하 엘로힘"이라고 하여 "산"(하르)이 아닌 "하나님"에 정관사가 붙어서, 산 자체에 의미가 있는 것이 아니라, 그 산에서 활

동하시는 하나님에 강조점을 두고 있습니다.

2) 개정성경에는 모세 혼자 시내 산에 오른 것으로 나오지만 70인역에서는 모세와 여호수아가 같이 오른 것으로 나오고, 또한 '여호수아'가 '예수'로 나옵니다. 모세와 여호수아가 같이 올라갔다는 본절의 70인역 해석이 더 정확한 해석인데 왜냐하면 15절에 모세와 여호수아가 시내산에 같이 올랐다고 나오기 때문입니다.

출24:14 장로들에게 말하기를 우리가 너희에게로 돌아올 때까지 너희는 여기에서 휴식하라 보라 아론과 훌이 너희와 함께 있으니 만일 어떤 사람을 재판할 일이 있으면 그들에게로(아론과 훌) 보내라 하고

개정 성경에서 "무릇 일이 있는 자는 그들에게로 나아갈지니라"하고 있는데 70인역은 '그 일이 재판할 일'을 말하고 있고, '그때 아론과 훌에게 보내라'고 되어 있습니다.

출24:15 모세와 예수가(여호수아) 산으로 올라가니 구름이 산을 덮더라

구름-성경에는 하나님의 임재를 나타내는 방법으로 구름이 자주 등장합니다(출19:9,16;출34:5;민11:25;시97:2;사44:22). 그런 맥락에서 이스라엘을 백성들 앞에서 인도한 구름 기둥도 하나님의 임재를 상징하는 일종의 표시였습니다(출13:21;출40:35,36,38;민9:17-23;신1:33).

출24:16 주님의 영광이 시내산 위에 내렸고 구름이 육일동안 산을 덮었으며 일곱째 날 주님께서 구름 한가운데에서 모세를 부르시더라

1) 여호와의 영광-구름, 불, 뇌성 등 백성이 가까이 하기를 두려워했던 장엄한 광경(본장17절;19:16,18) 그 자체가 곧 하나님의 영광인 것입니다.

2) 제칠일에...모세를 부르시니라-아마 엿새 동안 모세는 하나님의 부르심을 받지 못하고 산의 중턱에서 계속 대기 상태에 있었던 것 같습니다.

출24:17 주님의 영광의 모습이 이스라엘 자손에게 마치 활활타오르는 불처럼 산꼭대기에 나타났더라

불 같이 보였고-이는 빽빽한 구름 가운데서도 그것을 뚫고 내비친(출19:16) 하나님의 영광의 광채입니다. 70인역에는 '활활타오르는 불처럼 산꼭대기에 나타났더라'라고 되어 있습니다.

출24:18 모세가 구름 안 한가운데로 들어가서 산에 올랐으며 모세가 산에서 사십일 낮과 사십일 밤을 지내더라

사십 일 사십 야-성경에서 40이란 숫자는 특별한 상징적 의미를 갖습니다. 모세가 두번째로 십계명을 받을 때도 40일을 머물렀고(출34:18;신9:18), 엘리아가 호렙 산까지 여행한 기간도 40일이며(왕상19:8), 예수께서 광야에서 금식하며 시험받은 기간역시 40일이고(마4:1;눅4:2), 또 이스라엘백성은 출애굽 후 광야에서 40년간 유랑했습니다. 이렇게 볼 때 40이란 수는 "시험과 시련의 기간" 혹은 "새로운 힘을 얻는 기간"을 의미함을 알 수 있습니다.

출애굽기 25장

출25:1 주님께서 모세에게 말씀하여 이르시되

지금까지 하나님은 백성들이 이스라엘 일상생활 가운데서 준행하여야 할 제반 규례를 일러 주었습니다. 그러나 본절로부터 출31:18절 까지는 이스라엘의 유일한 중앙 성소인 성막과 그리고 성막에서의 직무를 감당할 제사장에 대한 규례를 일러주고 있습니다.

출25:2 너는 이스라엘 자손에게 말하길 모든 것의 첫 열매를 나에게 가져오라 마음속으로 하나님께 영광 돌리기를 원해서 나에게 바치는 나의 그 첫 열매만 너는 취하라

개정성경은 '예물'로 되어 있지만 70인역에서는 '첫 열매'로 되어 있고, 또한 '기쁜 마음'이라는 말은 '마음속으로 하나님께 영광 돌려야겠다'고 한 것을 말합니다.

출25:3 이것이 너희가 그들에게서 취할 첫 열매니 금과 은과 구리와

1) 금과 은과 놋-파종 패물을 가리킵니다. 70인역에서는 구리(놋)가 돈으로 해석되어 있고, 금과 은도 역시 돈으로 해석됩니다.
2) 예물과 첫 열매에 대하여
첫째로 "예물"이 70인역에서는 첫열매로 되어 있는데 여기서 우리가 기억해야 할 것은 우리는 첫 열매하면 곡식만 생각하는데 성경에서는 첫 열매를 금.은.구리.돈을 포함한 광역적인 의미로 해석되고 있습니다. 그래서 12절에서 첫 열매는 모든 것을 지칭하고 있지 곡식만 의미하지 않고 있습니다.

둘째로 겔48:14절에서 "처음열매는"제일 좋은 첫 수확물을 말합니다. 그 래서 곡식중에서 첫 열매는 많은 곡식중 제일 좋은 열매를 말합니다. 그러 므로 첫 열매로 바쳐지는 3절부터 7절까지는 예물은 제일 좋은 것을 바치 라는 말입니다.

출25:4 청색과 자색과 주홍색 실과 가는 베옷과 염소 털과
출25:5 붉은 물들인 숫양의 가죽, 휘장, 앙장과 해달의 가죽, 휘장, 앙장 과 아카시아나무와
출25:6 등잔 기름과 기름에 넣는 향료와 향기로운 향과

70인역에서는 5절과 6절이 같은 것으로 나오고 본절은 나오지 않고 있습 니다.

출25:7 홍보석의 돌과 에봇과 흉배에 박을 보석이니라
출25:8 내가 그들 가운데 나타날 성소를 나를 위하여 만들게 하라

본장 2절부터 7절까지 여러 가지 첫 열매인 예물을 바치라고 하고 있는데 그 이유는 8절 성소를 짓기 위해서 바치라 하고 있습니다.

출25:9 내가 너에게 산에서 상징으로 보여 주는 것을 따라 성막의 모형을 만들고 모든 기구들의 모형을 따라 너희는 이와 같이 만들지니라

1) 내가 네게 보이는 대로-성막과 그에 관계된 모든 기구는 하나님이 계획 하신 것이지 결코 인간이 계획하거나 고안한 것이 아님을 보여줍니다(히 8:2). 즉 성막의 신적기원을 보여주는 구절입니다.
2) 식양(타브니트)-'견본' 또는 '모형'으로 번역 될 수 있는 말로서 어떠한 실체의 그림자와 같은 청사진이나 모델 하우스 등을 가리킵니다. 70인역에 서는 데이크뉘오라 해서 상징으로 보여주다로 되어 있습니다.

출25:10 그들은 아카시아 나무로 증거 상자(궤)를 만들지니 그 길이가 두

큐빗 반 그 넓이가 한 큐빗 반 그 높이가 한 큐빗 반이 되게 하고

1) 궤를 짓되-즉 법궤를 만들라는 뜻입니다. 법궤는 성소에서 가장 중요한 부분으로 생각되었기 때문에 모든 성물 중 제일 먼저 기록되었습니다. 한 편 이 궤는 법궤(레16:2)라는 이름 외에도 언약궤(민10:33;14:44;신31:9 히9:4) 혹은 증거궤(출26:33)라고도 불리 웠는데, 그 까닭은 그 궤 안에 하나님의 "증거의 판" 이자 "언약의판" 인 십계명 두 돌 판을 보관하였기 때문입니다(21절). 70인역은 '증거의 상자'로 나옵니다.

2) 장이 이 규빗 반-고가 일 규빗 반. 여기서 일규빗(Cubit)은 45.6cm 이니, 법궤는 가로 약 114cm,세로와 높이 각 68.4cm인 직사각형 상자임을 알 수 있습니다.

출25:11 너는 그것을 순금으로 금을 입히되 그것의 안과 밖을 도금하고 주위를 금으로 뒤틀린 테두리를 만들고
출25:12 금고리 네 개를 부어 만들어 네 면에 달되 한쪽 면에 두 고리 두 번째 면에 두 고리를 달지니라
출25:13 너는 아카시아 나무로 장대를 만들어 금으로 입히고

고리...채-당시 이스라엘은 가나안에 정착하지 못하고 광야에 있었기 때문에 자주 이동해야만 했습니다. 따라서 법궤에 고리를 달고 그것을 운반하는데 필요한 긴장대인 채(pole)를 준비토록 한 것은 법궤를 쉽게 운반하게 하기 위한 조처로 이해할 수 있습니다. 그러나 보다 근본적인 이유는 광야 여행 중 법궤를 운반할 때 사람들이 거룩한 법궤의 몸체에 손을 댐으로써 부정을 입히는 것을 막기 위함이었습니다.

출25:15 장대를 상자의 고리에 넣어 두고 거기서 빼내지 말며

그 채를 빼어내지 말지며-일단 채(pole)를 고리에 꿴 다음에는 빼어 내지 말고 고정시켜야 한다는 뜻입니다. 이는 사람들이 법궤를 운반할 때 채 외에는 아무것도, 곧 법궤의 고리조차도 만지지 못하게 하기 위함이었습니다.

한편 후일 성경은 여기에 잘못해서 손을 댔다가 죽은 경우도 증거하고 있습니다(삼하6:6,7).

출25:16 내가 너에게 줄 증거판(십계명,증언,증명)를 그 상자 안에 넣어 둘지니라

1) 증거판-즉 십계명 두 돌판을 가리킵니다. 그런데 그것을 이처럼 '증거판'이라 칭하는 까닭은 두 돌판에 새겨진 십계명이 곧 하나님의 속성을 증거해 주는 것이자, 그분께서 인간들에게 원하고 계시는 것이 무엇인지를 계시해 주는 것이기 때문입니다. 한편 법궤 제작의 주목적은 바로 이 증거판(십계명 두 돌판)을 거룩히 보존하고자 함에 있었습니다. 그런데 70인역에서는 이 증거판이 십계명의 두 돌판으로 '말튀리아'라 해서 증인,증거,순교라는 말튀스와 같은 뜻을 가지고 있습니다. 말튀리아는 명사로 말튀스에서 유래가 되어 요1:19.요5:31.요8:14.요8:17.요19:35.요21:24.막14:59.딤1:13에 나옵니다.
2) 증거판은 '말튀리아(증거,십계명)'라 해서 두 돌판인 십계명을 말하고, 성막 안에 있는 법궤는 증거의 장막이라 해서 "스케네(장막) 투 말튀리우(법궤.증거)"로 되어 있습니다. 여기서 십계명과 법궤의 차이는 "말튀리아(명사임)"와 "말튀리우"로 십계명을 말할 때는 증거판(말튀리아)이라하고, 법궤는 증거궤(말튀리우)로 말합니다.

출25:17 너는 순금으로 법궤 덮개 뚜껑을 만들되 그 길이는 두 큐빗 반 그 넓이는 일 큐빗 반이 되게 하고

속죄소(카포레트)-법궤를 덮고 있는 법궤 뚜껑을 가리킵니다. 이말은 '덮는다'는 뜻의 '카파르'에서 유래했는데, 이 단어는 상징적으로 '속죄하다,용서하다'는 뜻을 지닙니다. 이밖에 '카파르'란 단어속에는 '칠하다,제거하다' 뜻도 있는데 이는 곧 죄를 덮어 보이지 않게 함으로써 마치 제거한 것인양 간주하여 용서한다는 의미입니다. 따라서 속죄소(贖罪所)란 인간의 죄를 덮어(용서해)주는 장소란 뜻입니다. 곧 속죄소는 인간의 죄를 덮어 도말해 버리는 예수의 보혈을 예표하고 있습니다(롬5:9;엡1:7). 70인역에는 '법궤 덮개의 뚜껑'으로 말하고 있습니다.

출25:18 너는 금으로 그룹 둘을 두들겨 새겨 만들어 법궤 덮개(속죄소) 가장자리에 둘지니

1) 그룹-하나님의 보좌를 둘러싸고 있는 영적 존재, 곧 천사의 일종으로서 하나님의 거룩과 영광을 선포하고 지키는 역할을 합니다. 그룹의 모양이 어떠한지는 정확히 알 수 없고 다만 성경 곳곳의 기록들(겔1,10장;4:6-8)을 종합해볼 때. 그것은 날개를 가졌으며 사람과 비슷한 모습을 띠고 있는 것으로 추정할 수 있습니다.

2) 둘을...만들되-성경에서 '둘'이라는 숫자는 선포와 증거를 상징하는 숫자입니다. 따라서 그룹 둘이 속죄소 위에서 마주 대하고 있다는 것은, 속죄소가 하나님의 임재의 장소인 만큼 곧 그룹이 하나님의 영광과 거룩을 선포하고 또한 증거하고 있다는 뜻입니다.

출25:19 한 그룹은 이쪽 끝에 또 한 그룹은 저쪽 끝에 만들어 법궤 덮개 양 끝에다 그룹들을 만들지니라
출25:21 너는 법궤 덮개를 상자위에다 얹고 내가 네게 줄 증거판을 궤 안에다 넣으라

70인역에서는 속죄소(시은소)를 법궤 덮개로 나오고, 법궤는 상자로 나오고, 십계명은 증거판으로 나옵니다.

출25:22 거기에서 내가 너와 만나고 법궤 덮개 꼭대기(속죄소) 곧 증거의 상자(십계명이 든 법궤) 위에 있는 두 그룹 사이로부터 이스라엘 자손들을 위하여 명령할 모든 일들에 대하여 너에게 말하리라

1) 거기에 너와 내가 만나고-이곳에서 하나님은 백성들에게 당신의 신성과 영광을 드러내 보이며 또한 그들과 교통하기에 적절한 임재의 표상(表象)을

갖고자 하셨던 것입니다. '만나고'가 70인역에서는 '알다'로 되어 있습니다. 2) 증거궤 위에 있는 두 그룹 사이에서...이르리라-명령을 두 그룹 사이에서 주겠다는 것은 이스라엘이 반드시 그 명령을 지켜 하나님의 영광과 거룩성을 더럽혀서는 안 됨을 시사합니다. 증거의 궤가 70인역에서는 '십계명의 상자'로 되어 있습니다.

출25:23 너는 순금으로 상도 만들되 그 길이가 두 큐빗이요 그 너비가 한 큐빗이고 그 높이가 한 큐빗 반이 되게 하라
출25:24 너는 그것 주위를 금으로 뒤틀린 테두리를 만들고

70인역에는 '금으로 싸고'라는 말이 나오지 않고 있습니다.

출25:25 너는 그 상 주위에 턱 테두리를 만들고 그 주위 테두리 가장자리에게 테를 둘러라

손바닥 넓이 만한 턱-공동 번역은 턱을 '가름장'으로 각기 번역하고 있는데 곧 떡상의 사면 테두리에 붙은 보강재를 가리킵니다. 이것은 상 위의 떡이 지면으로 떨어지는 것을 방지하기 위한 보조 장치로서 그 크기는 손바닥 넓이 곧 7.6cm 가량이었습니다. 70인역에서는 '금테를 두르라'고 하지 않고 있지만 그러나 당시 상에 테를 둘렀기에 아마 금테를 둘렀을 것입니다.

출25:26 그 상에 금고리 네 개를 만들어서 그 발 네 모서리에다 그 고리들을 달고
출25:27 그 고리들을 턱 아래 달아서 상을 들어 운반하는 데 쓰는 장대를 끼워 넣을 수 있게 하여라
출25:28 그 장대는 아카시아 나무로 만들고 거기에 순금을 입혀서 그것으로 상을 운반하게 하여라

채를 만들고-법궤의 경우에 마찬가지로 떡상 고리에 꿰어 떡상을 이동시키기 위한 긴 장대를 만들라는 뜻입니다(본장12,13절).

출25:29 너는 그릇과 향로와 긴병과 잔을 만들어 술을 바칠 지니 순금으로 만들지니라

대접과 숟가락과 병과 붓는 잔-대접은 떡을 담는 용도로, 숟가락은 분향을 위한"잔"으로 쓰였는데 RSV는 이를 "분향을 위한 접시"로 번역하였습니다. 그리고 병은 목이 좁고 긴 병을 가리키는데 유향을 담는데 사용된 것 같고 (레24:7), 잔은 마시는 제물인 술을 따르는 사발(bowl)이었던 것 같은데 아마, 이것은 포도주를 따라 드리는데 사용되었을 것입니다. 70인역에서는 '숟가락'이 '향로'로 나옵니다.

출25:30 너는 상 위에다 얼굴의 빵을 놓아 항상 나의 앞에 있게 할지니라

진설병(레헴 파님)-직역하면 '얼굴의 떡,면전에 놓인 떡'이란 뜻으로 곧 하나님께 바치는 거룩한 떡을 가리킵니다. 제사장들은 매 안식일마다 떡상에 이러한 진설병을 두 줄로 6개씩 12개를 늘어놓아야 했는데(레24:8), 이는 이스라엘 12지파가 약속의 땅 가나안에서 거두게 될 노동의 결과를 하나님께 바친다는 의미를 지닙니다. 70인역에도 '진설병'이 '얼굴의 빵'으로 되어 있습니다.

출25:31 너는 순금으로 등잔대를 만들되 그 등잔대를 정교하게 만들지니 줄기와 가지와 컵과 그 컵의 손잡이와 백합꽃 모양의 장식을 모두 하나로 이어지게 하고

1) 등대-밤에 등잔의 불을 켜 아침까지 성소 안을 밝히기 위한 기구입니다 (출27:21;레24:3). 성소 안은 낮에는 출입구를 통하여 빛이 들어와 밝았지만 밤에는 어두웠습니다. 따라서 제사장은 매일 밤에 불을 켜고 아침에는 불을 껐습니다.
2) 밑판과 줄기와 잔과 꽃 받침과 꽃-'밑판'은 등대를 바로 고정시켜주는 제일하단의 넓은 판을 가리킵니다. 그리고 '줄기'는 양 옆에 세 가지들이 각각 붙어있는 정중앙의 지주(支柱)를 가리킵니다. '잔'은 등잔(37절)과는 다

른 것으로 일종의 악세서리인데 살구꽃 형상을 하고 있습니다(33절). 이 잔은 줄기 양 옆의 세 가지에 각각 3개씩 합18개, 중앙 가지에 4개로 총 22개였습니다. 그리고 '꽃받침'은 잔의 꽃 부분을 받쳐주는 밑줄기로서 총 22개였으며, '꽃'은 잔에 붙어 꽃 모양을 이루어 주는 꽃잎 모양의 장식물입니다.

출25:32 가지 여섯을 등잔대에서 나오게 하되 한 쪽 측면에서 등잔대 가지 세 개가 옆에서 나오게 하고 다른쪽에서 등잔대 가지 세 개가 나오게 하며

세 가지는 이편으로 ~세 가지는 저편으로 ~따라서 줄기를 중심으로 양 옆으로 뻗어나간 각각의 세 가지는 완전한 대칭을 이루었습니다.

출25:33 각 가지마다 아몬드 모양의 컵 세 개를 만들어 각 컵마다 손잡이와 백합 모양을 하고 그리고 등잔대에서 나온 여섯 가지도 이와 같이 할지니라
출25:34 등잔대 각 가지마다 아몬드 모양의 컵 네 개를 만들어 각 컵마다 손잡이와 백합 모양을 하고
출25:35 등잔대에서 나온 여섯 가지에 따라 같은 곳의 두 가지 아래 한 손잡이가 있게 하고 같은 곳의 네 가지 아래 한 손잡이가 있게 할지니라
출25:36 그 손잡이와 가지들이 같은 곳에 있게 하고 모두를 순금 한 덩어리로 새겨 만들어라
출25:37 등잔 일곱 개를 만들어서 그것을 등잔대 위에 올려놓아 앞을 밝게 비추도록 하여라
출25:38 집게와 화로도 순금으로 만들어라
출25:39 모든 기구는 순금 한 달란트로 만들어라
출25:40 보라 너는 산에서 너에게 보여준 양식에 따라 그것들을 만들지니라

출애굽기 26장

출26:1 그리고 너는 꼰 베실과 청색, 자색, 홍색 실로 된 휘장 열 개로 성막을 만들되 그룹천사(케루빔)로 수놓아 제작하여 만들지니라

1) 성막(미쉬칸)-'거주하다'는 뜻의 '솨칸'에서 유래할 말로 거처(거주지)라는 의미입니다. 즉 이는 하나님이 이스라엘과 함께 거주하심을 나타내는 장소를 가리킵니다.
2) 앙장-텐트나 상여 등의 위에 치는 휘장을 가리킵니다.
3) 열 폭을...만들지니-성막의 제일 안쪽을 덮는 소위 제1휘장을 말합니다. 본절에 나오는 제1앙장은 성막 안쪽에서만 볼 수 있었고 바깥에서는 볼 수 없었습니다.
4) 수놓아 만들지니-원어에는 수를 놓는다는 말이 없으나 실을 사용해서 만들어졌기 때문에 "수놓아"가 첨가되어 있습니다. 그런데 성막 안쪽에서 볼 수 있는 제 1앙장에 이처럼 그룹(출25:18)을 수놓은 것은 천사들이 성막 내부의 성결을 유지하고 또한 보호하고 있음을 상징하기 위함입니다. 즉 그룹 천사로 휘장에 수를 놓았다는 말입니다.

출26:2 길이는 한 휘장이 이십팔 큐빗이고 넓이는 한 휘장이 사 큐빗이며 모든 휘장은 동일한 치수가 될 것이니라
출26:3 그 다섯 휘장은 서로 서로 연결하고 다른 다섯개의 휘장도 서로 다르게 연결하고

휘장 다섯 폭을 서로 연하며-휘장 10폭을 모두 하나로 연결시키지 않고 이처럼 다섯 폭씩 두개로 나누어 연결시킨 후 다시금 그것을 고리로 연결 하게끔 만든 까닭은 이동할 때 접기 쉽게 하기 위함이었을 것입니다(6절)

출26:4 한쪽 연결을 위해 한 휘장의 가장자리에다 청색 고리를 만들고
또 두 번째 연결을 위해 바깥 쪽 휘장의 가장자리에도 그렇게 고리를 만
들지니라
출26:5 너는 휘장 하나에 고리 오십 개를 달고 두 번째 연결하는 휘장에
도 고리 오십 개를 만들어서 고리들끼리 서로 마주보며 지탱하게 하라
출26:6 또 너는 금으로 갈고리 오십 개를 만들고 그 갈고리로 또 다른 휘
장들을 합쳐 그것이 한 성막이 되게 하라

한 성막을 이룰지며-이렇게 하여 하나의 앙장으로 만들어진 제 1앙장은 길
이가 12.8m를 이룹니다. 그런데 학자들의 추정에 의하면 성막 본체는 정작
이보다 작은 길이13.5m, 너비4.5m, 높이4.5m였다고 합니다. 따라서 휘
장의 너비 부분을 길이로 하여 성막을 덮어도 앙장은 여유가 남게 됩니다.
아마 이는 남는 부분을 성막 좌우와 서쪽 면으로 늘어뜨려 덮기 위함이었
을 것입니다(1절).

**출26:7 그리고 성막 위에 천막은 염소 털가죽, 휘장, 앙장으로 만들되 열
한 개의 가죽, 휘장, 앙장 털로 만들지니라**

1) 그 성막을 덮는 막-제 1앙장 위에 덧씌우는 제2앙장를 가리킵니다. 이것
은 가로13.7m, 세로1.8m인 앙장을 여섯 폭, 다섯 폭씩 만들어 이었는데 전
체 길이가13.7m, 너비가 19.8m 로서 처음 앙장보다 길이는 90cm, 너비는
1.8m가 더 넓어 처음 것을 완전히 덮을 수 있었습니다.
2) 염소털로 만들되-염소털은 유목민들의 일반적인 천막 재료였습니다. 왜
냐하면 이것은 습기를 차단시켜 주는 효과가 뛰어났기 때문입니다. 한편 소
아시아나 시리아, 시실리아 같은 곳의 염소는 털이 길고 아름다운 좋은 비
단에 비견될 정도였습니다. 따라서 이것으로 제2앙장을 만든 데에는 실용
적이면서 장식적인 면도 함께 고려된 것 같습니다. 70인역에서는 염소털
로 나오지 않고 '가죽.휘장.앙장털'로 나오는데 곧 '염소가죽.휘장.앙장털'
을 의미합니다.

출26:8 가죽, 휘장, 앙장 하나의 길이는 삼십 큐빗이 되게 하고 하나 가죽, 휘장, 앙장의 넓이는 사 큐빗이 되게 하며 열한개의 가죽, 휘장, 앙장은 같은 치수가 되게 하라

출26:9 그리고 그 다섯 가죽, 휘장, 앙장을 합치고 여섯 개 가죽, 휘장, 앙장을 합치고 그리고 여섯 번째 가죽, 휘장, 앙장은 성막 앞면에 겹치게 할지니라

여섯째 폭 절반은...접어 드리우고-공동 번역은 이를 '천막 앞쪽으로 늘어지는 여섯째 폭은 접어 올려라'로 번역하였습니다. 이는 곧 총 열 한 폭 중 제1앙장(휘장)에 비해 남는 제2앙장의 한폭을 반으로 나누어 한 쪽은 성막 전면에 접어 드리우고, 나머지한 쪽은 성막 후면, 즉 서쪽면에 늘어뜨리라 (12절)는 뜻입니다.

출26:10 너는 연결하는 각각 중간에 한 가죽의 가장자리에 고리 오십 개를 만들고 두 번째 것을 연결하는 가죽의 가장자리에도 고리 오십 개를 만들며

출26:11 너는 구리 갈고리 오십 개를 만들어서 그 고리에다 갈고리들을 걸어 가죽과 연결해서 하나가 되게 하고

출26:12 너는 성막의 가죽에 있는 끝을 고정하고 남은 가죽의 절반은 아래로 접고 그 성막 뒤 가죽 끝은 접어야 하느니라

출26:13 성막의 가죽의 길이에서 남는 것은 이면에 한 큐빗 저면에 한 큐빗씩 성막의 양쪽 이면과 저면에 그것을 덮어 접어서 가려라

출26:14 너는 붉게 물들인 숫양의 가죽으로 성막 덮는 것을 만들고 해달 가죽으로 위에 덮는 것을 만들지니라

출26:15 너는 아카시아 나무로 성막에 쓸 널판을 만들어 세우되

출26:16 한 널판의 길이는 십 큐빗이 되게 하고 그 널판의 넓이는 한 큐빗 반이 되게 하며

출26:17 널판 한 개에 이음새 두 개를 만들어 서로 마주보게 연결하되 너

는 성막의 모든 널판을 이와 같이 하라

출26:18 너는 성막 널빤지를 만들되 북쪽 끝에는 널빤지 스무 개를 만들지라

개정 성경에는 '남쪽'으로 되어 있지만 70인역에는 '북쪽'으로 되어 있습니다.

출26:19 스무 개의 널빤지 아래 은 받침 사십 개를 만들고 두 개의 받침을 양쪽 중 한 널 판지에 연결하고 두 개의 받침을 양쪽 중 다른 한 널 판지에 연결하라

출26:20 성막 두 번째 측면인 남쪽도 널빤지 스무 개를 만들고

개정 성경에는 '북쪽'으로 되어 있지만 70인역은 '남쪽'으로 되어 있습니다.

출26:21 은 받침 마흔 개를 만들고 두개의 받침을 그 양쪽 중 한 널빤지에 연결하고 두개의 받침을 그 양쪽 중 다른 한 널빤지에 연결하고

출26:22 성막 뒤 서쪽을 따라 널빤지 여섯을 만들고

출26:23 뒤에 있는 성막의 모서리에도 널빤지 둘을 만들되

출26:24 아래에서 이어지게 하고 그 위에서 한 고리에 이어지게 하여 두 모서리를 이와 같이 할지니라

출26:25 여덟 널판에는 은 받침이 열여섯 개니 두개의 받침을 그 양쪽 중 한 널빤지에 연결하고 또 다른 하나의 널빤지에는 두 받침이니라

출26:26 너는 아카시아 나무로 빗장을 만들지니 성막 한쪽 한 널빤지에 다섯 개를 끼워라

출26:27 성막 다른 쪽 면 널판을 위하여 빗장 다섯 개를 만들고 성막 뒤 곧 서쪽 널판을 위하여 빗장 다섯 개를 만들어라

출26:28 널빤지 중간에 있는 한가운데 빗장은 한쪽에서 다른 쪽으로 관통 시키게 하고

출26:29 너는 널빤지를 금으로 입히고 빗장을 넣은 자리에는 금고리를 만들어서 그 빗장들을 금으로 입혀라

출26:30 산에서 너에게 보여 준 그 모양을 따라 성막을 세울지니라

출26:31 너는 청색과 자색과 곤 홍색실과 가늘게 뽑은 베실로 휘장을 만들되 그 휘장에 그룹천사들을 수놓아 만들지니라

출26:32 너는 금으로 도금한 아카시아 나무로 된 네 기둥 위에 금으로 만든 갈고리를 걸 것이며 네 개의 은 받침 위에 둘지며

금 갈고리로 네 기둥 위에 드리우되-휘장을 거는 방법에 대한 설명으로 즉 기둥에 달린 금 갈고리에 휘장을 걸어서 아래로 늘어뜨리는 것을 뜻합니다. 한편 성소와 지성소 사이의 휘장은 성소 입구에서 9m, 뒷면(서쪽 편) 끝에서 4.6m 에 해당하는 지점에 걸려 있었던 것 같습니다. 왜냐하면 솔로몬 성전에서 성소와 지성소의 길이의 비율이 대략 2:1인 점으로 볼 때(왕상6:16-20), 광야에서의 성막도 같은 비율일 것으로 추측할 수 있기 때문입니다. 한편 성소와 지성소 사이에는 조각목으로 만든 기둥 넷이 있었는데 바로 이 기둥들에 여러 색깔로 그룹들을 정교하게 수놓은 휘장이 내리 걸려 있었습니다. 이 휘장을 지성소 휘장이라 하는데 이 휘장 안쪽에는 법궤(증거궤,언약궤)가 안치되어 있었습니다. 또한 이 지성소 휘장은 항상 드리워져 있었으며 대제사장을 제외하고는 아무도 이 휘장 안으로 들어갈 수 없었습니다. 그러나 대제사장이라 할지라도 오직 일년에 한번 속죄일(7월 10일)에만 속죄의 피를 가지고서 들어갈 수 있었습니다.

출26:33 그리고 너는 휘장을 기둥에 씌우고 증거의 상자를 그 휘장 내부에다 들여 놓으라 그 휘장이 너희에게 성소와 지성소로 분리할 것이라

그 장이..성소와 지성소를 구별하리라-성소에는 제사장이 매일, 그리고 안식일마다 제사를 드릴때 들어갔지만(출27:21;30:7;24:3,8) 지성소에는 일년에 한 번 속죄일에 들어갔습니다(레16:1-34;히9:7). 이것은 성소와 지성소의 거룩함의 차이 때문이었습니다. 즉 성소에는 제사장들이 봉사하는 예물과 기구가 놓여 있었으나, 지성소에는 하나님의 임재를 상징하는 거룩한

언약궤(법궤,증거궤)가 놓여져 있었기 때문이었습니다. 이는 성소(코데쉬)가 원어로 '거룩한 곳'이란 뜻인데 반해 지성소(코데쉬 하코다쉼)는 '거룩한 곳들 중의 거룩한 곳'이라는 의미를 지니고 있음에서도 분명히 드러납니다. 그러나 이 두 장소는 단지 휘장 하나로만 가려져 있을 뿐인데, 이 휘장은 예수 그리스도의 육체를 예표 하는 것으로서, 따라서 훗날 예수 그리스도께서 십자가에서 운명하셨을 때 이 휘장은 둘로 찢겨졌습니다(마27:51;막15:38) 따라서 이제는 제사장과 일반인 사이의 구별이 없어지고 누구든지 하나님께 나아가는 것이 가능해졌습니다(히10:19-22), 한편 등대가 있는 성소로부터 차단된 지성소는 빛이 없어 어두웠음에 틀림없었고(왕상8:12), 따라서 안에 들어가는 대제사장은 자연히 조심스럽게 행동했을 것입니다.

출26:34 너는 지성소에 있는 증거의 상자를 휘장으로 가려라
출26:35 그 휘장 밖에는 상을 두고 성막 남쪽 상 반대편에 촛대를 놓고 성막 북쪽에 상을 놓을지니라
출26:36 너는 성막 문을 막을 커튼을 청색과 자색과 주홍색 실과 가늘게 꼰 베실로 수놓아 만들지니라

성막 문을 위하여 장을 만들고-지성소의 휘장과 함께 성소에도 휘장이 쳐졌습니다. 그런데 지성소 휘장과 성소 휘장과의 차이점은 다음과 같습니다. (1)지성소의 휘장에는 그룹이 수놓아진 데 비해 성소의 휘장에는 그룹이 수놓아지지 않았습니다. (2)지성소 휘장은 4개의 기둥에 드리워져 있으나 성소 휘장은 5개의 기둥에 드리워져 있습니다. (3)지성소 휘장의 기둥 받침은 은으로 되어 있으나 성소 휘장의 기둥 받침은 놋으로 되어있습니다.

출26:37 너는 휘장을 걸 수 있도록 기둥을 다섯 개를 만들고 그것에 금을 입히고 그 갈고리도 금으로 만들며 놋 받침 다섯 개는 주조할지니라

받침 다섯을 놋으로~만들지니라-다른 받침은 은으로 만들어진데 비해(출26:19,25,32절), 성소의 기둥을 받치는 받침은 놋으로 만들어졌습니다. 일반적인 건물은 대개 안보다 더 화려한데, 이처럼 성막은 안쪽에 비해 바깥 쪽은 더 수수하게 꾸몄다는 특징을 지니고 있습니다(14절). 아마 이는 백성들이 성막의 외양에 정신을 뺏겨 그 안에 임재해 계시는 하나님의 존재를 소홀히 여기는 잘못을 범하지 않도록하기 위한 배려에서였을 것입니다.

출애굽기 27장

출27:1 너는 아카시아 나무로 번제단을 만들되 길이가 오 큐빗 너비가 오 큐빗이며 제단은 네모 반듯하고 그 높이는 삼 큐빗이 되게 하라

1).단을 만들되-하나님께 제사드릴 때 제물을 태우기 위한 단으로 '번제단' 으로 불리웁니다(출30:28;31:9;레4:7,10). 그런데 조각목으로 만든 후 놋 으로 쌌기 때문에(2절)일명 '놋단'으로도 불리웠습니다(출30:30;왕상8:64; 대하1:5). 그런데 이 단은 여느 토단이나 돌단과 같이 땅에 고정된 것이 아 니라 이동식 단이었으므로 이를 안치할 때에는 먼저 토단을 쌓고 그 위에 이 것을 안치하였을 것입니다.

2).네모 반듯하게-고대 이방 종교에서는 삼각형, 원형의 단도 많이 있었으 나 이스라엘의 단은 사각형으로 만들어 이들과 구별하였습니다. 크기는 가 로, 세로 각2.28m, 높이1.37m로서 회막 안에서 제일 큰 기구였습니다. 한 편, 후에 솔로몬 성전에서는 그 성전의 규모에 맞게 가로, 세로 각 9.1m, 높 이 4.56m로 확대되었습니다(대하4:1).

출27:2 그 번제단 네 모서리 위에 뿔을 만들어 그 뿔을 붙이고 제단은 놋 으로 도금하여 싸고

1) 뿔(케렌)-"뿔'"란 뜻 외에 '상아,산꼭대기,광선'의 뜻도 있는데 성경에서 대개 '뿔'은 힘과 능력을 상징합니다(신33:17;삼상2:10). 고대의 제단에는 이런 뿔이 달린 경우가 많았는데, 여기서 뿔의 용도는(1)장식용으로 (2)희 생 제물이나 다른 것들이 아래로 떨어지지 않도록 (3)희생 제물로 바쳐질 짐승을 묶어 두기 위한 것(시118:27)등이었습니다. 이 밖에도 번제단이 '성 소' 내에 있었기 때문에 범죄자나 피신자가 이 뿔을 잡고 일종의 '도피성'으

로 삼기도 했습니다(왕상1:50;2:28).
2) 단을 놋으로 쌀지며-놋은 비교적 불에 강하기에 따라서 제단이 불에 손
상되는 것을 막기 위하여 놋으로 쌌을 것이다.

출27:3 그리고 너는 번제단의 테투리를 만들고 덮개와 대접과 고기 갈고리와 향로와 모든 그릇을 놋으로 만들지며
출27:4 너는 번제단을 위해 놋 철망으로 그물을 만들고 그 그물 네 모서리에는 놋 고리 네 개를 만들고

1) 그물(레쉬트)-짐승을 잡을 때 쓰는 그물이나 망(網)과 유사한 것입니다. 여기서는 번제단에 걸치는 망으로 제물을 태우기 위해 얹는 데 쓰였으며, 또한 불이 더 잘 타게 하고 재가 아래로 떨어지기 쉽게 하기 위한 것입니다. 2) 놋 고리 넷-그물의 네 모퉁이에 달린 이고리는 이동용 채를 꿰며(출 38:5), 또한 그물을 번제단의 중간에고정 시키는 데 필요한 것입니다.

출27:5 너는 그 그물을 번제단 둘레 아래에 놓고 그물이 번제단 중간에까지 이르게 하라

그물은...단 절반에 오르게 할지며-번제단의 높이는 1.37m이니(1절) 그물은 그 정중앙인 68.5cm 지점에 위치한 셈입니다. 이처럼 놋 그물 철망을 번제단 틀의 중간 쯤 위치시킨 이유는 (1)제물 보다 용이하게 태우기 위함과 (2)타고 남은 재를 보다 쉽게 빠지도록 하기 위함이었습니다.

출27:6 또 너는 번제단을 위해 장대를 만들되 아카시아 나무로 만들고 놋으로 입힐 것이며

장대-기구의 고리에 꿰어 양옆으로 길게 댄 막대기를 가리킨다. 이것은 번제단에 손을 댐이 없이 안전하고도 손쉽게 운반하기 위한 것입니다(출 25:13). 번제단은 성막이 이동할 때 항상 같이 움직였는데, 그때마다 먼저 토단을 쌓고(출20:24) 그 위에 안치시켰을 것입니다.

출27:7 고리에 그 장대를 꿰어 번제단을 들 수 있도록 장대를 번제단의 모서리를 따라 있게 할지니라
출27:8 너는 번제단을 널판으로 속이 비게 만들되 산에서 너에게 보여 준 것을 따라 이와 같이 그것을 만들지니라

단은...비게 만들되-조각목(1절)으로 만든 단의 틀은 위아래가 막히지 않은 상자 모양으로 되어 있었습니다. 그리고 이 단의 가운데 높이에 놋 그물을 얹게 되어 있었습니다(5절).

출27:9 너는 성막의 뜰을 만들지니 남쪽에는 베실로 가늘게 짠 틀의 휘장을 만들되 길이는 한 면이 백규빗으로 만들지니

1) 성막의 뜰-성막 뜰의 크기는 남편과 북편이 각각 545.6m, 동편과 서편이 각각22.8m이며 동편에는 약 9m 크기의 문이 나있습니다. 한편 '뜰'은 원어로 '차르'인데 이 말은 '좁은 장소'라는 뜻이며, 상징적으로는 '괴로움'이라는 의미도 포함합니다. 한편 이러한 성막의 뜰은 본래 하나뿐이었는데 후대에 가서 보다 세분되어 여러 개로 나뉘어졌습니다(대하4:9).
2) 세마포장-세마포로 된 벽걸이 천으로 성막의 뜰을 만드는 데 사용됩니다. 한편 여기서의 세마포는 애굽에서 많이 재배되던 삼을 표백하여 만든 것으로 밝은 흰색을 띤 고급 직물이었습니다. 제사장의 의복을 만드는 데도(출 28:6;39:27), 시신을 싸는 데도(요19:40) 사용되었습니다.
3) 그 한편을 당하게 할지니-한쪽 면을 감당하게 하라는 말입니다. 즉 100규(45.6m) 짜리 세마포장을 쳐서 남쪽 벽을 구성하라는 의미입니다. 이는 북쪽 면에 있어서도 역시 마찬가지였습니다(11절).

출27:10 스무 개의 기둥과 스무 개의 받침은 놋으로 만들고 기둥의 갈고리와 가름대를 끼워 넣는 것으로 만들지니라

1) 그 기둥-세마포 포장을 묶어 고정시키기 위한 기둥입니다. 이것은 놋으로 만들어 졌습니다.

2) 갈고리-포장을 기둥에 걸어 고정시키기 위한 '걸쇠'입니다.

3) 가름대-기둥과 기둥을 서로 연결하여 고정시키며, 또한 포장들을 팽팽하게 유지시켜 주는 데 필요한 긴 장대입니다. 70인역에는 가름대를 은으로 만들라고 되어 있지 않고 가름대를 끼워 넣는 고리 같은 것을 은으로 만들라고 되어 있는데 사실은 가름대를 은으로 만들라는 말이 됩니다. 왜냐하면 그곳에 끼워 넣을 것이 곧 장대이기 때문입니다.

출27:11 마찬가지로 북쪽 휘장의 길이도 백 규빗으로 하되 기둥 이십 개와 이십 개의 받침은 놋으로 만들고 갈고리와 기둥에 끼워 넣을 것은 은으로 도금하여 만들지니라

출27:12 서쪽 마당에 넓이는 오십 큐빗의 휘장을 치되 그 기둥이 열이며 그 받침이 열이며

출27:12 남쪽 마당에 넓이는 오십 큐빗의 휘장을 치되 그 기둥이 열이며 그 받침이 열이며

개정 성경에는 동쪽으로 나와 있지만 70인역에는 남쪽으로 나옵니다.

출27:14 문 한쪽의 휘장 높이는 열다섯 규빗이며 그 기둥이 셋이요 받침이 셋이요

출27:15 문 두 번째 쪽 휘장 높이는 열다섯 규빗이며 그 기둥이 셋이요 받침이 셋이요

출27:16 마당의 문에는 청색과 자색과 주홍색 실과 가늘게 꼰 베실을 가지고 바늘로 수놓아 짠 높이 이십 큐빗의 휘장이 있게 할지니 그 기둥이 넷이요 그 받침도 넷이며

뜰 문을 위하여는…이십 규빗의 장-성막의 출입구를 이루는 휘장입니다. 따라서 예배자들은 이 휘장을 젖히고 성막 뜰 안으로 들어가야 했습니다. 한편 이 휘장은 재1앙장(출26:1)과 지성소 및 성소 휘장(출26:31,36)과 동일한 재료들로 만들어 졌는데, 흰 포장 사이에 4색으로 수놓아진 이것은 사람

출27:17 뜰 사방에 있는 모든 기둥들은 은으로 도금 할 것이며 그 갈고리는 은이요 그 받침은 놋으로 하라

출27:18 뜰의 길이는 양쪽이 일백 큐빗이고 넓이는 양쪽 오십이며 가늘게 꼰 베실의 높이는 오 큐빗이요 그 받침은 놋이라

출27:19 성막에 쓰는 성막의 모든 기구들과 모든 비품들과 뜰의 모든 말뚝은 놋으로 만들지니라

출27:20 또 너는 이스라엘 자손에게 명령하여 찧어서 불순물을 제거한 순결한 올리브기름을 취하여 불을 밝히기 위해 네게 가져오게 해서 양초에 항상 빛이 나게 하라

1) 절구으로 찧어 낸 순결한 기름-감람열매를 절구에 넣고 찧어 낸 기름은 감람나무에 섞인 것을 함께 짜낸 기름보다 순수하고, 품질도 고급품입니다. 이렇게 나온 기름은 깨끗하고 무색이며 사용할 때 연기가 나지 않고 밝은 빛을 내었습니다.

2) 등불을 끊이지 말고 켜서-밤낮으로 계속 등불을 켜라는 말이 아니라, 저녁부터 아침까지 끊이지 말고 등불을 켜라는 뜻입니다(본장21절;레24:3;삼상3:3).따라서 '매일 밤 규칙적으로 등불을 켜되'라고 표현하는 것이 좋습니다. 이처럼 모든 빛이 꺼진 밤 시간에도 끊임없이 성막에 빛이 있는 것은 곧 하나님께서 밤 시간에도 이스라엘을 쉬지 않고 지키신다는 상징적 표현입니다(시121:3,4).

출27:21 증거의 성막 안 증거궤 앞 휘장 밖에서 아론과 그의 아들들은 저녁부터 아침까지 주님 앞에서 그 불을 태울 것이라 이것은 이스라엘 자손의 모든 세대를 위한 영원한 율법이 되게 할지니라

증거판은 '말튀리아(증거,십계명)'라 해서 두 돌판인 십계명을 말하고, 성막 안에 있는 법궤는 증거의 장막이라 해서 "스케네(장막) 투 말튀리우(법궤.증

거)"로 되어 있습니다. 여기서 십계명과 법궤의 차이는 "말튀리아(명사임)"와 "말튀리우"로 십계명을 말할 때는 증거판(말튀리아) 이라하고, 법궤는 증거궤(말튀리우)로 말합니다.

출애굽기 28장

출28:1 너는 이스라엘 자손으로 부터 네 형 아론과 그의 아들들을 네게로 데려오게 하여 아론을 나의 제사장으로 삼고 아론의 아들들인 나답, 아비후, 엘르아살과 이다말도 제사장으로 삼아라

1) 나답과 아비후와 엘르아살과 이다말-아론의 네 아들이다(출6:23). 출24:1에서는 나답과 아비후만 언급되었는데 여기서는 다 언급되고 있습니다. 이들 중 나답과 아비후는 이미 언급하였듯이 훗날 하나님께 제사를 잘 못 드리다가 죽었고(레10:1-7), 엘르아살은 아론의 뒤를 이어 대제사장이 되었습니다(민20:23-29). 그러나 이다말에 대하여서는 더 이상 자세한 언급사항이 나와 있지 않습니다.

2) 제사장 직분을 행하게 하되-이때까지는 모세가 하나님과 이스라엘 백성 간의 중보자로서의 역할을 했고 따라서 제사도 담당했습니다. 그러나 이제 아론과 그 아들들을 제사장으로 세움으로써 모세는 중요한 기능 하나를 이양하게 됩니다. 즉 지금까지 전체 이스라엘 전 백성을 혼자 이끌어야 했던 모세는 이미 이에 앞서 재판의 기능을 이양했는데(출18:14-26), 이제 종교 담당자마저 따로 정함으로써 종교, 사법, 행정의 3권 분립이 이루어지면서 보다 효율적으로 백성들을 통솔할 수 있게 되었던 것입니다.

출28:2 너는 네 형 아론을 위하여 영광과 존귀한 거룩한 겉옷을 만들지니라

출28:3 너는 지혜의 성령으로 충만한 마음이 지혜로운 모든자에게 말하여 그들로 아론을 구별되게 할 그의 거룩한 옷을 만들어 그가 그 옷을 입고 제사장 직분으로 나를 섬기도록 하라

1) 마음에 지혜있는 자-'지혜'를 의미하는 '하크모트'와 '마음'을 가리키는 '레브'가 합하여 '마음이 지혜로운 사람'이라는 뜻입니다. 그런데 히브리어 '하크모트' 혹은 '호크마'는 '지혜'라는 뜻 이전에 '씨좋음,능숙함'이라는 뜻을 지닙니다. 따라서 제사장의 옷을 만드는 데 참여한 '지혜 있는 자'란 곧 뛰어난 재단 기술과 바느질 솜씨를 지닌 기술자들을 의미한다고 볼 수 있습니다.

2) 지혜로운 영으로 채운 자-여기서 "지혜의 영"(루아흐 호크마)이란 곧 하나님의 영을 말합니다. 구약 시대에는 하나님의 영이 특별한 사람들에게만 임했는데 왕이나(삼상16:13),선지자(삼상19:20),사사(삿3:9;6:34),제사장(레4:3,5,16;6:22) 등이 바로 그들입니다. 70인역에서도 '지혜(깨닫는)의 성령으로 충만한'으로 나옵니다.

출28:4 이것들이 그들이 만들 겉옷들이니 흉패와 어깨띠와 에봇과 줄무늬 속옷과 관과 허리띠라 그들이 아론과 그의 아들들을 위하여 거룩한 옷을 만들어 그가 나의 제사장직을 감당하게 하라

1) 흉패-에봇 앞 가슴에 달린 일종의 주머니입니다. 길이와 넓이가 각각 한 뼘씩 네모 반듯한 모양인데, 이 위에 이스라엘 열 두 지파를 상징하는 보석을 부착했으며, 안에는 우림과 둠밈을 넣었습니다(15-30절).

2) 에봇-대제사장이 제일 겉에 입는 옷으로 일종의 앞치마입니다.

3) 겉옷-에봇 밑에 받쳐 입는 옷이므로 일명 '에봇 받침 겉옷'(31절)이라 합니다. 공동번역은 이를 '도포'로 번역하였습니다.

4) 관-대제사장이 머리에 쓰던 일종의 사모입니다.

5) 띠-두가지 종류가 있습니다. 하나는 에봇 위에 매는 것(28절)이고, 다른 하나는 반포 속옷 위에 매는 것(39,40절)입니다.

6) 거룩한 옷-제사장 의복은 제사장의 임무를 수행하는 아론과 그의 아들들의 더러움을 덮음으로, 그들을 거룩케 한다는 의미에서 거룩합니다.

출28:5 그들은 금과 청색과 자색과 진홍색과 가는 베실을 사용할지니라

금색은 영광과 존기를 뜻하며, 청색은 자비와 사랑을 뜻하고, 자색은 권위와 위엄, 홍색은 희생과 속죄 그리고 베실, 즉 흰색은 순결과 순수를 각기 상징합니다.

출28:6 그들이 가늘게 꼰 베실을 써서 수놓아 짜서 어깨띠를 만들되

70인역에는 "금실과 청색 자색 홍색 실과"이 부분이 생략되어 있습니다.

출28:7 에봇에 어깨띠를 두 개 만들어 그 양쪽 끝에 달아서 서로 연결되게 하고
출28:8 어깨띠 짜는 작업은 에봇 짜는 법과 같게 할지니 금실과 청색과 자색과 꼰 주홍색 실과 가늘게 꼰 베실로 할지니라
출28:9 너는 에메랄드 돌 두 개를 취하여 그 안에 이스라엘 자손의 이름들을 새기되

이스라엘 아들들의 이름을 새기되-호마노는 그 재질이 아주 단단합니다. 따라서 그것에 이름을 새기기 위하여서는 고도의 세공술이 필요합니다. 애굽에서는 B.C.2000년 이전부터 이미 이러한 기술이 발달하였으니 이스라엘인들은 애굽 체재시에 그 같은 기술을 습득했을 것입니다. 한편 여기서 '이스라엘 아들들'이란 단순한 야곱의 열 두 아들들이 아닌 이스라엘 전체 지파를 가리킵니다. 따라서 대제사장이 그들의 이름이 새겨진 호마노를 어깨에 매고 하나님께 나아가는 것은 곧 대제사장이 이스라엘 전체를 대표하여 하나님께 나아가는 셈이 됩니다.

출28:10 그들의 출생 순위에 따라 한 보석에 여섯 이름을 두번째 보석에 나머지 여섯 이름을 새기며

여섯이 됨을 함 보석에-호마노 두 보석 위에는 이스라엘 12 아들들의 이름이 그 출생 순서대로 한 보석에 여섯명씩 각각 기록되어 있었습니다. 이것은 이스라엘 온 백성이 하나님의 보호 하에 하나의 공동체를 이루고 있음을 상징합니다.

출28:11 너는 보석에 새기는 자의 기술자가 도장에 새김 같이 이스라엘 자손의 이름들을 그 두 보석에 새기라

인에 새김같이-'인'에 해당하는 '호탐'은 '인장반지'(창41:42)를 가리킵니다. 애굽을 비롯한 고대 국가에서는 반지 위에 이름을 새겨 공문서에 도장처럼 사용하였습니다. 호마노 위에 이스라엘 아들들의 이름을 새긴 것은 바로 이러한 세공 기술을 응용한 것입니다. 상징적으로 이것은 야곱의 12아들로 예표된 이스라엘 12지파, 그리고 이스라엘 12지파로 예표된 신약 시대의 교회는 하나님께서 당신의 생명체에 인(印)을 새김 같이 새겨 보호하시고 구원하실 것이라는 사실을 의미하는 것입니다.

출28:12 너는 그 두 보석을 에봇 어깨띠의 어깨 위에 달고 이스라엘 자손에게 기념의 보석들로 삼되 아론은 주 앞에서 이스라엘 자손들의 이름을 자기 두 어깨에 메워서 기념이 되게 할지니라

두 어깨에 메어서-어깨는 대개 '힘'을 상징하는 신체 부위입니다. 따라서 대제장이 이스라엘 12아들들의 이름이 새겨진 호마노 두 보석을 견대에 넣어 메는 것은 대제사장이 중보자로서 이스라엘 자손들을 보호하여 하나님께로 인도하는 것을 의미합니다.

출28:13 너는 금으로 테를 만들고
출28:14 꽃 화환으로 장식한 순금으로 두 사슬을 만들어 그 땋은 사슬을 그 테에 달아 앞쪽 에봇에 고정시킬지니라
출28:15 너는 심판의 신탁을(흉패) 수놓아 만들되 에봇의 어깨띠 부분을 따라 만들며 금실과 청색과 자색과 홍색실과 가늘게 꼰 베실로 그것을 만들지니라

판결의 흉패를 심판의 신탁이라 하고 있습니다. 왜 대제사장의 흉패를 심판의 신탁이라 했느냐면 국가에 중대한 일이 있어서 결정이 필요할 때, 이 흉패 속에 있는 '우림과 둠밈'으로 판단했기 때문입니다(민27:21;삼상28:6). 여기서 신탁이란 우림과 둠밈을 말하는 것으로 하나님의 계시를 묻는 것을 말함

출28:16 그것을 두 겹으로 네모반듯하게 하되 그 길이를 손바닥 하나의 크기와 그 폭도 손바닥 하나의 크기로 하게하고
출28:17 너는 보석들을 네 줄로 배열하여 보석들을 박아 끼우되 한 보석 줄은 홍보석과 황옥과 에메랄드니 이것이 첫째 줄이 되게 하고
출28:18 둘째 줄은 석탄과 청옥과 벽옥이며

석류석을 70인역에서는 석탄으로 되어 있습니다.

출28:19 셋째 줄은 호박과 마노와 자수정이요
출28:20 넷째 줄에는 황옥과 녹주석과 오닉스니 이 보석들을 금테에다 끼워 박아 넣어 그 보석대로 배열하라
출28:21 그리고 보석들에 이스라엘 자손의 이름을 있게 할지니 열둘을 그들의 이름들에 따라 도장을 새기듯이 할 것이요 각 보석에 열두 지파에 따라 그 이름이 있게 할지니라
출28:22 너는 순금으로 사슬을 만들되 땋은 사슬로 흉배의 신탁위에 만들지라
출28:23 또 금 고리 둘을 만들어 흉패 위 곧 흉패 두 끝에 그 두 고리를 달고
(22절부터 28절까지 70인역에는 없음)
출28:24 땋은 두 금 사슬로 흉패 두 끝 두 고리에 꿰어 매고
출28:25 두 땋은 사슬의 다른 두 끝을 에봇 앞 두 어깨받이의 금테에 매고
출28:26 또 금 고리 둘을 만들어 흉패 아래 양쪽 가 안쪽 곧 에봇에 닿은 곳에 달고

출28:27 또 금 고리 둘을 만들어 에봇 앞에 두 어깨받이 아래 매는 자리 가까운 쪽 곧 정교하게 짠 띠 위쪽에 달고
출28:28 청색 끈으로 흉패 고리와 에봇 고리에 꿰어 흉패로 정교하게 짠 에봇 띠 위에 붙여 떨어지지 않게 하라
출28:29 아론이 성소에 들어갈 때는 가슴 위에 판결의 신탁을(흉패) 붙여 이스라엘의 자손의 이름들을 하나님 앞에 기념을 삼으라

이 판결 흉패를 가슴에 붙여-대제사장은 이스라엘 열 두 지파의 이름을 어깨(12절)와 가슴 두 군데씩 부착했습니다.

출28:30 너는 판결의 신탁(흉패)안에 현현(우림)과 진리(둠밈)를 넣어 아론이 주님 앞의 성소에 들어갈 때에 그것이 아론의 가슴에 있게 하라 또한 아론은 주 앞에서는 계속적으로 그의 가슴 위에 이스라엘 자손의 심판을 지닐지니라

우림과 둠밈-'우림'은 '빛'을 뜻하는 '우르'의 복수로 '빛들'이란 말입니다. 또 '둠밈'은 '온전함'을 뜻하는 톰의 복수형으로 '완전'이라는 의미를 지닙니다. 루터는 이를 '빛과 공의'라고 번역 했는데, 현대 대부분의 번역은 히브리어 그대로 '우림과 둠밈'으로 옮기고 있습니다. 이의 크기나 모양, 재료 등에 대해서는 정확히 알려진 바가 없으나, 아마 매끈한 돌이나 혹은 금속으로 만들어진 일종의 주사위 모양 같았던 것 같습니다. 여하튼 그것의 용도는 명확한데, 즉 그것은 구약 수여 초창기에 백성들이 하나님의 뜻을 알고자 할 때, 그 뜻의 가부를 결정하는 일종의 '제비' 도구였던 것만은 분명합니다(삼상28:6). 따라서 대제사장은 중요한 판결이 있을 때 우림과 둠밈이 들어 있는 흉패를 입고 그곳에 참석하여 가부를 제비 뽑는 형식으로 뽑아 문제를 해결하였던 것입니다(레8:8;민27:21;신33:8;삼상28:6;스2:63;느7:65). 한편 우림과 둠밈의 뜻인 '빛과 완전'은 하나님의 성품과노 상동하는데 두 단어의 첫 자가 각각 히브리어 알파벳의 처음과 마지막자라는 점은 하나님이 자신을 '처음과 나중,시작과 끝'(계1:8,17;21:6;22:13)이라고 계시하신 사실과 관련해 볼 때 어떤 연관성을 지니고 있다고 볼 수 있습니다.

한편 구약 시대 초창기에 우림과 둠밈 등을 사용하여 '제비'를 뽑아 하나님 뜻을 분별하는 기계적인 방법은 그 이후 선지자들의 예언 활동이 증대됨에 따라 점차 그 필요성이 줄어들었습니다. 그리고 오늘날과 같은 '은혜의 시대'(고후6:2) 에는 이같이 제비 뽑는 방식은 더 이상 필요하지 않게 되었습니다. 오늘날 하나님께서는 그의 백성들을 기록된 성경 말씀과 성령의 조명 등을 통하여 직접 인도해 주시기 때문입니다(요16:13). 우림과 둠밈을 70 이역에서는 '현현과 진리'로 되어 있다.

출28:31 너는 에봇 겉옷 전체를 청색으로 만들되
출28:32 그 한가운데 그것의 구멍을 내고 그 구멍 주위 가장자리를 돌아가며 정교하게 짠 그 결합체(깃)를 함께 짜서 그것이 찢어지지 않게 하라

1) 머리 들어갈 구멍을 내고-에봇 받침 겉옷은 무릎 밑까지 내려오는 긴 통옷으로서 목 위로 입고 벗었습니다.
2) 깃을 짜서 찢어지지 않게 하고-제사장이 겉옷을 입고 벗을 때 해어지거나 찢어지지 않도록 하기 위한 조처입니다. 여기서 '깃'이란 이중으로 천을 댄 후 실로 박은 것을 가리킵니다. 70인역에서는 '결합체'로 나옵니다.

출28:33 그 겉옷 가장자리로 아래에 꽃이 만발한 석류나무의 석류 형상처럼 만들어 둘레에 청색과 자색과 홍색실과 베실로 가늘게 꼰 실로 그 겉옷 가장자리 주위에 달고 또 석류형상 모양의 금방울을 주위의 석류 사이에 달지니

1) 석류를 수놓고-석류는 고대 근동에서 장식용 소재로 많이 쓰였는데, 특히 열매는 풍요의 상징으로 여겨졌습니다. 여기서는 어떤 특정한 의미는 없고 장식용으로만 쓰인 것 같습니다.
2) 금방울을...달되-고대 근동 지방에서는 왕이 백성들에게 자신의 권위와 위엄을 나타내기 위해 방울달린 옷을 입는 습속이 있었습니다. 따라서 제사장의 옷에 방울이 달렸다는 것은(보석이 달린 것과 함께) 일차적으로 제사장의 왕적인 권위를 나타내는 것으로 볼 수도 있습니다. 그러나 보다 근본

적인 이유는, 제사장이 제사 집전시 어떤 행동을 취할 때마다 방울 소리가 울리게 되므로 삼가 신중하고 경건한 자세로 집례에 임하도록 해 주었을 것입니다. 반면, 이것은 성소에 들어갈 수 없는 일반 백성들에게는 그들이 그 안에서 들리는 방울 소리를 통해 대제사장의 움직임을 알 수 있고, 따라서 자신들의 제사가 받아들여지는 것을 확인하게 하기 위함입니다. 만약 방울 소리가 나지 않으면 성소 안에서 대제사장이 움직이지 않고 있다는 표시이며 그것은 곧 그의 죽음을 의미하게 됩니다.

출28:34 석류형상의 금방울 하나를 겉옷의 가장자리 둘레에 피어나는 꽃처럼 보이게 달지니라
출28:35 그것은 아론이 섬길 때 입게 될 것이니 그가 주님 앞 성소에 들어갈 때와 나올 때에 결코 죽지 않도록 하는 소리가 들릴 것이니라

그 소리가 들릴 것이라 그리하면 그가 죽지 아니하리라-여기서는 앞서 설명한 것처럼(33절) 방울 소리를 통해 대제사장이 어떤 잘못된 행위로 죽지 않고 살아 있다는 사실을 확인하기 위함일 것입니다. 70인역에서는 "결코 죽지 않도록 하는 소리"로 되어 있습니다. 즉 방울 소리는 죽지 않게 하는 방법이 아니라, 그것을 통해 죽지 않았음을 확인하는 방법이었던 것입니다. 한편 히브리 전승에 의하면 대제사장이 성소에 들어갈 때에는 발목에 밧줄을 매고 들어갔다 하는데, 이것은 대제사장이 제사를 잘못 드림으로 징벌을 받아 성소에서 죽었을 경우 일반 백성들은 그 안에 절대 들어갈 수 없었으므로 이 줄로 시체를 끌어내기 위해서였습니다.

출28:36 너는 순금으로 꽃잎 패(무늬)를 만들어서 도장을 새기듯이 꽃잎 패 안에 주님의 거룩한 성직자라 새기고

1) 패(치츠)- 본래의 의미는 '반짝임'인데, '꽃'이나 '꽃 모양의 무늬'를 의미 합니다. 70인역에서는 "잎"을 뜻하는 '프페탈론'으로 번역했습니다. 꽃은 왕의 권위를 상징하는 형상으로도 종종 쓰였는데, 여기서 제사장이 꽃 모양의 패를 쓴 것은 왕과 같은 위엄과 권위를 나타낸 것이라고 볼 수 있습

니다. 실제로 성경에서는 성도들을 가리켜 '왕 같은 제사장'(벧전2:9)이라 표현했습니다.

2) 여호와께 성결(코데시라예호와)-우리말로 '성결'이라고 번역된 '코데쉬'는 '거룩'이라는 뜻입니다. 따라서 직역하면 '여호와께 거룩' 혹은 '여호와를 향한 거룩'이 됩니다. 대제사장의 의복은 여러 가지 장식과 보석 등으로 꾸며져 일반 의복과 완전히 구별되었는데, 그 목적이 사람들 앞에 나타내기 위한 것이 아니라 '하나님을 향한' 것임을 일깨우기 위해 이 같은 글을 새겼을 것입니다. 70인역에서는 "주님의 거룩한자"라고 되어있습니다.

출28:37 너는 꽃잎 패(무늬)를 관 위에 있도록 가늘게 꼰 청색실로 매되 그것이 관 전면을 따라 있게 하라

출28:38 그리고 꽃잎 패(무늬)가 아론의 이마에 있게 하여 이스라엘 자손들이 거룩하기를 바라며 예물을 드릴 때 그 거룩한 예물을 잘못 드려 죄를 지으면 그 책임을 아론에게 담당하게 하라 그 꽃잎 패(무늬)가 아론의 이마에 계속 있으므로 주님께서 그들에게 호의를 베푸실 것이니라

출28:39 너는 베실로 속옷을 수놓고 그리고 베실로 관을 만들고 너는 허리띠를 수놓아 만들지니라

출28:40 너는 아론의 아들들을 위하여 속옷들을 만들며 그리고 허리띠를 만들고 그들을 위하여 관을 만들어 존귀와 영광스럽게 하되

출28:41 그것들을 네 형 아론과 그와 함께한 그의 아들들에게 입히고 그들에게 기름을 붓고 그들의 손을 채우고 거룩하게 하여 그들이 제사장 직분을 내게 행하게 할지며

출28:42 너는 그들에게 천으로 속옷을 만들어 그들의 몸 외음부를 가리게 할지니 그 옷은 허리에서 허벅지까지 이르게 하라

출28:43 아론과 그의 아들들은 증거의 성막에 들어갈 때나 성소에서 섬기려고 번제단에 가까이 갈 때에 그것을 입어야 그들이 죄를 짓지 않아서 죽지 않으리니 그것이 그와 그의 씨가 지켜야 할 영원한 율법이 되리라

출애굽기 29장

출29:1 그리고 이것이 네가 그들에게 할일이니 너는 그들을 거룩하게 하여 제사장으로 나를 섬기게 할지니 곧 너는 어미 소에서 떼어 어린 송아지 한 마리와 흠 없는 숫양 두 마리를 취하고

1) 제사장 직분을 위임하여-앞 장에서 언급하였듯이, 이스라엘 백성들을 효율적으로 통치하기 위하여 모세가 지니고 있던 3대 권한(종교, 사법, 행정권) 중 제사장직(종교권)을 아론과 그 아들에게 위임하라는 지시입니다 (출28:1).

2) 젊은 수소 하나와 … 수양 둘-아론과 그 아들들에게 제사장직을 위임하기에 앞서 그들을 성별케 하는 데 필요한 제사, 제물입니다. 이중 수소는 속죄제를 위한 것이며 수양 둘은 각각 번제와 화목제를 위한 것입니다.

3) 흠 없는(테미밈)-원뜻은 '완전한'입니다. 이는 단순한 정성을 보기 위해서라기보다는 하나님의 성품 자체가 완전하시기 때문에 이러한 제물을 요구하신다고 볼 수 있습니다. 따라서 이러한 제물은 궁극적으로 인간의 죄를 담당하실 어린양 예수의 완전하심을 상징합니다(히4:15). 그러나 후대에 가서 이스라엘은 이러한 깊은 영적 의미를 깨닫지 못하고 '흠 있는' 제물을 드리는 등 외형적 형식으로 치우쳐 본래의 의미를 상실하게 됩니다(말1:7,8).

출29:2 누룩 없는 빵을 기름에 반죽한 것과 누룩 없는 케이크에 올리브기름을 바른 것으로 구운 과자를 만들어라

기름 섞인 무교 과자와 … 무교 전병-과자와 전병을 대부분의 영어 성경에서는 각각 '케이크'로 번역하고 있습니다. 그런데 이것들을 누룩을 넣지 않고서 만든 까닭은 무교병과 마찬가지로 여기서 누룩은 부패와 죄악을 상징

237

하기 때문입니다(출12:8). 그리고 이것들에 기름을 섞거나 바른 것은 하나님께 성별해 바치는 것을 의미합니다. 한편 이러한 무교병과 무교 과자, 무교 전병은 하나님께 소제를 드리는 데 사용되었습니다.

출29:3 너는 그것들을 한 광주리에 담아서 그것들을 광주리에 담은 채 그 송아지와 숫양 두 마리와 함께 가져오라
출29:4 아론과 그의 아들들을 증거의 성막 문으로 데리고 와서 그들을 물로 씻기고
출29:5 너는 겉옷을 가져다가 아론에게 속옷과 에봇과 어깨띠와 흉패를 입히고 어깨띠의 흉패를 그것에 묶어라
출29:6 그의 머리에는 사모를 씌우고 그 사모 위에 성직패를 붙이고
출29:7 기름 붓는 올리브기름을 가져다가 그의 머리에다 붓고 바를지니라

관유를...부어 바르고-관유란 거룩한 목적에 사용하기 위하여 특별히 만든 기름을 가리킵니다. 출30:23-25에 의하면 유질 몰약 500세겔, 육계(肉桂) 250세겔, 창포250세겔, 계피500세겔 그리고 감람기름 1힌을 섞어서 만들었음을 알 수 있습니다. 그런데 이것을 제조하는 데에는 정교한 기술이 필요했으므로 초기에는 브사렐이 도맡아서 만들었던 것 같습니다(출37:29). 한편 이러한 기름을 아론과 그 아들들의 머리에 부은 것은 곧 그들을 성별하여 거룩한 하나님의 일을 하게 한다는 임직(任職)의 의미가 있습니다(출28:41). 70인역에서는 '올리브기름'으로 되어 있습니다.

출29:8 너는 그의 아들들을 데려다가 그들에게 속옷을 입히고
출29:9 그리고 너는 그들에게 허리띠를 띠게 하고 관을 씌워서 그들을 영원히 나의 제사장이 되게 하고 그리고 아론의 손을 성결하게 하고 그의 아들들의 손도 성결하게 해야 할지니라

1) 제사장의 직분을 그들에게 맡겨-5~7절이 대제사장의 임직에 관한 규례

임에 반해 본절은 제사장 직분에 대한 아론 가문의 '배타적' 권리를 영원한 규례로 명시한 것입니다. 이같이 아론 가문만이 제사장 직분을 고유하게 맡은 것은 불규칙적이고 개인적인 제사를 방지하며 또한 훈련된 사람들을 통해 하나님께서 명하신대로 올바른 제사를 드리기 위함이었을 것입니다. 그러나 이스라엘 역사 초기에는 아론 가문이 아닌 사람들이 임의로 제사장직을 맡았고(삿17,18장), 다윗 시대에는 두 가문에서 제사장이 나오기도 하다가(사독과 아비아달, 삼하8:17;15:24-29;19:11), 바벨론 포로이후에 가서야 아론 가문의 제사장 세습제가 완전히 정착되었습니다. 따라서 그 기간 동안에는 올바르지 못한 제사가 많았고 때로는 왕이 제사장 역할을 수행하기도 했습니다(삼상13:9, 10; 왕상3:4;대하26:10-20).

2) 위임하여(밀레타 야드)-직역하면 '손에 가득 채워'란 뜻이다. 위임한다'는 뜻으로 쓰인 말레는 본래 이와 같이 '채우다, 충만하다'는 뜻인데 상징적으로는 '성취하다, 봉헌하다'는 의미로도 사용됩니다. 아무튼 '손을 채운다'는 말은 제사장의 임명을 뜻하는 고대전문 용어로 마리의 설형문자 텍스트에도 나타나는데, 원래의 의미는 관직 활동을 하는 사람에게 일정한 소득을 수여한다는 의미입니다. 이 말이 성경에서 관용적인 표현으로 쓰일 때는 본절에서 처럼 제사장을 임명한다는 의미를 지니는데, 사사기에도 이러한 용례가 있습니다(삿17:5,12).

출29:10 너는 수송아지 한 마리를 증거의 성막 앞으로 가져오고 아론과 그 아들들은 주님 앞에서 수송아지의 머리에 안수하여

안수-희생 제물로 바쳐질 수송아지의 머리에 안수하는 것은 사람과 제물을 동일시하여, 그 제물에게 사람의 죄를 전가시킨다는 의미를 지닙니다(레1:4;4:4;8:15;민8:10,12).

출29:11 증거의 성막 문 옆 주님 앞에서 그 송아지를 잡을지니
출29:12 너는 그 송아지의 피를 가져다가 네 손가락으로 번제단의 뿔에다 바르고 남은 모든 피는 번제단 바닥 옆에다 쏟을지니라

그 피를…단 뿔들에 바르고-여기서의 단은 성소안의 금으로 만든 분향단이 아니라 뜰에 있는 놋쇠로 만든 번제단을 말합니다. 또한 단 뿔이란 번제단의 네 모퉁이 귀를 말합니다. 그런데 이러한 단의 뿔은 하나님의 구원의 능력을 상징합니다(출27:2), 여기에 희생 제물의 피를 바르는 것은 하나님께서 그 피를 받으시고 대신 인간의 죄를 사해달라는 간구 행위입니다.

출29:13 너는 배속의 모든 기름과 간위에 있는 꺼풀과 두 콩팥과 그 위에 있는 기름을 취하여 번제단 위에 올려놓아라

모든 기름과 …꺼풀과 두 콩팥-짐승의 여러 부위 중 이것만 단 위에서 태우는 까닭은, 이것은 희생 제물의 속 부분으로서 가장 기름지고 좋은 부위에 해당되기 때문입니다. 특히 내장은 짐승의 생명과 직접적인 관계가 있는 것으로 그 생명을 하나님께 바친다는 의미가 있습니다.

출29:14 그러나 송아지의 고기와 그 가죽과 똥은 진영 밖에서 불사를지니 그것이 죄 때문이니라

1) 고기와 가죽과 똥은 진 밖에서 불사르라-이스라엘은 애굽에서 나와 가나안으로 행군하는 중이었기 때문에 광야에서 유목민의 캠프 형태로 생활했습니다. '진'이란 원어 '라마하네'는 바로 이러한 '장막, 캠프'등을 뜻합니다. 한편 희생 제물의 고기와 가죽등을 진 밖에서 태운 이유는, 내장 부위를 단 위에서 드리고 남은 부분은 더 이상 사람과의 접촉이 없도록 하기 위함이었습니다. 즉 일단 희생 제물로 드려진 짐승은 인간의 죄책을 짊어진 불결한 것이므로 더 이상 거룩한 성소나 신앙공동체인 이스라엘 진영에 머무를 수 없고 진 밖으로 내어 가야 했던 것입니다. 그러므로 히브리서 기자는 이를 예수께서 인간의 모든 죄를 걸머지신 후 영문 밖에서 죽으신 것과 연결시키고 있습니다(히13:12).
2) 속죄제-여기서의 속죄제는 특히 대제사장을 위한 것인데 이처럼 성직의 위임식에서 죄의 회개가 선행되었다는 것은 중요한 의미를 지닙니다. 즉 이는 인간과 하나님 사이의 중보자 역할을 담당할 대제사장 역시 죄인

임을 보여 주는 것입니다. 그렇기 때문에 히브리서 기자는 그러한 아론의 반차를 쫓는 대제사장이 드리는 제사는 불완전하고 일시적임을 지적하면서, 예수 그리스도에 희한 완전하고도 영원한 제사를 가르친 것입니다(히 9:11-15;10:1-14).

출29:15 그리고 너는 숫양 한 마리를 취하고 아론과 그의 아들들은 그 숫양의 머리에다 안수할지니
출29:16 너는 그 숫양을 죽여 그 피를 취하여 번제단 주위에다 뿌리고
출29:17 그 숫양의 사지를 산산히 동강을 내고 그 내장과 다리는 씻어 산산히 동강을 낸 머리도 함께 두고

속죄 제물과는 달리(13)절 번제 제물은 내장 뿐 아니라, 그 고기와 머리, 다리부분까지 단 위에서 모두 태워야 했습니다(18절). 그 까닭은 그것이 인간의 죄를 짊어진 속죄제물이 아니라, 하나님께 대한 인간의 온전한 헌신을 상징하는 자원 제물이기 때문이었습니다(18절).

출29:18 너는 제단에 숫양 전체를 드려야 하리니 이것이 주님께 번제단에서 드리는 번제니라 그것은 향기로운 좋은 냄새니 그것은 주님을 위한 희생이니라

1) 번제(올라)-'계단,올라감' 이라는 뜻으로도 쓰이는데 그것은 이 말이 '오르다,올라가다'라는 동사 '알라'에서 유래했기 때문입니다. 즉 연기가 위로 '올라간다'는 의미로부터 번제를 나타내는 말로 쓰인 것입니다. 한편 번제는 제물 전체를 태우는 제사로 하나님께 '완전히 드린다'는 의미를 지닙니다.
2) 향기로운 냄새(레아흐 니흐 호아흐)-'레아흐'는'향내,냄새'라는 뜻으로 '바람불다,숨쉬다'는 뜻의 '루아흐'에서 유래했으며, '니흐호아흐'는 본래의 의미가 '편안한,즐거운'입니다. 따라서 이를 직역하면 '즐거운 향기,편안한 향기'가 됩니다. 즉 제물이 하나님께 열납 되어 죄로 인한 진노가 멈추고, 이제 안정되고 평화로운 상태가 되었다는 뜻입니다. 한편 '루아흐'는 명사로 쓰일 때 '바람'이라는 뜻과 함께 '영'이라는 뜻도 가집니다. 따라

서 '향기로운 냄새'라는 것은 하나님께서 받으시기에 즐거운 영적인 제사가 된다는 의미입니다. 그러나 사실 짐승을 태우는 냄새가 실제적으로 향기로울 수는 없습니다. 그러므로 이는 어디까지나 하나님 편에서 피제사로 드리는 인간의 기꺼운 순종을 향기로운(즐거운) 냄새(영적 제사)로 받으시는 것을 뜻합니다.

3) 화제(이쉐)-원뜻은 '불'로 곧 불에 의한 제사를 가리킵니다.

출29:19 너는 두번째 숫양을 취하고 아론과 그의 아들들은 그 숫양의 머리에 안수할지니라

출29:20 그리하여 너는 그 숫양을 잡고 그 피를 취하여 아론의 오른쪽 귀 끝과 그의 아들들의 오른쪽 귀 끝에 바르고 또 그들의 오른손 엄지와 오른발 큰 발가락 위에 바르라

오른 귓부리...오른손 엄지...오른발 엄지-화목 제물로 잡은 수양의 피를 제사장의 이러한 신체 부위에 바르는 것은 곧 하나님께 대한 제사장의 전적 순종과 헌신 상징적으로 나타내 보여 주는 것입니다. 왜냐하면 사람이 손과 발의 엄지 손가락을 잃으면 그는 힘을 쓸 수 없는 사람이 되기 때문입니다(삿 1:6). 따라서 손과 발, 특히 그중에서도 오른손과 오른발의 엄지는 힘을 나타내며 여기에 피를 바른 것은 이것으로 열심히 사해야 하는 것을 상징한다고 볼 수 있습니다. 반면에 귀는 대체적으로 '예속'을 의미하는 신체 부위입니다. 그러므로 고대 근동에서는 어떤 사람의 귀에 구멍을 뚫으면 그는 일평생 상전에게 소속된 사람으로서 충성을 다할 것을 의미하는 것으로 이해하였었습니다(출21:6). 그러나 여기서 제사장의 귓부리에 화목제물의 피를 바른 것은 그가 하나님의 말씀을 주의 깊게 듣고서 그 말씀대로 철저히 순종하는 것을 나타내는 상징적 행위입니다.

출29:21 너는 번제단 위에 있는 피와 붓는 올리브기름을 취하여 아론과 그의 의복 위와 그의 아들들과 그와 함께한 그의 아들들의 의복 위에다 뿌려라 그의 의복과 그의 아들들과 그와 함께한 그의 아들들의 의복이 거룩하여질 것이라 그 후 번제단 주위에 숫양의 피를 뿌려야 할지니

1).단 위의 피와 관유를...옷에 뿌리라-수양의 피 중 단 위에 뿌리고 남은 피를 또다시 거룩한 목적에 쓰이는 관유(7절)와 섞어 제사장의 옷에 뿌렸습니다. 이처럼 피 섞은 기름을 제사장들의 옷에 뿌린 것은 피에 의해 그 옷을 입는 제사장의 죄가 가리워지며, 기름에 의해 거룩히 구별되는 것을 나타내기 위함입니다.

2).70인역에는 "그후 번제단 주위에 숫양의 피를 뿌려야 할지니"라는 말씀이 첨가되어 있습니다.

출29:22 또 너는 그 숫양의 기름과 내장을 덮고 있는 기름과 간위의 꺼풀과 두 콩팥과 그것들 위의 기름과 오른쪽 앞다리를 취할지니 이것이 봉헌이라

위임식의 수양-문자적인 뜻은 "채움의 양"입니다. 이는 속죄용 수송아지(10절)와 번제용 수양(15절)에 이어 마지막 남은 이 화목제용 수양을 화목제물로 드림으로써, 아론과 그 아들들이 비로소 제사장직을 수행할 수 있게 된 데서 비롯된 명칭입니다. 70인역에서는 '위임식'을 '봉헌'이라 말하고 있습니다

출29:23 주님 앞에 놓인 누룩 없는 바구니에 케이크 하나와 올리브기름 바른 빵 하나를 취해서
출29:24 그 모두를 아론의 손과 그의 아들들의 손에 맡기고 그것을 주님 앞에 흔들어 요제를 삼을지며

1) 흔들어-기본형 '누프'는 '흔들다'는 뜻과 함께 '흔들어 바치다'는 의미도 갖습니다. 따라서 이는 봉헌하는 제물을 두 손으로 받쳐 들고 앞뒤로 흔드는 것을 말합니다.

2) 요제-이는 번제나 화목제 또는 소제 등과 같은 제사의 종류가 아니고, 화제(祭)나 거제(擧祭), 전제(奠祭)와 같은 제사 드리는 한 방법입니다. 요제의 방식은 제사장이 제물을 높이 들어 흔들었다가 내리는 것으로 이런 행위는 하나님께 바쳤던 것을 다시금 제사장이 자신의 양식으로 되받는 것을 의미

합니다. 한편 이러한 요제는 치유된 문둥병자의 속건제(레14:12, 21,24)나 첫 열매의 곡식 단(레23:15) 및 칠칠절때 드리는 두 떡덩이(레23:17,20)등을 하나님께 바칠 때도 이용되었습니다.

출29:25 그들의 손에서 그것들을 취한 후 번제단 위에서 불사르라 이는 주님 전에 향기로운 냄새니 곧 주님께 드리는 화제니라
출29:26 너는 아론의 위임식 숫양의 가슴을 가져다가 주님 앞에 흔들어 요제를 삼으라 이것이 네 몫이 될 것이라
출29:27 너는 그 흔든 요제물 곧 아론과 그의 아들들의 위임식 숫양의 가슴과 넓적다리를 거룩하게 하라
출29:28 이것은 아론과 그 후손들의 영원히 법이 될지니 왜냐하면 그것은 특별한 제물이기 때문이라 곧 그것은 이스라엘 자손의 특별한 제물로서 이스라엘 자손을 구원하게 하는 주님께 드리는 특별한 제물이라

70인역에서는 화목제물을 특별한 제물로 말하며 동시에 이스라엘 자손을 구원하게 하는 제물이라 말하고 있습니다.

출29:29 아론의 거룩한 겉옷은 아론 이후에는 그의 아들들의 것이 될 것이며 그 옷들을 입고 기름 부음을 받으면 그들의 손이 성결하게 되리라
출29:30 그를 대신하여 제사장이 되는 아들이 증거의 성막에 들어가 섬길 때에 칠 일 간 그 옷을 입을지니라

칠 일 동안-이처럼 대제사장 위임식은 7일 동안 행해졌는데(35절), 이후부터 후임 대제사장 역시 이에 준하여 7일 동안 위임식을 거행해야 했습니다. 한편 성경에서 '7'은 거룩과 완전을 상징하는 수입니다. 따라서 제사장의 위임식 날수를 7일로 정한 것은 이와 같은 '거룩한 완전'을 반영하는 것으로 볼 수 있습니다.

출29:31 너는 위임식 숫양을 취하여 거룩한 장소에서 그 고기를 삶고
출29:32 아론과 그의 아들들은 증거의 성막 문 옆에서 숫양의 고기와 바구니에 있는 빵을 먹을지니라

고기와...떡을 먹을지라-원래 화목제사는 공동 식사 곧 제물을 드리는 사람과 제사장 등이 그 희생 제물을 할당받아 함께 먹는 것으로 절정을 이룹니다. 이와 같이 제사 후 남은 부분을 제사장만이 먹을 수 있는 경우는 이외에도 속죄제가 있습니다(레6:26).

출29:33 그들을 위임하여 성결하게 하는데 사용된 이 속죄의 제물은 거룩한 것이므로 거룩한 장소에서 먹어야 하리니 외국인은 그것을 먹지 못할지니 이는 그것들이 거룩하기 때문이라
출29:34 만일 제물의 고기나 빵의 어떤 것이 아침까지 남아 있으면 너는 그 남아 있는 것을 불로 사를지니 결코 그것을 먹어서는 안되느니라 이는 그것이 거룩함이라

아침까지 남았으면...불에 사를지니-이처럼 제사드린 후 남은 고기는 당일에만 먹고 나머지는 모두 소각시켜야 했습니다. 그 이유는 무더운 팔레스틴 지방에서 고기를 남겨두면 쉽게 부패할 수 있었기 때문이기도 하지만, 보다 근본적인 까닭은 거룩한 의식에 사용된 거룩한 음식이 경솔하게 취급되는 것을 방지하기 위하여서 였습니다(출23:18).

출29:35 내가 네게 명령한 모든 것대로 너는 아론과 그의 아들들에게 그렇게 행할지니 칠 일 동안 너는 그들의 손을 성결케 할지니라
출29:36 너는 성결의 날에 죄를 위하여 송아지 속죄를 드려라 네가 번제단을 깨끗하게 하여 번제단을 거룩하게 할지니 너는 그곳에 기름을 바르고 거룩하게 할지니라
출29:37 칠 일 동안 너는 번제단을 깨끗하게 하고 거룩하게 할지니 그것이 거룩하고 거룩한 번제단이 되리니 번제단에 닿는 것은 무엇이나 거룩

하게 되리라

출29:38 네가 번제단에 드릴 것은 이러하니라 매일 일 년 된 어린 양 두 마리를 일주일 동안 계속해서 영원히 제물을 드릴지니

매일(라윰 타미드)-직역하면 '매일' '계속적으로'라는 뜻으로 7일간의 제사장 위임식 기간 동안 매일 드려야 하는 상번제(上燔祭)를 가리키는 말입니다. 한편 이스라엘 역사상 이러한 상번제는 점차 율법 준수의 핵심이 되어졌는데, 이 제사시에는 번제와 소제와 전제도 한꺼번에 드려졌습니다(40,41절). 눅2:8에 나오는 목자들은 아마도 성전에서 매일 드려지는 이 같은 제사에 쓰일 양을 치던 사람들이었던 것 같습니다.

출29:39 어린 양 한 마리를 아침에 드리고 두번째 어린 양은 일몰때 드릴지니라

한 어린 양은 아침에...저녁 때에-유대인의 전통에 따르면, 아침에 드리는 양은 전날 밤에 지은 죄를 위한 것이고, 저녁때 드리는 양은 그날 낮 동안에 지은 죄를 위한 것이라고 합니다. 한편 이렇게 정해진 시간에 드리는 제사는 아마도 나중에 시간을 정해 놓고 드리는 기도와 자연스럽게 연결되었을 것입니다(행3:1).

출29:40 어린양 한 마리는 고운 밀가루 십분의 일과 찧은 올리브기름 사분의 일 힌을(액체 용량을 측정하는 단위) 더하고 또 술붓는 제사로 포도주 사분의 일힌을 더하라

1) 밀가루 ... 기름 ... 포도주-여기서 밀가루와 기름은 소제용 제물이며(41절), 포도주는 전제용 제물입니다.
2) 전제-일반적으로 술(포도주)을 제물위에 뿌리는 제사의 한 방법으로, 하나님을 섬기는 자들의 헌신적인 봉사를 상징합니다.
3) 에바 ... 한-여기서 에바(Ephah)는 고체의 부피를 측정하는 단위로 대략 23리터 즉 11되 가량의 체적이입니다. 그리고 힌(Hin)은 액체의 용량을 측

정하는 단위로 시대와 지역에 따라 그 양의 차이가 있으나 대개는 약3.8리터에 해당합니다. 70인역에서는 '에바'는 나오지 않습니다.

출29:41 두번째 어린양은 일몰시에 드리고 이른 아침의 음식제사(소제)에 따라 또 술 붓는(전제)제사에 따라 향기로운 냄새를 위하여 주님께 제물을 드릴지니

소제-다른 제사에 규칙적으로 따르는 부수적인 제사로 떡, 첫열매, 고운 가루, 기름등이 그 제물이었습니다. 보통 번제 뒤에 따랐고 그 가루와 기름의 양은 희생 제물에 따라 정해졌습니다(민15:2-10). 한편 성경에 의하면 이러한 소제가 드려진 다음에는 언제나 화목제가 뒤이어졌음을 알 수 있습니다(레7:12-14;민15:4). 이 소제는 하나님께 대한 충성과 감사를 의미하는데, 제사 후 남은 부분은 다른 제사 때와 마찬가지로 제사장의 분깃으로 돌려졌습니다(레2:3;6:16-18).

출29:42 이것은 너희가 세대에 걸쳐 주님 전에서 증거의 성막 문에서 계속 드릴 제사라 거기에서 내가 너희를 알고 거기서 너에게 말하리라

늘 드릴 번제-즉 상번제(上燔祭)를 가리킵니다. 번제 중에는 때를 따라 드리는 특별번제가 있고, 이처럼 항상 아침 저녁으로 계속 드려야 하는 상번제가 있습니다. 번제가 70인역에서는 '제사'로 되어 있는데 이는 상번제를 말합니다.

출29:43 그곳에서 내가 이스라엘 자손에게 명하리니 내 영광으로 거룩하게 되리라

내가 거기서...만나리니...거룩하게 될지라-하나님께서 휘막 곧 지성소 안의 속죄소 위에서(출25:22) 제사장을 통해 이스라엘 백성들을 만나실 것인데, 이로 인해 회막이 거룩한 장소가 될 것이란 의미입니다. 그렇다고 해서 본 구절을 하나님께서 회막 안에만 하신다거나 오직 그곳에서만 백성들을 만나신다는 한정된 의미로 해석해서는 결코 안 됩니다. 왜냐하면 하나님께서는 본질적으로 무소부재하신 편재적 속성을 지니고 계신 분이시기 때문입니다. 결국 이러한 사실로 보아 하나님께서는 회막이라는 구체적 장소를 통해 당신의 백성됨과 보다 직접적인 교제를 나누시기 원하셨던 것임을 알 수 있습니다(출25:22).

출29:44 내가 증거의 성막과 번제단을 거룩하게 하며 내가 또한 아론과 그의 아들들을 거룩하게 하여 제사장 직분을 행하게 하며
출29:45 나는 이스라엘의 자손의 부름을 받고 그들의 하나님이 되리니

이스라엘 자손중에(베토크 베네 이스라엘)-여기서 '중에'라고 번역된 '베토크'는 '중앙에,가운데'라는 뜻입니다. 이는 하나님께서 이스라엘의 가장 중심이 되는 부분에 거하시겠다는 뜻으로 일차적으로는 성막의 위치가 이스라엘 진의 중앙에 위치했다는 점에서 입증입니다. 그러나 나아가 이 표현은 하나님께서 그의 백성의 모든 영역 중심부분에 함께 하시겠다는 표현입니다. 이처럼 하나님께서 그의 백성들 가운데 계시겠다는 표현은 신, 구약을 통해 자주 나타나고 있습니다.(출25:8;레26:11,12;고후6:16;계21:3). 70인역에서는 "하나님이 이스라엘 자손의 부름을 받고"로 되어 있습니다. 다시 말해 이스라엘 자손들이 하나님을 부르자 그 부름을 하나님이 받고 이스라엘 하나님이 되었다는 말입니다. 즉 이는 믿음으로 이스라엘 백성의 하나님이 되었다는 말입니다. 다시말해 하나님이 그들을 택한 것이 아니라 하나님이 그들로부터 택함을 받았다는 말입니다.

출29:46 그들은 내가 그들의 하나님이라 일컬음을 받기 위하여 그들을 애굽 땅에서 인도하여 낸 주 그들의 하나님인 줄을 알리라

출애굽기 30장

출30:1 너는 향을 피울 제단을 만들되 아카시아 나무로 만들지니라

1) 분향단(미즈베아흐 미크타르 케토레트)-직역하면 '향(케토레트)을 태우는 곳(미크타르)인 단(미즈 베아호)'입니다. 이처럼 신에게 향을 태워 제사하는 것은 비단 히브리인 뿐만 아니라 애굽과 바벨론, 그리이스, 로마 등에서도 시행되던 일반적 종교 행위였습니다. 한편 분향단은 향을 사르기 때문에 일명 '향단'으로 불리 우기도 하고(10절:대상6:49), 금으로 만들어졌다고 해서 '금단'으로 불리우기도 했습니다(39:38;민4:11). 크기는 가로, 세로 각 45.6cm에 높이 912cm정도였으며 위치는 성소의 중앙, 지성소 맞은 편에 놓여졌습니다.

2).번제단도 '뒤시아스테리온'으로 되어있지만 분향단도 '뒤시아스테리온'으로 되어 있지만 차이점은 '뒤시아스테리온' 뒤에 '뒤미아마토스'가 붙으면 이는 분향단을 의미합니다.

출30:2 그 길이가 일 큐빗 넓이가 일 큐빗으로 네모반듯하게 하고 또 그 높이는 이 큐빗이 되게 하고 그 뿔들을 같게 하라

뿔-번제단 뿔(출27:2)이 실제적인 용도와 더불어(시118:27) 상징적으로 사용 (출29:12;레8:15;9:9;16:18;왕상1:50;2:28;시18:112:9)된 것처럼, 분향단 뿔 역시 번제단과 동일한 상징적 의미를 나타내기 위해 설치된 것 같습니다.

출30:3 너는 분향단 윗면과 사방면과 뿔들을 순금으로 도금하고 주위 둘레에 금테두리를 두를지니라

단...정금으로 싸고-분향단은 땅바닥에 닿는 아래 바닥을 제외하고는 전부 금으로 싸야 했습니다. 이처럼 분향단뿐 아니라 성막의 주요 기구를 모두 정금으로 도금한 이유는 금이 지니고 있는 상징적 의미 때문인 것 같습니다 (출25:11,24,31,38;26:29), 즉 금은 그 아름다움에 있어 하나님의 영광과 위엄을 나타내며, 그 변하지 않는 속성에 있어 하나님의 언약의 불변성을 나타내기 때문으로 볼 수 있습니다.

출30:4 그 둘레 금테두리 아래에 순금 고리 둘을 양쪽 모서리 옆에 만들되 그 양쪽 모서리에다 만들지니 그 안에 장대를 꿰어 분향단을 운반 할 수 있도록 해야 할 것이며

금고리 둘-법궤와 번제단의 고리는 4개인데(출25:12;27:4) 비해 분향단의 고리는2개였습니다. 이것은 분향단의 크기가 작았으므로 2개의 고리로도 충분히 이동할 수 있기 때문인 것 같습니다. 한편 이러한 고리에는 채가 꿰여졌는데, 그것은 이동을 하기 위한 것이었습니다. 왜냐하면 광야에서는 수시로 성물들이 옮겨 다녀야 했기 때문입니다. 따라서 분향단 이외에도 법궤나 진설병상 및 번제단에도 이러한 고리들이 있었습니다.

출30:5 너는 그 장대를 아카시아 나무로 만들어 금을 입히고
출30:6 그것을 증거의 궤 옆에 있는 휘장 맞은편에 둘지니 곧 그곳은 내가 너를 아는(만나는) 곳이라
출30:7 아론은 아침마다 그 위에서 고은 향을 피워 그것을 사르되 손질할 때 그 위에다 향을 피울지니라

1) 아침마다(바보케르 바보케르)-이는 분향의 때가 아침이어야 함을 특별히 강조해 주는데 이 시간은 등불을 끄는 시간과 일치합니다. 따라서 해가 돋을 때 제사장은 등불을 끄는 일(출27:20,21)과 향을 피우는 일. 이 두 가지 일을 함으로써 하루를 시작했음을 알 수 있습니다.
2) 향기로운 향을...사르되-성막에서는 늘 희생 제사가 이어졌기 때문에 고기 태우는 냄새와 피 냄새 등으로 가득찼을 것입니다(레1-6장). 따라서 이

런 냄새를 제거하거나 중화시키기 위해서도 향가로운 향이 필요했을 것으로 추측됩니다. 특히 제단 주변에는 피를 뿌리기 때문에(출29:12,16,20) 더욱 이러한 향이 필요했을 것입니다.

3).등불을 정리할 때-성소의 등불은 아침에 끄도록 되어 있는데(출27:21; 레24:3;삼상3:3)등불을 끄는 행위를 이처럼 '단장하는' 행위로 표현한 것은 그것이 심지를 다듬고 기름을 보충하는 간검(看檢)행위이기 때문입니다 (출27:21).

출30:8 그리고 아론은 황혼 후에 등불을 켤 때에 그 위에 향을 피울지니 이는 너희 세대에 걸쳐 주님 앞에서 영원히 향을 태워라

1) 또 저녁 때...시를지니-해가 지면 제사장은 다시 등불을 켜기 위하여 성소에 들어가야 했는데 이때 분향도 함께 드리라는 말입니다. 이와 같이 매일 하침, 저녁으로 두번씩 분향을 드렸습니다.

2) 대대로...끊지 못할지며(타미드 레도로테켐)-향을 계속적으로 태우되 매일 아침과 저녁. 규칙적으로 피우라는 말입니다(출27:20).

출30:9 너희는 그 위에 다른 향을 피우지 말며 제사 제물이나 그 위에 결코 술을 붓지 말지니라

번제나 소제...전제의 술을 붓지 말며-사실 분향단은 그 생김새가 번제단과 유사하여(1-3절;27:1,2)제사용으로 잘못 사용할 소지가 있었습니다. 그렇지만 분향단은 단 자체가 향기롭고 깨끗한 것이기 때문에, 그 위에서 희생 제사를 드리거나 술을 붓게 되면 깨끗함을 상실하고 본래의 의미(7절)가 사라지게 됩니다. 이처럼 성막의 기구들은 모두가 고유한 용도만을 갖고 있었으며 중복해서 사용될 수 없었습니다. 만약 '겹치기'로 사용되면 깨끗하게 유지되기가 어려울 것이고 성물로서의 독특한 고유의 의미도 감소될 것입니다. 한편, 여기서 '전제의 술'이란 포도주(출29:40)나 독주(민28:7)를 말합니다.

출30:10 아론은 일 년에 한 번씩 피로 그 향단의 뿔들 위에 속죄하며 너희 대대에 걸쳐 피로 죄를 세척하여 속죄 할지니라 이 향단은 주님께 거룩하고 거룩하니라

1) 일 년 일차씩-7월 10일 속죄일을 말합니다(레16:29). 이 날에는 지성소와 성막 본 체 및 성막 내의 모든 기구들을 피로써 정결케 하는 의식이 집행됩니다(레16:16-19).

2) 향단 뿔을 위하여 속죄하되-비록 분향단이 매일 하나님께 향을 바치는데 쓰는 성구이긴 하나 그 자체가 거룩한 것은 아니기 때문입니다. 그 같은 성구도 근본적으로 죄인인 제사장의 손에 접촉되는 동안 의식적인 부정을 입게 되었을 것이니 하나님 앞에서 계속 거룩한 기구로 사용되기 위하여서는 매년 한번씩 반드시 피로써 정결케 해야 했던 것입니다. 곧 성소에서 쓰이는 모든 도구들은 먼저 피로서 정결케 되어야만 거룩하신 하나님 앞에서 쓰이기에 합당한 거룩한 도구, 즉 성물이 될 수 있었던 것입니다. 이 분향단을 피로 정결하는 날을 대속죄일이라 하는 것입니다.

3) 속죄제의 피-죄사함을 받기 위해 드려지는 속죄 제물인 수송아지나 수염소, 수양등의 피를 가리킵니다(레16:5,6,15,27)

4) 지극히 거룩하니라(코데쉬 카다쉼)-"거룩함"을 뜻하는 "코데 쉬"를 반복 사용해서 거룩하다는 뜻을 강조하고 있는 구절입니다(7절). 한편 "지극히 거룩하"는 말은 본래 지성소에만 해당되는 말인데 이 말이 분향단에도 적용된 것은 분향단이 지성소의 한 기구로 취급됨을 암시합니다. 즉 분향단이 성소 내에 있으나 지성소와 가장 가까이 있으며 그 의미에 있어서도 지성소적 성격에 가까움을 시사합니다(6절). 한편, 영적으로 이것은 분향단 위에서 피어오르는 향, 즉 성도의 기도를 하나님께서 매우 값지게 간주한다는 의미가 깃들어 있습니다.

5).70인역에서는 '피로 죄를 세척한다'고 나오고 있습니다.

출30:11 주님께서 모세에게 말씀하여 이르시되

여호와께서...가라사대-지금까지 성막의 식양과 그 제조법에 대하여 지시하신 것(출25:10-30:10)에서 잠시 벗어나 본절로 부터 16절까지는 이스라엘 백성들이 의무적으로 바쳐야 할 세(稅), 곧 생명의 속전 에 관하여 지시하시는 말씀입니다.

출30:12 만일 네가 이스라엘 자손의 수효에 따라 그들을 조사한다면 그들은 자기 영혼을 위한 몸값을 주께 드릴지니 이는 네가 그들을 방문할 때 결코 그들이 멸망당하지 않게 하려 함이라

1) 이스라엘...수효를...조사할 때-고대 사회에서 인구조사는 정치적 권위를 나타내는 한 방법이었으며 세금 징수와도 밀접히 연결되었습니다.
2) 조사받은 각 사람-여기서 '사람'은 '이쉬'로 '남자'를 가리킵니다. 이것은 당시의 관례대로 성인 남자(20세 이상된 남자)만 인구 조사에 포함시켰음을 반영합니다(출12:37;민1:2,3). 이처럼 성인 남자만을 계수한 목적은 아마 그들로 군대를 조직하기 위함이었을 것입니다.
3) 생명의 속전을...드릴지니-'속전'에 해당하는 '코페르'는 '덮개'란 뜻입니다. 따라서 '생명의 속전'이란 죽을 수밖에 없는 죄인의 피를 덮어 죄없는 것으로 인정해 주신 하나님의 은혜에 감사하는 뜻으로 드리는 일종의 배상금이라 하겠습니다.
4) 온역이 없게 하려 함이라-70인역에서는 "멸망"으로 나옵니다. 성경상에서 인구 조사와 관련하여 실제적으로 온역을 당한 경우는 다윗시대의 인구조사 사건이 있습니다(삼하 24장).

출30:13 인구 조사를 받은 자들은 누구나 바칠 것은 이것이니 성소의 반 세겔대로 반의 반 세겔이라 반 세겔은 이십게라 반의 반 세켈은 주님께 드려야 할지니라

게라-히브리 무게 단위 중 가장 작은 단위로 1게라(Gerah)는 0.57g입니다.

출30:14 인구조사를 받은 이십세 이상인 사람은 누구나 주님께 예물을 드려야 할지니라

이십 세 이상 된 자-이스라엘 사회 에서는 1세 이상의 남자를 장정으로 인정했습니다. 이들은 전쟁에 출전했고(대하25:5), 시민으로서의 자격을 갖추었습니다. 그리고 레위인도 20세가 되어서야 성전에서 일할 수 있었습니다(대상23:24,27;대하31:17;스3:8).

출30:15 너희 영혼을 구속하기 위해 주님께 예물을 바칠 때 부자라 해서 반 세겔의 반보다 결코 더 드려서도 안 되고 가난하다 하여 결코 부족하게 내서도 안 되니라

부자라고...가난한 자라고-이처럼 빈부에 관계없이 속전 액수가 동등하게 부과된 것은 하나님 앞에서는 모두가 동등한 존재임을 뜻합니다.

출30:16 너는 이스라엘 자손에게 속죄전을 받아 회중의 성막 봉사에 그것을 사용하라 이것은 주님 앞에 이스라엘 자손들이 생각나게 하고 너희 영혼 값으로 계산해 주리라
출30:17 주님께서 모세에게 말씀하여 이르시되
출30:18 너는 놋으로 목욕탕(물두멍)을 만들고 그 발을 놋으로 만들어 씻게 하되 그것을 증거의 성막 사이와 번제단 사이에 두고 그 안에 물을 담을지니라

1) 물두멍-모양이나 제조 방법 등에 대해서는 성경상의 언급이 없으나 원어 '키요르'는 '둥근,도려낸,솥'등의 뜻이므로 둥글게 생긴 큰 대야나 욕조 형태였을 것으로 추정됩니다. 70인역에서는 '목욕탕'으로 되어 있습니다. 이 물두멍의 용도는 제사장들이 손발을 씻기 위한 것인데, 이에 대해서는 출29:4에서 이미 간략하게 언급한 적이 있습니다. 그리고 출38:8에 의하면 이것은 회막 문 앞에서 수종드는 여인들의 놋 거울로 만들었음을 알 수 있습니다. 한편 이러한 물두멍은 본래 하나였으나, 훗날 솔로몬 당시에는 성전의 규모에 비례하여 10개로 늘어났습니다(왕상7:38).
2) 받침-물두멍을 고정시키기 위한 발을 말합니다.
3) 회막과 단 사이에 두고-좀더 자세히 설명하면 회막 즉 성막 본체와 번제단을 일직선상으로 연결하는 선에서 남쪽으로 약간 비껴난 지점에 물두멍

을 두었습니다(유대 랍비들) 아마 이는 물두멍이 회막 앞 정중앙 부분에 위치하면 제사장이 성소를 출입할 때 불편하기 때문일 것입니다.

출30:19 아론과 그 아들들은 그곳에서 그들의 손과 발을 씻을 것이며

수족을 씻되-물로 몸을 씻는 것은 고대에 성행하던 종교 예식이었습니다. 이는 곧 죄를 씻어낸다는 상징적인 의미를 지닌 행동이기도 하면서 먼지와 흙으로 더러워지기 쉬운 광야 지대에서는 실제적인 의미를 갖는 행동이었습니다. 그러나 물이 귀한 광야 지대에서 매번 제사 드리기에 앞서 손과 발을 씻는다는 것은 쉬운 일이 아니며 상당한 노력이 따라야 했습니다. 이로 볼때 하나님께 대한 예배와 제사는 그 준비 단계에서부터 노력과 정성이 따라야 함을 알 수 있습니다.

출30:20 그들이 증거의 성막에 들어갈 때 그들이 물로 씻어야 결코 죽지 않으리니 그들이 섬기려고 번제단에 가까이 가서 주님께 번제를 드릴 때도 그리할지니라

물로 씻어 죽기를 면할 것이요-비록 제사장이라 할지라도 부정한 몸으로 하나님께 나아가면 이는 곧 하나님의 거룩하심에 대한 침범이 되기 때문에 죽임을 당케 됩니다. 따라서 그는 물로 씻어 의식적으로 정결케 되었다고 인정받은 후에야 비로소 하나님께 나아갈 수 있었습니다.

출30:21 이와 같이 그들이 결코 죽지 않기 위해서는 그들이 증거의 성막에 들어갈 때마다 물로 손과 발을 씻어야 하리니 이는 그와 그의 씨가 대대에 걸쳐 영원히 지킬 율법이니라

그와 그 자손이...영원히 지킬 규례니라-물론 이러한 의식적인 규례는 구약 제사 제도가 지속되는 동안 아론과 그 자손인 제사장들에게만 해당되는 것입니다. 하지만 그 영적인 의미는 오늘날 만인 제사장적 자격을 지니고 있는 모든 성도들에게 예수의 재림시 까지 그대로 적용됩니다. 따라서 오늘날 성도는 그리스도의 보혈과 생명수로 매일자신을 정결케 해야합니다(롬5:9).

출30:22 주님께서 모세에게 말씀하여 이르시되
출30:23 그리고 너는 고급 향신료를 취하되 우수한 몰약의 꽃 오백 세겔과 그것의 반인 이백오십 세겔의 향수 계피와 이백오십 세겔의 갈대 향수라

1) 상등 향품-향품 가운데 최고품을 가리킵니다. 따라서 본문에 언급되는 향품 들은 모두가 인도를 비롯하여 외국에서 수입되던 귀한 것들이었습니다.
2) 유질 몰약-아라비아, 동 아프리카등에서 나는 감람과의 관목 껍질을 벗겨 거기서 흘러나오는 즙을 채취한 것입니다. 용도가 다양하여 애굽에서는 방부제, 페르시아에서는 향수. 그밖에도 진통제, 건위제(健胃劑) 따위로 쓰였습니다.
3) 육계-애굽, 팔레스틴 뿐 아니라 그리이스와 아라비아에서도 매우 귀중하게 취급 되던 희귀한 향물입니다. 월계수와 같은 나무의 껍질에서 채취한 것입니다. 70인역에서는 '계피'로 되어 있습니다.
4) 창포-못가나 습한 땅에서 자라는 다년생 풀로부터 얻어지는 향재입니다. 주로 인도로부터 수입되었으며 방향제로 사용되었습니다. 공동 번역은 이를 '향초 줄거리'로 번역하고 있으나 70인역에는 '갈대'로 되어 있습니다.

출30:24 성소의 세겔에 따라 육개나무 오백 세겔과 올리브기름 한 힌을 가지고
출30:25 너는 거룩한 기름 붓는 기름을 만들되 향유의 기술로 향유를 만들지니 이것이 거룩한 기름 붓는 기름이 될 것이니라

1) 관유-하나님의 성소에서 쓰인 물건이나 사람을 성별하는 데 쓰는 거룩한 기름입니다(출29:7). 관유가 70인역에는 '기름 붓는 기름'으로 되어 있습니다.
2) 향을 제조하는 법대로-자세한 제조법에 대해서는 알 수 없으나 유대의

전승에 따르면, 각 향 진액만을 추출한 후 이것에 감람유를 정교히 배합하여 관유를 만들었다고 합니다.

출30:26 너는 그것으로 증거의 성막과 증거의 궤에 기름을 바르고

회막-성막 본체를 가리키는 말입니다. '회막'이란 이름은 여호와께서 그곳에서 모세와 이스라엘을 만나 주셨기 때문에 붙여진 이름입니다(출25:22). 70인역에서는 '증거의 성막'으로 나옵니다.

출30:27 등잔대와 그 기구 모두와 향단과

상과 그 모든 기구-여기서 '상'은 떡상(진설병 상)을 가리키며 '그 모든 기구'는 이에 부속된 기구, 즉 대접과 숟가락, 병과 붓는잔 등을 가리킵니다 (25:29). 70인역에는 '떡 상'은 나오지 않습니다.

출30:28 그리고 번제를 드리는 번제단과 그 모든 기구들과 물대야와 그 다리에 기름을 부을지니라
출30:29 너는 그것들을 성별하여 거룩하게 할지니 그 성별된 그것들을 만지는 모든 것은 거룩하리라
출30:30 너는 아론과 그의 아들들에게 기름을 부어 그들을 성별하여 그들로 제사장 직분을 행하게 하고

아론과 그 아들들에게 기름을 발라-이들 역시 죄 있는 인간 중에서 선택된 자들이므로 기름을 발라 의식적인 정결을 힘입어야 했습니다. 한편 이처럼 기름을 바르고 붓는 행위는 성막에서 하나님의 일을 위해 사용되는 기구 및 사람들은 모두 하나님의 것으로서 거룩하다는 사실을 선포하기 위해서였습니다.

출30:31 너는 이스라엘 자손에게 일러 말하기를 이것이 너희 대대에 걸쳐 내게 거룩한 기름 부어 칠하는 기름이니

너희 대대로 내게 거룩한 관유니-하나님께서는 관유를 이스라엘 대대로 제사장들을 성별케 해주는 기름으로 인정해 주시겠다는 뜻입니다. 공동 번역은 이를 '이 기름은 너희가 대대로 성별하는 데에만 써야 한다'로 번역하였습니다. 그러나 70인역은 "대대에 걸쳐 내게 거룩한 기름 부어 칠하는 기름이니"로 해석하고 있습니다.

출30:32 결코 사람의 몸에다 기름을 붓지 말 것이며 이와 같이 너 자신을 위하여 결코 조성물(향기름.관유)을 만들지 말지니 그것은 거룩하며 그것이 너희에게 거룩하게 될 것이라
출30:33 그와 같은 방법으로 그것을 만들고 혹은 그것을 외국인에게 주는 자는 누구라도 그의 백성에게서 멸망당하리라 하라

1) 타인 출29:33에서와 같이 '죄인'을 의미할 수도 있고 아론 자손이 아닌 다른 사람을 가리킬 수도 있지만 70인역에서는 '외국인'으로 되어 있습니다.
2) 붓는(이텐 밈멘누)-70인역도 "주는 것으로 되어 있습니다" 이것은 관유를 성소에서 옮기거나, 혹은 그와 같은 향기름을 만들어 성소 아닌 다른 곳에도 두는 행위를 의미하는데 이는 관유의 본래 목적과 다른 것이기 때문에 당연히 금지되고 있습니다.

출30:34 또 주님께서 모세에게 말씀하시기를 너는 향료와 소합향과 나감향과 달콤한 풍자향과 투명한 유향을 취하여 각각의 무게가 동일하게 하고

1) 소합향-몰약에서 추출한 기름은 아닌데 추측컨대 팔레스틴 또는 인도에서 나는 어떤 나무의 진액을 채취하여 만든 향품인 것 같습니다.
2) 나감향-인도나 홍해 연안에서 얻어지는 어떤 갑각류의 껍질로 만든 향품입니다. 공동 번역은 이를 '향조 껍질'로 번역하고 있습니다.
3) 풍자향-아라비아에서 자라는 어떤 관목을 베어낼 때 나오는 수지로서 만든 향품인데 해독제로도 쓰입니다.

4).유향-감람나무과에 속하는 나무에서 채취한 진액(송진)으로 만든 향기로운 향품입니다.

출30:35 너는 그것으로 향기 있는 분향을 만들되 향수 곧 순수한 것과 거룩한 것을 함께 섞어서 만들지니라

1) 향 만드는 법대로-직역하면 '향제조자의 작품인 향으로'가 됩니다. 일반적으로 향은 아무나 만들 수 있는 것이 아니고 특별한 기술을 가진 제조자가 만들 수 있었습니다. 따라서 성소에서 사용할 향도 이와 마찬가지로 숙련공의 작품처럼 공교히 만들라는 지시입니다. 따라서 성소의 향은 최고의 재료를 사용해서(32절)최고의 숙련된 제조자가 심혈을 기울여서 만든 최고의 향품임을 알 수 있습니다.

2) 소금을 쳐서 성결하게 하고(메뮬라흐 타호르 코데쉬)-직역하면 '소금을 쳐서 깨끗하고 거룩해진'(향 제조자의 작품인 향을 만들라)는 뜻입니다. 소금의 주된 기능은 부패를 방지하는 것입니다(왕하2:9-22). 따라서 향뿐만 아니라 모든 소제물(레2:13)에 소금을 치는 것은 그것을 그대로 보존하여 하나님께 바친다는 실제적, 상징적 의미를 지닙니다. 이외에도 소금은 성경에서 종종 불변의 언약을 상징하기도 하는데(민18:19;애하13:5), 그러한 맥락에서 신약에서도 중요하게 언급되고 있습니다(마5:13;막9:50;골4:6). 70인역에서는 '소금쳐서 만들라'는 말은 나오지 않습니다.

출30:36 너는 그것을 아주 조금 곱게 찧어 증거의 성막에 있는 법궤 앞에 두라 거기서 내가 너를 알게 되리니 그것은 너희에게 아주 거룩하니라
출30:37 네 자신을 위해서 그 제조 방법에 따라 향가루를 결코 만들지 말지니 이것은 네가 주님을 섬기는데 쓰이는 거룩한 것이니
출30:38 그것을 냄새 맡으려고 그것과 같은 것을 만드는 자는 그의 백성에게서 멸망하리라

이는 곧 성소의 향을 후각적 즐거움을 위해 사용함을 의미하는데 이런 행위는 엄금되어 있었습니다.

출애굽기 31장

출31:1 주님께서 모세에게 말씀하여 이르시되
출31:2 보라 내가 유다 지파 훌의 아들 우리의 아들인 브사렐의 이름을 불렀노라
출31:3 내가 그를 하나님의 영의 지혜와 명철과 높은 지식과 여러 가지 재주로 충만하게 하여

> 1) 하나님의 신-구약 시대에도 필요시 종종 활동하사 하나님의 일꾼들에게 특별한 은사를 주셨던 성령을 의미합니다(출35:31;삿3:10;대상12:18). 70 인역에서는 '하나님의 영'으로 되어 있는데 이는 성령을 의미한다.
>
> 2) 지혜와 총명과 지식과...재주-성막 건축과 기구 제작에 필요한 모든 능력을 총괄한 표현입니다. 굳이 분석하자면, 이 중 '지혜'는 발명과 창조의 능력을, '총명'은 사물을 정확히 파악하는 능력을 가리킵니다. 70인역에서는 '이해력'으로 나옵니다. 그리고 '지식'은 경험을 구체적으로 적용하는 능력을, '재주'는 이상의 능력을 실제로 발휘할 수 있는 종합적 기술을 가리킵니다. 또한 70인역에서는 지혜는 하나님의 성령이 주신 지혜를 말하고, 지식은 높은 지식을 말하고 있습니다.

출31:4 묘안을 찾고 기술자들을 감독하여 금과 은과 놋과 청색과 자색과 꼰 붉은색실과 가는 베실과

> 하나님께서는 성막의 건축과 기구의 제작에 대해 세부적인 지침을 주셨지만 본절을 보면 이를 구체적으로 적용함에 있어서는 인간편의 여러 가지 묘안과 계획도 함께 필요함을 알 수 있습니다. 즉 이것은 하나님께서 인간을 단지 기계적으로 부리는 것이 아니라, 그들을 유기적으로 활용하는 것을 의

미합니다. 70인역에서는 "청색과 자색과 꼰 붉은색실과 가는 베실"이라는 말이 첨가되어 있습니다.

출31:5 보석을 깎고 여러 가지 일에 따라 기술자가 나무로 목공 하는 일을 하게 하라
출31:6 내가 브사렐에게 단 지파의 아히사막의 아들 오홀리압을 주고 마음이 지혜로운 모든 사람에게 지혜를 주어 그들로 내가 너에게 명령한 모든 것을 만들게 하려 함이니

1) 오홀리압-'아버지는 나의 장막'이란 뜻으로 브사렐과 함께 성막 건축과 기구 제작자로 부름 받았는데 조각과 수, 직조에 능하였습니다(출 35:34;38:23).
2) 세워(나타티이토)-직역하면 '그에게(이토) 주어서(나타티)'로 곧 브사렐에게 오홀리압을 준다는 의미합니다. 따라서 오홀리압은 브사렐의 조력자로 임명 받았음을 알 수 있습니다.
3) 지혜로운 마음이 있는 자-'숙련된 기술이 있는 자'로도 번역될 수 있습니다. 이들은 브사렐과 오홀리압 밑에서 그들을 도와 성막 건축과 기구 제작 사역을 담당했습니다.

출31:7 증거의 성막과 언약의 궤와 그 위의 속죄소와 성막의 모든 기구들이며
출31:8 번제단과 상과 그 기구들과 순금 촛대와 그 모든 기구들과
출31:9 그 모든 기구들과 물대야와 그 다리와
출31:10 내게 제사장직으로 섬길 때 입는 아론의 예복과 그의 아들들의 예복과
출31:11 붓는 기름과 성소의 복합 향이라 내가 네게 명령한 모든 것에 따라 그들이 만들지니라
출31:12 주님께서 모세에게 말씀하여 이르시되
출31:13 그리고 너는 이스라엘 자손에게 경고하여 말하기를 너희가 나

의 안식일들을 지키는지 볼 것이니 이는 그것이 나를 위한 너희 대대에 걸쳐 너희를 위한 표적임이라 이로써 나는 너희를 거룩케 하는 주님임을 너희로 알게 하려는 것이라

1) 나의 안식일-하나님이 안식일을 제정하신 주인이심을 분명히 암시하는 말입니다.
2) 안식을 지켜라-70인역은 '나의 안식일을 지키는지 볼 것'이라 해석하고 있습니다.
3) 표징(오트)-'신호'라는 뜻이며 '기념비,증거'등의 의미도 있는데 대부분의 영어 성경은 이를 'sign'으로 번역했습니다. 이스라엘에 있어서 최초의 언약의 '표징'은 '할례'로 나타났는데(창17:10,11),여기서 다시 '안식일 준수'가 첨가되었습니다. 70인역에서는 이 표적이 하나님을 위하여 이스라엘을 위한 표적으로 말하고 있습니다.

출31:14 그러므로 너희는 안식일을 지킬지니 그것은 너희를 위해 주님께 거룩한 날이 되기 때문이라 그 날을 모독하는 자는 모두 반드시 죽일지니라 그 날에 일하는 자는 누구라도 그 영혼이 자기 백성 가운데서 멸망하리라

1) 더럽히는-안식일을 지키지 않는 것은(더럽히는 것은) 하나님께 대한 모독이며, 하나님과의 언약(출19:5-8)을 어기는 것이 됨을 알 수 있습니다. 70인역에서는 '모독'으로 나옵니다.
2) 죽일지며-같은 말이 15절에서는 '반드시 죽일지니라'로 정확히 번역 되어 있습니다. 따라서 '반드시'를 첨가해야 본래 의미가 잘 전달됩니다. 한편 안식일을 지키지 않은 사람을 실제로 이처럼 사형에 처했는지는 분명하지 않으나, 포로 시대 이후에는 안식일 준수가 철저히 시행된 것 같습니다. 그렇지만 안식일을 어긴 자를 사형에까지 처하지는 않다가(느13:15-21) 마카비 시대에 이르러서야 목숨과 바꿀 정도로 안식일 준수가 철저히 시행되었습니다(마카비서2:29-38). 이것은 당시 국가의 멸망이 안식일 준수 여부로 작용했기 때문인 것 같습니다. 70인역에서는 강조용법으로 죽음이라

는 말이 반복되었는데 이는 반드시를 의미하는 말입니다.

3) 생명이 끊쳐 지리라-성경에서 이 표현은 단지 육체적인 죽음이나 추방뿐 아니라 영적으로 하나님과 교제하는 축복권(공동체)에서 떨어져 나가는 것을 의미합니다. 70인역에서는 '영혼'으로 되어 있습니다.

출31:15 엿새 동안은 일할 것이나 일곱째 날은 주께 거룩히 쉬는 안식일이니 일곱째 날에 일하는 자는 누구라도 반드시 죽일지니라

70인역에서는 안식일을 일곱째날로 말하고 있습니다.

출31:16 그리고 이스라엘 자손은 안식일을 지킬지니 그들 대대에 걸쳐 안식일을 지켜서 영원한 언약을 삼을 것이며
출31:17 그것이 나를 위하여 이스라엘 자손을 위하여 영원한 표적이 되리라 이는 엿새 동안에 주님께서 하늘과 땅을 지으시고 일곱째 날에 멈추시고 휴식하였음이라

1) 나와 이스라엘 자손 사이에 영원한 표징-여기서 구약 시대의 '할례'는 신약 시대의 '침례'로, 구약 시대의 '안식일'은 신약 시대의 '주일'로, 그리고 '이스라엘 자손'은 오늘날 성도의 무리 곧(영적)'교회'로 각각 승화되어 지금 우리에게까지 이른 것입니다.

2) 제 칠 일에 쉬어-원래 안식일은 하나님의 창조 사역의 완성을 기념하는 것이었으나 인간의 타락으로 말미암아 또 하나의 창조인 인간 구원 사역이 필요하였고, 이것이 예수 그리스도의 죽음과 부활을 통해 이루어졌기 때문에 이를 기념하는 의미에서 주일을 지키는 것입니다. 한편 구약 시대 안식일의 실제적인 목적은 노동후의 휴식과(출23:12) 이스라엘이 애굽에서 구원받은 것을 기념하기 위함이었습니다(신5:15)

출31:18 주님께서 시내 산에서 모세와 이야기를 멈추셨을 때 하나님께서 손가락으로 쓰신 돌로 만든 넓적한 돌 증거판 둘을 모세에게 주시니라

증거판돌-이 두 돌판에 지금까지 하나님께서 모세에게 지시하신 모든 율법과 규례가 다 기록되었다고 보기는 어렵습니다. 아마 여기에는 십계명만이 압축된 형태로 수록된 것 같습니다. 한편 하나님이 사람에게 주신 최초의 글이 율법이고, 그것이 돌판에 새겨진 형태로 주어졌음을 알 수 있습니다. 톰슨에 의하면 하나님의 법은 모세를 통해 주어지기 전에 이미 자연과 양심을 통해 인간에게 전달되었다고 하고 있습니다.

출애굽기 32장

출32:1 모세가 산에서 내려오는 것이 늦어지는 것을 보고 백성들이 아론에게 칭찬하여 그에게 말하기를 일어나서 우리를 인도할 신들을 우리를 위하여 만들라 우리를 애굽에서 인도한 그 사람 모세로 말하면 그가 어찌 되었는지 우리가 결코 알지 못함이라

1) 더딤-모세가 백성들과 헤어져 시내산으로 들어간 지 어언 40일이니(출24;16,18) 모세를 절대적인 지도자로 알고 그에 전적 의존하던 백성들에게는 이 기간이 상당히 오랜 날로 여겨졌을 것입니다.

2) 아론에게 이르러 가로되-아론은 모세와 함께 출애굽의 역사를 일으켰으며 (출4:29;5:1) 모세의 대변인으로(출4:14-16,20;16:9,10) 모세와 함께 행동했습니다(출24:1). 또한 모세가 율법을 받으러 산의 정상에 들어갈 때 그를 자신의 대리인으로 지명(출24:14)했기 때문에 모세가 없는 상황에서 이제 백성들은 아론에게 새로운 '지도체제'를 요구했습니다.

3) 우리를 인도할 신-백성들이 요구한 것은 '눈에 보이는'신이었습니다. 오랜 기간 애굽 생활을 통해 그들은 가시적(可視的)인 우상들만을 접했기 때문에 보이지 않는 하나님에 대해서는 생각이 미치지 못했습니다. 하나님께서는 이를 바로잡기 위해 '형상을 만들지 말 것'(출20:4)을 강력히 말씀하셨는데 백성들은 이러한 고차원의 신앙을 받아들이지 못한 것입니다. 한편 여기서 '신'으로 쓰인 단어는 '엘로힘'으로 직역하면 '신들'이라는 뜻의 복수형입니다. 이것은 백성들이 애굽의 다신 종교의 영향을 많이 받았음을 보여줍니다. 70인역도 복수인 신들로 되어 있습니다.

출32:2 아론이 그들에게 말하기를 너희 아내들과 너희 딸들의 귀에 있는 금 귀고리를 빼어 내게로 가져오라

금고리-이것들은 이스라엘 백성들이 출애굽할때 애굽사람들로 부터 받아낸 것들입니다(출3:21;12:36). 당시 하나님께서 이 같은 패물을(애굽 사람들을 통해) 백성들에게 주신 이유는 성막과 그 기구를 만드는 데 쓰기 위함이었습니다. 그러나 백성들은 오히려 이를 우상을 만드는 데 사용하였습니다.

출32:3 모든 백성이 그들의 귀에 있는 금귀고리를 빼어 아론에게 돌진했더라
출32:4 그가 그들의 손에서 그것들을 받아서 녹여서 송아지를 만든 후에 조각해서 모양을 만드니 그들이 말하기를 이스라엘아 이것들이 너를 애굽 땅에서 이끌어낸 너의 신들이라

1) 송아지 형상-당시 애굽에서는 황소 형상의 아피스를 비롯, 인간의 모습을 가진 프타와 오시리스, 악어의 머리 형상을 가진 소보크, 매의 머리를 가진 호루스와 라 및 수양의 머리 모습을 한 아문둥을 주요 신으로 섬겼고 이 외에도 태양과 나일 강 등 자연도 숭배하였습니다. 여기서 이스라엘 백성들이 만든 송아지 형상은 애굽의 우상 아피스를 본뜬 것이 분명한데, 그들은 이 송아지를 여호와의 형상으로 알았던 것입니다(5절). 따라서 이 금송아지 우상은 그 후 이스라엘 역사에서 사라지지 않고 끈질기게 나타납니다(왕상 12:28;대하13:8;호10:5).
2) 너희 신이로다-여기서 신으로 되어 있는데 70인역은 복수 즉 신들로 되어 있습니다.

출32:5 아론이 그것을 보고 그 앞에 번제단을 쌓고 아론이 전파하여 말하기를 내일은 주님의 명절이니라 하니

여호와의 절일(하그라아웨)-여기서 '하그'는 '축제,절기'라는 뜻으로 이 부분을 직역하면 여호와께 축제(의날) 란 말이 됩니다. 이 말은 하나님이 정하여 주신 유월절이나 초막절 등을 가리키는 것이 아니라 자신들의 눈에 보이는 여호와, 즉 금송아지에 대한 축제의 날을 의미합니다. 고대 이방 종교의 축제는 음주, 가무 및 부도덕한 성행위로 이루어졌는데, 애굽 생활에서 이런 것 들을 익히 보았던 백성들은 여호와의 절일 이라는 말을 이와 관련하여 이해했음이 틀림없습니다.

출32:6 그들이 이튿날 일찍 일어나 태워서 번제를 드리고 구원의 희생을 드리고 백성이 앉아서 먹고 마시며 일어나서 뛰놀더라

1) 화목제를 드리고-화목제를 70인역에서는 '구원의 희생'으로 되어 있습니다.
2) 먹고 마시며...뛰놀더라-이방 종교 축제의 전형적인 모습입니다. 여기에는 필수적으로 난잡한 성행위가 수반되는데 오늘날에도 일부지역에서 이같은 모습을 볼 수 있습니다. 한편 여기서 '뛰놀았다'고 하는 '차하크'는 (흥겹게 떠들며) '놀다'는 뜻인데 이는 곧 육체적 환락을 가리키는 말입니다. 특히 당시 이방 종교에서 황소신은 '힘'과 '생산'의 상징으로 인식되었기 때문에, 그 형상 앞에서 '뛰노는' 것은 곧 성적으로 타락한 행동을 의미합니다.

출32:7 주님께서 모세에게 말씀하시기를 지금 빨리 걸어 내려가라 네가 애굽 땅에서 이끌어낸 네 백성이 무법행위를 하였음이라

1) 네가...인도하여 낸 네 백성-지금까지는 하나님께서 이스라엘을 가리켜 '내 백성'이라고 하셨으나(출3:7), 여기서는 네 백성, 즉 모세의 백성이라고 부르십니다. 그것은 이들이 하나님과 맺은 언약(출19:5-8)을 일방적으로 파기하여 하나님 백성의 자격을 상실했기 때문입니다.
2) 부패하였도다라는 말이 70인역에서는 '무법을 행하고 있다'로 되어있습니다.

출32:8 내가 그들에게 명령한 그 길에서 빨리 범죄 하였으며 그들이 그들 자신들을 위하여 송아지를 만들고 그것에게 경배하였고 그것에게 제사를 드리며 말하기를 이스라엘아 이것들이 애굽 땅에서 이끌어낸 너의 신들이라 하였도다

떠나-'수르'는 '외면하다,반역하다'는 의미도 지닙니다. 따라서 '길을...떠나'는 '길을...외면하여,혹은 '길을(에)... 반역하여'라고 번역할 수 있습니다. 이것은 백성이 정로에서 벗어난 정도가 아니라 적극적으로 하나님을 배신했음을 가리킵니다. 그래서 70인역에서는 '범죄하였다'라고 해석하고 있습니다.

출32:9 여호와께서 또 모세에게 이르시되 내가 이 백성을 보니 목이 뻣뻣한 백성이로다(본절은 70인역에 나오지 않음)
출32:10 그러므로 이제 나를 내버려 두어라 그들을 행한 나의 진노가 격노해서 그들을 말살시키고 내가 너를 통하여 큰 민족을 만들리라 하시니

1) 70인역에서는 9절이 나오지 않습니다.
2) 너로 큰 나라가 되게 하리라-이 약속은 처음에 아브라함에게 하신 것인데(창12:2;18:18) 이스라엘이 계약을 깨뜨렸기 때문에 하나님은 이를 철회하고 대신 모세와 새 계약을 맺으려는 것입니다. 이 제안은 모세에게 매력적인 '유혹'으로 작용 할 수 있었는데, 만일 이 제안이 모세에 의해 받아들여졌다면 이스라엘은 '아브라함의 자손'이 아닌 '모세의 자손'으로 새롭게 구성되었을 것입니다.
3) 개성성경에는 진멸로 되어 있지만 70인역에서는 '말살'로 되어 있습니다.

출32:11 모세가 하나님 주님께 간청하여 말씀드리기를 주님께서 큰 권능과 높으신 팔로 애굽 땅에서 인도해 내신 당신의 백성을 향하여 어찌하여 진노하고 진노하시나이까
출32:12 애굽 사람들이 이렇게 말하지 않을까 말하여 이르기를 후에 주님께서 그들을 산에서 죽이려는 의도로 그들을 땅위에서 진멸하려고 이끌어 내었도다하게 하나이까 당신의 분노와 진노를 멈추고 당신의 백성이 악함에 자비를 베풀어 주소서
출32:13 당신의 종들 아브라함과 이삭과 이스라엘을 기억하소서 주님께

서는 스스로 맹세하여 그들에게 말씀하시기를 내가 너희 씨를 하늘의 별들처럼 번성시키고 그리고 내가 말한 이 모든 땅을 너희 씨에게 주리니 그들이 그것을 영원히 기업으로 받으리라 하셨나이다

주를가리켜(라헵 바크)-히브리인들은 맹세할 때에 몇 가지 공식적인 어구를 사용 했는데 가장 대표적인 것이 '명예를 걸고 말하거니와'라는 형태입니다. 이런 맥락에서 당신의 명예보다 더 큰 이가 없으신 하나님께서는 '내가 나를 가리켜 맹세하노니'(창22:16;사45:23;암6:8), 또는 '내가 나의 삶을 두고 맹세하노니'(겔17:19)라고 맹세하셨습니다. 한편 이러한 맹세에는 그 맹세를 지키지 않을 경우 당할 징벌이 명시되기도 하는데, 고대 근동인들은 동물을(번제) 두 조각으로 갈라 계약(맹세) 당사자가 그 사이로 지나감으로써 맹세를 범한자는 이 짐승처럼 두 조각이 날 것이라는 표증으로 삼기도 하였습니다. 따라서 일찍이 하나님께서 아브라함과 계약을 맺을 때에도 이와 같은 의식으로 행했는데(창15:9-17), 모세가 '주를 가리켜'라고 말함은 바로 이 사실을 상기시키는 것입니다.

출32:14 주님께서 그 백성에게 행하리라고 말했던 그 악함에서 죄를 사하여 주시니라

'화를 그 백성에게 내리지 아니하시니라'는 말이 70인역에서는 '그 악함에서 죄를 사하여 주시니라'로 되어 있습니다.

출32:15 모세가 돌아서서 산에서 내려왔는데 두 증거판이 그의 손에 있더라 그 돌판은 양면에 기록되었으니 이쪽 면과 저쪽 면에 기록되어 있더라

1) 증거의 두 판-즉 십계명이 기록된 두 돌판을 가리킵니다(출31:18). 그런데 십계명을 '두돌판'에 써 주신 하나님의 경륜 속에는 '10'이란 숫자가 지니는 '완전성'과 '2'란 숫자가 지니는 증언성이 분명 내포되어 있었을 것입니다(신4:13).

2).판의 양면 이편 저편-판의 양면, 즉 판의 앞뒤로 글이 새겨져 있다는 사실은 판의 한 면에 글이 새겨져 있던 당시의 비석들과는 다름을 보여 줍니다. 이는 사람이 만든 법을 새긴 비석임을 시각적으로 알게 하는 것입니다.

출32:16 그 돌판들은 하나님이 수고해서 만든 판이요 그 성경은 하나님께서 돌판에 끌로 만든 성경이었더라

그판은 하나님이 만드신 판이라 되어 있지만 70인역에서는 하나님이 수고해서 만든 판이라는 것입니다. 그리고 70인역에서는 이것이 '성경'이라 말하고 있습니다.

출32:17 백성들이 소리지르니 예수(여호수아)가 백성의 소리를 듣고 모세에게 말하기를 진영에 전쟁의 소리가 나나이다

1) 여호수아-모세와 함께 산중턱까지 올라갔던 일행 중(출24:1) 모세가 산으로 들어 갈 때까지 계속해서 그를 수행했으며(출24:13) 다른 사람들이 모두 산 밑으로 내려 갔을때에도 모세가 돌아오기 까지 산에서 그를 기다리고 있던 자입니다. 그래서 그는 이스라엘 진중에서 무슨 일이 일어나고 있는지 파악하지 못하고 있었습니다. 70인역에서는 여호수아를 예수로 말하고 있어 '예수'로 번역했습니다.
2) 싸우는 소리(콜 밀레하미)-'전쟁(밀레하미)의 소리(콜)'라는 의미입니다. 여호수아는 모세가 돌아올 때까지 진에 내려가지 않고 산에 머물고 있었기 때문에 백성들의 떠드는 소리를 듣고 전쟁이 난 줄로 생각했습니다. 즉 다른 부족이 쳐들어와서 전쟁이 벌어진 것으로 알았던 것입니다. 70인역에는 '전쟁소리'로 되어 있습니다.

출32:18 모세가 말하기를 그것은 힘내라는 소리도 아니고 혁명을 일으키는 소리도 아니고 내가 듣기에는 다른 소리인 포도주를 따르는 소리로다 하고

나의 듣기에는 노래하는 소리로다-산 밑에서 들려오는 백성들의 떠들썩하고 크게 외치는 소리에 여호수아는 혹시 지도자가 없는 사이 이민족이 침입하지 °'았을까 하는 우려를 표명했습니다. 그러나 하나님께로부터 백성들의 상황을 전해들은 모세는 그 소리가 우상을 숭배하는 가무소리인줄 금방 알았습니다. 70인역에서는 '포도주 따르는 소리'로 되어 있습니다.

출32:19 그가 진영에 가까이 오자 송아지와 그 춤추는 것을 본지라 모세가 분노하고 격분하여 자기 손에서 돌판을 던져 산 아래서 깨뜨리니라

1) 춤추는 것(메홀로트)-'메홀라'의 복수형입니다. 따라서 이것은 여러 종류의 춤 혹은 춤 동작의 여러 형태를 가리킵니다. 우상 앞에서 춤추는 것은 이방 종교의 전형적인 제의형태를 황홀 상태에까지 이르러 급기야는 도덕적 가치 판단 능력을 상실하기까지 하는데, 여기에서 성적 쾌락이 일어나게 됩니다.
2) 그 판들을...깨뜨리니라-두 번째 돌판은 하나님이 직접 만드시지 않고, 모세가 만들어야 했습니다.

출32:20 모세가 그들이 만든 송아지를 가져다가 불에 태워 작게 갈아서 물에다 뿌려 이스라엘 자손들로 그것을 마시게 하더라

1) 불살라 부수어 가루를 만들어-금덩어리 자체는 불에 타지 않습니다. 그러나 나무나 기타 물질로 만든 상에 금을 입힌 것이라면, 부수어 가루를 냈을 경우 충분히 불탈 수 있습니다. 이로 미루어 보아 여기에 나오는 금송아지는 겉만 도금한 것인 것 같습니다(12).
2) 물에 뿌려...마시우니라-금가루를 탄 물이 백성들에게 저주가 되게 하는 쓴 물(민5:24)이 됨을 의미합니다. 모세 율법하에서 외간 남자와의 부정으로 의심받은 여인은 일련의 조사를 받고 '저주의 물'을 마셔야 했는데(민5:12-24). 이스라엘 역시 지금 그의 '남편'이 되신 하나님께 대해 부정을 저질렀기 때문에 이 물은 바로 '저주의 물'의 성격을 지니는 것입니다.

출32:21 모세가 아론에게 말하기를 이 백성이 네게 무엇을 하였기에 네가 그들에게 그처럼 큰 죄에 빠지게 하였느냐

네가 그들로 중죄에 빠지게 하였느뇨-모세는 죄의 책임을 백성들에게 묻는 것이 아니라 그 지도자에게 묻고 있습니다. 70인역에도 큰 죄로 말하고 있습니다. 여기서 70인역 "하말티안"은 종교적인 죄를 의미합니다.

출32:22 아론이 말하기를 내 주여 격노하지 마소서 이 백성의 난폭함을 당신이 아나이다
출32:23 그들이 내게 말하기를 우리 앞에 갈 신들을 우리에게 만들라 우리를 애굽 땅에서 이끌어 나왔던 그 사람 모세로 말하면 그가 어찌 되었는지 우리가 알 수 없노라 하기에

모세의 물음에 대해 아론은 자신의 행동을 '변명'하는 것으로 대답을 대신합니다. 모세의 물음은 '백성들이 아론에게 무엇을 했는가'인데 아론은 백성들이 악했고 자신은 단지 금만 수집했다는 사실을 애써 강조하고 있습니다. 그러나 아론은 실제적으로 백성들이 우상을 숭배할 수 있는 길을 열었고, 자신이 그 제사장 역활을 했습니다. 즉 아론은 소극적으로 백성들의 죄를 묵인, 방조했고 적극적으로는 동조, 협력, 나아가서 그 지도자 역할까지 했던 것입니다.

출32:24 내가 그들에게 말하기를 만약 금이 있으면 누구든지 빼내라 하니 그들이 나에게 주었고 나는 그것을 불에다 던졌는데 이 송아지가 나왔나이다

1) 빼어 내라-이에 해당하는 히브리어 '파라크'는 '뜯어내다,부스러뜨리다.조각내다'는 뜻을 갖습니다. 따라서 백성들은 단순히 금붙이를 가져온 것이 아니라 이미 그것을 부숴뜨린 상태로 가져온 것입니다. 우상 숭배를 위해 백성들은 자신들이 갖고 있던 귀금속을 파괴할 정도로 열의를 갖고 있었던 셈이 됩니다.

2).불에 던졌더니 이 송아지가 나왔나이다-이 말은 아론의 대답 중 결정적으로 잘못된 부분입니다. 송아지는 불에서 저절로 나온 것이 아니라 실제로 '붓고, 새겨서'만든 것입니다(4절). 하지만 이러한 죄 지은 인간들의 책임 전가와 사실 호도는 전혀 새로운 것이 아니라, 이미 아담으로부터 시작된 악습이었습니다(창3:12,13).

출32:25 모세가 보니 백성이 벌거벗은지라 이는 아론이 그들로 벌거벗게 하여 그들의 대적들에게 조롱거리가 되게 하였음이라

방자하니-이처럼 번역된 히브리어 '파라'의 원뜻은 '풀어놓다, 석방하다'이며 이와 함께 '벌거벗기다'는 뜻도 있습니다. 따라서 영어 성경은 이를 각각 다르게 번역하고 있는데 NEB와NIV는 '통제를 벗어나 제 멋대로'(out of control)로, RSV는 '해이해져서'(had broken loose)로 번역하였고, KJV는 원문의 어감대로 '벌거벗은'으로 번역하였고, Living Bible은 이에서 좀 더 의미를 부여한 '간음하니, 성적으로 범죄하니'로 번역하였습니다. 즉 백성들은 이방 종교의 제사의식에서와 마찬가지로 우상 앞에서 벌거벗고 광란의 축제를 지냈고, 이는 자연적으로 성적 타락으로 연결되었던 것 같습니다. 70인역에서 '벌거벗은'으로 해석했습니다. 왜냐하면 간음이 현장에서 이루어졌기 때문입니다.

출32:26 그때에 모세가 진영 문에 서서 말하기를 주님의 편은 누구냐 내게로 오라하니 레위의 아들들 모두가 다 함께 그에게로 모이더라

레위 자손이다-정확히 말하면 레위인들 중 우상 숭배에 참여하지 않았던 모든 자들일 것입니다. 곧이어 이들은 모세의 명을 따라 그들의 이웃과 형제까지 칼로 쳐 죽였는데, 이것은 그들이 하나님 앞에서 사람보다 하나님을 더 사랑한 일로 간주되어 하나님께 의롭다 인정받았습니다(신33:9).

출32:27 모세가 그들에게 말하기를 이스라엘의 하나님 주님께서 이같이 말씀하시느니라 각 사람은 허벅지에 칼을 차고 진영을 통과하여 문에서

문으로부터 오가며 각 사람이 자기 형제를 각 사람이 자기 이웃들과 자기의 가까운 사람들을 살해하라

1) 이 문에서 저 문까지-아마 이스라엘 진은 외부와 차단된 형태였던 것 같습니다. 특히 '문'이라고 번역된 '솨아르'는 '대문, 성문'을 뜻하는데 이로 볼 때 그 진은 여러 텐트로 이루어진 일종의 성이었다고 생각할 수 있습니다. 아마 이것은 광야 행진 중 당할지도 모를 이민족의 습격에 대비키 위함이 있을 것입니다.

2) 형제-육신의 형제가 아니라 같은 이스라엘인을 가리킵니다. 레위인들이 실제로 형제를 죽이라는 명령을 받았다면 그들끼리 먼저 치고 받았을 것이나 그와 같은 일은 없었습니다. 이처럼 성경에서 '형제'라고 할 때는 대개 친구나 이웃, 동족을 가리킵니다(레25:25;왕상12:24;약2:15).

3) 도륙하라-이에 해당하는 기본 동사 '하라그' 일반적 의미의 살해보다는 한층 가혹한 '살육하다'란 의미입니다. 따라서 모세의 명령은 인정사정 없이 죽이라는 것이었습니다. 70인역에서는 '살해 하라'로 되어 있습니다.

출32:28 레위 자손이 모세의 말대로 행하매 이 날에 백성 중에 삼천 명 가량이 죽인 바 된지라

삼천 명 가량이 죽인 바 된지라-이들 죽임당한 삼천 명은 우상 숭배의 주모자급 인물들이었을 것입니다.

출32:29 모세가 이르되 각 사람이 그 아들과 그 형제를 쳐서 오늘 주님께 너희 손을 채웠으니 축복이 너희에게 주어지리라

1) 헌신하게 되었느니라-직역하면 '너희 손을 채우라'는 뜻입니다. 한글 개역과는 달리 명령형의 말인데, 여기서 '손을 채운다'는 말은 곧 제사장적 역할을 뜻 합니다(출29:9). 즉 레위인들이 범죄한 자들을 죽인 것은 그들을 희생 제물로 삼아 하나님께 바친 것으로 간주되었으니, 결과적으로 레위인들은 제사장으로 위임받은(손을 채운)셈이 됩니다. 70인역도 '손을 채운 것'

으로 해석하고 있습니다.
 2) 복을 내리시라-이 복은 곧 하나님께서 레위인들을 아론과 그 아들들에게
주어 하나님을 섬기게 하신 축복을 의미합니다(민1:47-54).

**출32:30 이튿날 모세가 백성에게 말하기를 너희가 큰 죄를 정령 지었도
다 내가 지금 하나님께로 올라가노니 이는 내가 너희 죄에 대하여 비위를
맞추기 위해서 임이니라**

올라가노니-1차적으로는 다시 산으로 올라간다는 뜻입니다(출19:16-25).
그런데 '올라간다'에 해당하는 히브리어'알라'에서 '번제'를 뜻하는 '올라'
가 생겨났으므로, 이 말에는 일종의 제사 개념이 포함되어 있는 것으로 볼
수 있습니다. 즉 모세가 산에 올라간 것은 백성들을 위한 대속 제사를 드리
러 간 것으로 이해 할 수도 있습니다. 70인역에서는 속죄하기 위해서가 비
위를 맞추기 위해서 올라간 것으로 나옵니다.

**출32:31 모세가 주님께로 돌아와서 간청하여 말하기를 주님 이 백성이
큰 죄를 범하여 그들 스스로 금으로 신들을 만들었나이다
출32:32 그리고 지금 당신이 그들의 죄를 진실로 용서하시기를 원하나
이다 만약 결코 용서하지 않으시려거든 주께서 기록하신 주의 책에서(생
명책) 나를 지워 버리소서**

1) 주의 기록하신 책-이 말이 성경 다른 곳에서는 '생명책'으로도 표현되었
습니다(시56:8;69:28;139:16;단12:1;빌 4:3;계3:5;13:8,17:8;20:12). 이
것은 인간의 삶과 죽음이 오직 하나님께 달려 있음을 나타내 줍니다. 시민
명부에 자신의 이름이 등재된 자들만이 그 지방의 주민 또는 그 나라의 국
민으로 인정되며 아울러 시민권이 보장되었던 당시의 풍습에서 따온 이 '생
명책'이라는 말은 신약에서는 보다 영적인 의를 지닌 개념으로 나타납니다
(빌4:3;계3:5). 곧 이 책에 이름이 기록된 사람들만이 영생을 얻을 수 있는
것으로 되어 있습니다.
2) 내 이름을 지워 버려 주옵소서-모세의 이 기도는 신약 시대 자기 동족 유

대인들을 위해 중보 기도하던 바울의 기도와 유사합니다(롬9:3). 책임을 회피했던 아론과 달리 모세는 이처럼 자기 민족을 위해 생명까지 내놓을 만큼 투철한 책임 의식과 동포를 사랑하는 정신을 지니고 있었음을 알 수 있습니다.

출32:33 주님께서 모세에게 말씀하시기를 만약 내 앞에 누구든지 죄를 지으면 내가 그를 나의 책에서(생명책) 지워 버리리라

누구든지...범죄하면...지워 버리리라-모세는 백성들 대신 자신의 이름을 지워 달라고 했는데, 이에 대해 하나님께서는 '범죄자'들을 지우겠다고 말씀하십니다. 여기서 '누구든지...범죄하면'은 원문상 '범죄한 사람은 누구나'입니다. 70인역에서는 "만약 내 앞에서 누구든지 죄를 지으면"으로 되어 있습니다. 즉 죄를 지으면 누구 나를 불문하고 하나님께 구원받을 수가 없다는 것입니다.

출32:34 이제 내려가서 내가 네게 말한 곳으로 백성을 인도하라 보라 내 천사가 네 얼굴 앞에 가리라 그러나 내가(하나님) 방문하는 날에는 내가 그들의 죄에 대해 그들의 죄를 문책하리라

1) 내가 네게 말한곳-이곳은 호렙산에서 모세를 소명할 때 계시하셨던 젖과 꿀이 흐르는 땅 곧 '가나안 땅'을 가리킵니다(출3:8). 따라서 모세의 중보기도를 들으신 후, 하나님께서 모세에게 이스라엘 백성을 그곳으로 인도하라고 명하신 것은 곧 하나님께서 백성들의 죄를 용서하셨음을 암시합니다.
2) 사자-여러 가지 견해가 많지만 보편적으로 제 2위 하나님 되시는 '성육신 이전의 그리스도'를 가리키는 것으로 보고 있습니다. 그러나 70인역에서는 천사로 되어 있고, 또한 요1:18절을 보면 본래 하나님을 본 사람이 한 명도 없다고 나옴으로 예수님이 아닌 천사가 확실합니다.
3) 내가...그들의 죄를 보응하리라-'보응하다'는 말이 원어에는 '방문하다'(파카드)로 나옵니다. 따라서 이 부분을 직역하면 "내가 찾는 날에는 그들의 죄를 찾으리라"가 됩니다. 한편 '파카드'에는 이외에도 '계산하다, 복수하다'

라는 의미도 있는데, 이 용례대로 번역하면 "내가(그들의 죄를)계산하는 날에는 그 죄를 갚으리라"가 됩니다. 70인역에는 주님이 방문하는 날 그들의 죄를 문책한다고 나와 있습니다. 이는 하나님께서 지금은 백성들의 죄를 용서하고 징벌하지 않겠으나, 다시 죄를 지으면 훗날 이번의 죄까지 함께 징벌하시겠다는 뜻입니다. 이러한 하나님의 경고에도 불구하고 패역한 이스라엘 백성들은 거듭 거듭 범죄함으로 말미암아, 결국 출애굽 제1세대 (출애굽 당시 20세 이상 된자)는 가나안 땅에 들어가지 못하고 광야에서 다 죽었던 것입니다(민14:29-33).

출32:35 주님께서 백성을 치시니 이는 그들이 아론이 만든 장소에서 송아지를 섬겼음이라

1) 본절은 28절에 언급된 삼천 명 살육 사건에 대한 부연 설명이자 본장의 결론입니다.

2) 치시니-'치다'는 뜻의 동사 '나가프'는 '때리다,살해하다'는 뜻 외에 '역병에 걸리다'는 뜻도 있는데, 여기에서 '온역'(네게프) 이라는 말이 유래했습니다. 한편 이러한 '나가프'는 하나님의 즉각적인 징벌을 나타내는 말로 쓰이기도 했는데(민11:23) 이로 미루어 보아 하나님께서는 레위인들의 '사형 집행'과 별도로 또한 역병으로 백성을 치신 것 같습니다. 70인역은 '치다,때리다'로 해석하고 있습니다.

3) 아론의 만든 바 그 송아지를 만들었음이더라-아론이 만든 송아지를 백성들이 다시 만들었다는 뜻이 아니라 '만들다'에 해당하는 원어 '이사'에는 여러 가지 뜻이 있는데 그중에는 '실시(행)하다,제공하다,준비하다,공급하다' 그리고 '섬기다'는 의미도 있습니다. 따라서 본문은 '그들이 아론이 만든 그 송아지를 섬겼음이더라'라고 번역하는 것이 좋습니다. 혹은 '그들이 아론이 준비할 송아지를 만들었음이더라'로도 번역할 수 있는데, 하나님은 송아지를 만든 행위보다 그것을 섬긴 행위 때문에 진노하셨으므로 앞의 번역이 더 자연스럽습니다.

출애굽기 33장

출33:1 주님께서 모세에게 이르시되 네가 애굽 땅에서 인도하여 낸 너와 네 백성은 나아가라 내가 아브라함과 이삭과 야곱에게 맹세하여 네 자손에게 주기로 한 그 땅을 향해 올라가라

네 자손에게 주마 한 그 땅-오래 전부터 이스라엘에게 주리라고 약속되어진 가나안 땅을 뜻합니다(창12:7;13:15;17:8;28:13). 그런데 하나님께서 지금 이 땅에 대하여 다시금 언급하고 있는 것은 비록 이스라엘의 죄로 인하여 하나님과 이스라엘의 관계가 손상은 되었지만, 그럼에도 불구하고 하나님은 한번 하신 약속은 반드시 지키시는 분이므로 그들의 조상에게 약속한 대로 그들을 일단 가나안 땅으로는 인도하실 것임을 나타내기 위하여서입니다.

출33:2 내가 천사를 너의 얼굴보다 앞서 함께 보내어 아모리 사람과 헷 사람과 브리스 사람과 게르게 사람과 히위 사람과 여부스 사람을 쫓아내고

내가 사자를 내 앞서 보내어...쫓아내고-이 말은 가나안 정복이 그 배후에서 역사하시는 하나님의 은혜와 권능에 의해 되어짐을 의미합니다(출23:20; 32:34). 이와 마찬가지로 오늘날 우리들도 세상과 영적 싸움을 싸우나 우리들의 능력이 아닌 하나님의 능력과 은혜로써 싸울 뿐입니다(골1:29). 70인역에서 사자는 '천사'를 말합니.

출33:3 너희를 데리고 젖과 꿀이 흐르는 땅에 이르게 할 것이나 나는 너희와 함께 올라가지 아니하리니 이는 네가 목이 곧은 백성이라 혹 내가

도중에서 너를 진멸할까 함이라

1) 젖과 꿀이 흐르는 땅-여기서 '젖'은 우유를 가리키는데, 양과 염소의 젖까지 포괄하는 단어입니다.
2) 나는...함께 올라가지 아니하리니-하나님께서는 앞에서 '나대로 하게 하라'(출32:10), 즉 일종의 관계 단절을 말씀하셨는데 여기서 백성만 따로 올라가라고 하심으로써 이를 시행하려 하고 있습니다. 1절의 '네가...인도하여 낸 백성'이라는 말도 같은 맥락에서 이해될 수 있는데 이것은 계약 파기로 인한 불화의 관계가 아직 완전히 회복되지 않았음을 보여 줍니다.
3) 목이 곧은 백성-'목을 뻣뻣하게 치켜들고 있는 백성'이란 뜻의 이 표현은 하나님의 뜻에 대해 전혀 순종하거나 굽힐 줄 모르는 인간의 억척스런 고집이나 패역한 거만 등을 나타낼 때 종종 쓰이는 성경의 관용적인 표현입니다.
4) 중로에서-70인역에서는 길로 되어 있습니다.
5) 너희를 진멸할까 염려함이니라-직역하면 '너희를 진멸하지 않도록'입니다. 공의의 하나님께서 이스라엘과 함께 행하면, 그들이 또다시 범죄할 경우 하나님의 공의가 가차 없이 그들을 진멸하고 말 것이니, 그러한 불상사가 생기지 않도록 처음부터 그들과 동행하지 않겠다는 뜻입니다. 따라서 가나안 여정에 하나님께서 동행하지 않겠다는 의지도 일종의 자비의 표현임을 알 수 있습니다.

출33:4 백성이 이 나쁜 말을 듣고 애도하고 슬퍼하였더라

"한 사람도 자기의 몸을 단장하지 아니하니"라고 되어 있지만 70인역에서는 '애도하고 슬퍼하였다'고 나옵니다.

출33:5 주님께서 모세에게 말씀하시기를 이스라엘 자손에게 말하라 너희는 목이 곧은 백성이라 내가 너희에게 또 다른 재앙을 일으켜 너희를 진멸하지 않도록 주의하라 이제 확실하게 너의 영광스러운 옷과 장신구(신상)를 벗어버려라 내가 너에게 할 일을 내가 너에게 보여 줄 것이라

1) "내가 한 순간이라도 너희 가운데에 이르면 너희를 진멸하리니"라는 말이 70인역에서는 "내가 너희에게 또 다른 재앙을 일으켜 너희를 진멸하지 않도록 주의하라"로 되어 있습니다.

2) 단장품을 제하라-70인역에서는 세상을 의미하는 말로 쓰이고 있지만 세상 것을 말하기에 장신구로 해석했습니다. 한편 장신구는 당시 고대 근동에서 우상 숭배를 위한 일종의 신상이었습니다. 따라서 장신구에는 각종 형태의 신상들이 아로새겨져 있었습니다. 출애굽시 이스라엘 백성들도 이러한 장신구를 애굽 사람들로부터 받았는데(출12:35,36),그것들을 몸에 부착함으로써 그들은 알게 모르게 우상 숭배의 가능성을 지니게 되었고, 결국에는 '금송아지 사건'으로 나타나게 되었을 것입니다.

3).너희에게 어떻게 할 일을 알겠노라-70인역에서는 "할 일을 내가 너희에게 보여 줄 것이라"로 해석하고 있습니다.

출33:6 이스라엘 자손이 호렙산에서 그들의 장신구(신상)와 겉옷을 제거 하였더라

개정성경에서는 장신구만 제거한 것으로 나오지만 70인역에서는 장신구와 겉옷까지 제거했다고 나옵니다.

출33:7 모세가 성막을 가져다가 진영 밖 진영에서 멀리 떨어진 곳에 치고 그것을 증거의 성막이라고 부르니 주님을 찾는 모든 자가 진영 밖에 있는 증거의 성막으로 나아가더라

장막을 취하여...회막이라 이름하니-'회막'에 해당하는 히브리어 '오헬 모에드'는 '회집(會集)의 장소', 즉 하나님과 백성이 만나는 장막이란 뜻입니다. 70인역에서는 '증거의 성막'으로 나옵니다. 당시 고대 세계에서는 거의 모든 족속들이 그들의 신으로서 어떤 가견적 형상물을 가지고 있었습니다. 이에 영향 받은 이스라엘 민족도 눈에 보이는 어떤 신앙의 상징물을 절실히 요구했을 것입니다. 금송아지 숭배 사건도 이런 맥락에서 일어난 사건이었습니다. 따라서 하나님께서도 자신의 임재의 상징적 처소로서 성막을 짓도록 모세에게 계시하셨던 것입니다. 그러나 금송아지 숭배 사건이후 모세는 시내 산상에서 계시 받은 성막(출25:9)을 짓기 전, 그 성막의 역할을 대신할 임시 장막의 필요성을 긴급히 느꼈는데, 이에 그는 이스라엘 진 바깥에 장막을 치고 그 장막을 일컬어 회막이라 명명한 것입니다. 한편 이 명칭은 후에 세워진 정식 성막에도 그대로 적용되었습니다(출 30:18,26;39:32;40:2,34). 70인역으로 보면 모세가 장막(텐트)를 하나 가져다가 진영에서 멀리 떨어진 곳에 치고 그곳을 가리켜 성막(회막,증거의 장막)이라 일컬었다고 나옵니다.

출33:8 모세가 성막으로 나가면 모든 백성이 서서 각자 자기 텐트문에 서서 그가 성막에 들어갈 때까지 모세를 바라보니라
출33:9 모세가 성막 안으로 들어가면 구름 기둥이 내려와서 성막 문에 멈춰 서서 주님께서 모세와 말씀하시니

구름 기둥-하나님의 임재를 나타내는 가견적(可見的)상징물입니다. 한편 모세가 진 밖에 설치한 회막은 하나님이 시내 산에서 지시하신 정식 성막(출 25:1-31:18)이 아니고 금송아지숭배 사건 후 임시로 지은 것인데. 여기에도 구름 기둥이 섰다는 것은 하나님께서 임시로 지은 회막 가운데로도 임재 하셨음을 나타냅니다. 이는 하나님께서 자신을 참으로 섬기고자 하는 자들에게는 장소를 막론하고 찾아와 함께 해주심을 보여 주는 대표적인 예입니다.

출33:10 모든 백성은 그 구름 기둥이 성막문에 선 것을 보고 모든 백성은 텐트문 앞에 서서 경배하더라

1) 모든 백성이...구름 기둥이 섰음을 보고-이 구름 기둥은 출애굽 당시 이스라엘을 앞서가며 인도하던 것입니다(출13:21,22). 따라서 백성들이 비록 멀리 떨어져서나마 그 구름 기둥이 다시금 회막 위에 나타난 것을 보았다는 것은 감격스런 일이 아닐 수 없었을 것입니다.
2) 장막문에 서서 경배하며-그들 백성들이 회막으로 나가지 못하고 이처럼

멀리 떨어져서 바라보기만 하며 하나님을 경배한 것은 그들과 하나님 사이에 '거리감'이 생겼음을 분명히 보여 줍니다(7절)

출33:11 주님께서는 사람이 자기 친구와 말하는 것같이 모세와 얼굴과 얼굴을 맞대고 말씀하시니라 모세가 진영으로 돌아왔으나 눈의 아들인 그의 종 젊은 사람 예수(여호수아)는 성막을 떠나지 아니하니라

1) 친구(레에)-'친구로서 대우하다, 우정을 맺다'라는 뜻의 '라아'에서 온 말로 특히 '남자 친구, 동료'를 의미합니다. 따라서 이는 하나님이 모세를 당신의 동료로 대하고 계심을 나타내 줍니다. 한편 성경에서 하나님이 '친구'로 칭하신 사람으로서는 모세 외에 아브라함이 있으나(대하20:7;사41:8)이때 사용된 '벗'(아하브)은 '애정을 갖다, 좋아하다'는 단어에서 유래한 말로 '사랑스런 친구, 애인'등의 의미를 갖습니다. 즉 하나님은 아브라함을 사랑스런 벗으로 대한데 반해, 모세는 동료로서 대하셨던 것입니다. 히브리서 기자가 모세를 가리켜 '하나님의 사환'(히3:5)이라고 한 것도 이 같은 맥락에서 이해될 수 있습니다. 70인에서도 '친구'로 되어 있습니다.

2) 대면하여-이에 해당하는 히브리어 '파님 엘 파님'의 문자적 뜻은 '얼굴과 얼굴을 마주 대하여'입니다. 그렇지만 이 말은 하나님이 실제로 모세와 얼굴과 얼굴로 대면한 것을 가리키기보다, 다른 사람들에게는 꿈이나 우림 혹은 선지자를 통해(삼상28:6) '간접적'으로 말씀하신데 비해, 모세에게는 '직접적'으로 말씀하셨음을 나타낸다고 보아야 할 것입니다. 따라서 이 말은 그 만큼 모세가 하나님과 친밀하고 밀접한 관계 속에서 교제를 나눴다는 뜻입니다. 실로 모세는 다른 어떤 선지자들도 누리지 못할 영광스럽고 친밀한 교제를 하나님과 누린 자였습니다(민12:8). 70인역에서는 '얼굴과 얼굴을 맞대고'로 되어 있습니다.

3) 청년 여호수아-이 무렵 여호수아의 나이는 39세가량 이었던 것으로 추정됩니다(수14:7). 그런데 '청년'이라는 말이 굳이 '여호수아'를 수식하고, 있는 이유에 대하여서는 학자들마다 견해를 달리 하고 있습니다. 70인역에는 청년이 아닌 '젊은자'로 나옵니다. 또한 70인역에서는 '여호수아'를 '예수'로 번역하고 있습니다.

출33:12 모세가 주님께 말씀드리기를 보시옵소서 주님께서 내게 이 백성을 데리고 가라고 말씀하시면서 주님께서는 나와 함께 보낼 자를 내게 보여 주지 아니하셨나이다 주님께서 저에게 말씀하시기를 나는 너의 모든 것을 알고 있고 너는 나의 은혜를 소유했느니라

1) 나와 함께 보낼 자-70인역도 '함께 보낼자'로 되어 있습니다.
2) 지시하지 아니하시나이다-70인역에서는 '보여주지 않았다'로 되어 있습니다.
3) 이름으로도 너를 알고-70인역에서는 "나는 너의 모든 것을 알고 있다"로 해석하고 있습니다.
4) 너도 내 앞에 은총을 입었다-70인역은 '너는 나의 은혜를 소유하다'로 되어 있습니다.

출33:13 만일 내가 주님의 목전에서 은총을 얻었다면 주님을 분명히 볼 수 있도록 주님 자신을 나에게 보여 주시고 내가 주님 전에 은혜를 입게 하시며 이 큰 민족이 주님의 백성이라는 것을 아소서
출33:14 주님께서 말씀하시기를 내가 네 앞서 갈 것이며 내가 너에게 휴식을 주리라

1) 내가 친히 가리라-문자적으로는 '내 얼굴이 갈 것이다'입니다. 70인역에서는 '내가 네 앞서 갈 것이다'라고 되어 있습니다. 이는 모세의 간절한 중보기도와 하나님의 무한하신 긍휼이 아름답게 서로 어우러져 다시금 하나님과 이스라엘간의 관계가 정상으로 회복되었음을 암시합니다.
2) 너로 편케 하리라-직역하면 '너를 쉬게 하리라'입니다. 70인역에서는 '내가 너에게 휴식을 주리라'로 되어 있습니다. 이는 하나님이 직접 백성들을 인도해 가심으로써 모세의 수고를 덜어 주겠다는 의미입니다. 따라서 이는 가나안 입성까지의 이스라엘의 모든 여정이 하나님의 주권적인 인도 사역에 의해 이루어진 것임을 분명히 나타내 줍니다.

출33:15 모세가 주님께 말씀드리기를 만일 주님이 결코 우리와 함께 가시지 않는다면 결코 나를 여기에서 올려 보내지 마소서

출33:16 나와 주님의 백성이 주님의 은혜를 찾은(받은) 것을 무엇으로 알리이까 그것은 주님께서 우리와 함께 가시는 것이 아니니까 그러므로 나와 주님의 백성은 땅위에 있는 모든 나라와 민족으로부터 영광을 받게 될 것이니이다

1) 구별하다라는 말이 70인역에서는 '영광을 돌리다'로 되어 있습니다.
2) 주님과 함께 하심 자체가 세상 사람으로부터 우리가 영광을 받고 있는 자체라는 것입니다.

출33:17 주님께서 모세에게 말씀하시기를 네가 말한 이 일도 내가 말한 대로 행하리니 이는 네가 내 앞에서 은혜를 찾았고(입었고) 내가 모든 것에 대하여 너를 앎이니라

출33:18 모세가 말하기를 주님의 영광을 내게 보여 주소서

출33:19 주께서 말씀하시기를 내가 나의 영광을 네 앞에 지나가게 할 것이며 주님하며 나의 이름을 부르게 하리라 내가 너희 앞에 긍휼이 여기기를 원하는 그에게 긍휼을 베풀고 불쌍히 여기기를 원하는 그에게 불쌍히 여기리라

1) 모든 선한 형상(투비)-원문상으로는 '형상'이란 말이 없고 '나의 모든 선함'이라고만 되어 있습니다. 70인역에는 '영광'으로 되어 있습니다
2) 여호와의 이름을...반포하리라-여기서 '반포하다'란 원어 '카라'는 '선언하다,선포(공포)하다'는 뜻으로 '자신을(공식적으로) 드러내다'는 의미입니다. 따라서 본절은 '여호와의 이름을 나타내리라'로도 번역할 수 있는데, 이 역시 하나님께서 모세에게 자신의 거룩성 또는 속성을 드러내겠다는 의미입니다(출34:6,7). 왜냐하면 성경에 기록된 이름은 그 사람의 인격과 특성을 드러내 주는 중요한 역할을 하고 있기 때문입니다(출20:7). 그러나 70인역에서는 '주님하며 나의 이름을 부르게 하리라'로 되어 있습니다.

출33:20 그리고 주님께서 말씀하시기를 네가 나의 얼굴을 결코 볼 수 없으니 이는 나를 보고서 살자가 결코 없음이니라

나를 보고 살 자가 없음이니라-이것은 죄인된 인간이, 즉 타락 후 죽을 수밖에 없는 육신(사룩스)을 덧입고 있는 인간이 하나님의 본체적 속성상 우러 나오는 그 거룩하신 영광의 빛을 도저히 감당할 수 없기 때문입니다(딤전6:16). 따라서 선지자 이사야가 성전에서 하나님의 영광을 보았을 때, 스스로 '망하게 되었다'고 고백한 사실(사6:1-5)은 이를 나타냅니다. 그러므로 성경 상 하나님을 본 것처럼 기술되어 있는 표현은 모두 하나님의 영광의 일부 혹은 그 상징적 형태를 보았다는 뜻이지 결코 하나님의 본체(18절)를 보았다는 뜻이 아님을 알 수 있습니다(요1:18절을 보면 하나님을 본 자가 없다고 하고 있습니다.

33:21 주님께서 말씀하시기를 보라 내 곁에 한 장소가 있으니 너는 한 반석 위에 설지니라

반석(추르)-본래 의미는 '절벽'이며 일반적 의미는 '바위'인데 상징적으로 '피난처'를 뜻하기도 합니다. 따라서 하나님이 모세를 '반석'에 두겠다는 것은 상징적으로는 피난처에 숨기시겠다는 의미이기도 합니다. 한편 성경에서 '반석'은 하나님을 가리키는 말로도 사용되었는데(신32:15;삼상2:2;시89:26), 그것은 하나님이 자기 백성을 보호하는 피난처이자 구원하는 능력이심을 나타냅니다.

출33:22 내 영광이 지날 동안 내가 너를 그 바위틈에 넣어서 내가 지날 때까지 내 손으로 너를 덮으리니

덮었다가(사코티)-기본형 '사카크'는 '울타리를 두르다,뚜껑을 덮다'(출25:20),'방어하다'는 의미를 지니고 있습니다. 이는 비록 모세가 하나님의 직접적 현현을 볼 수 있는 허락을 받았다 할지라도, 인간인 이상 하나님의 영광의 형체를 도저히 감당할 수 없는 모세를 하나님께서 특별히 손수 지켜

주시겠다는 의미입니다.

출33:23 내 손을 거두면 네가 내 등을 볼 것이나 내 얼굴은 결코 보지 못하리라

내 등을 볼 것이요-모세는 하나님의 영광을 보여 달라고 요구했습니다(18절). 그것은 하나님의 현재적 모습, 있는 그대로를 보여 달라는 말이었습니다. 그러나 죄인된 사람은 하나님을 있는 그대로는 볼 수 없고 항상 하나님의 영광의 반영(反影.그림자)만을 볼 수 있습니다. 여기서 하나님의 등을 볼 것이라는 것 역시 이러한 의미인데 이는 인간이 그분의 영광을 감당할 수 없기 때문입니다. 특별히 여기 '등'은 하나님의 영광이 지나간 반영을 표현한 말입니다.

출애굽기 34장

출34:1 주님께서 모세에게 말씀하시기를 너는 먼저 것과 같은 돌판 둘을 다듬어 산으로 올라오라 그러면 네가 깨뜨렸던 먼저 돌판에 있던 말들을 내가 이 돌판 위에다 쓰리라

돌판 둘을...깎아 만들라-처음의 돌판은 하나님이 친히 만드셔서 모세에게 주셨으나(출32:16), 두번째 돌판은 모세가 만들어야 했습니다.

출34:2 아침에 준비하고 시내 산으로 올라와서 산꼭대기 위 거기서 나를 위하여 서라

개정성경에는 "산꼭대기에서 내게 보이되"로 되어 있지만 70인역은 '산꼭대기 위 거기서 나를 위하여 서라'고 되어 있습니다.

출34:3 아무도 너와 함께 오르지 말며 온 산에 아무도 나타나지 못하게 하고 양과 소도 그 산 가까이에서 먹이지 못하게 하라
출34:4 모세가 처음 것과 같은 돌판 둘을 깎고 아침에 일찍 일어나서 두 돌판을 손에 들고 주님께서 그에게 명령하신 대로 시내 산에 올라갔더라
출34:5 주님께서 구름 안으로 내려오셔서 그의 옆에 서서 그 이름을 주님이라 불리우게 했다(그의 이름을 "주님"이라고 말씀하셨다)

1) 구름 가운데-여기서 구름은 하나님의 임재를 상징합니다(출33:9). 그런데 하나님께서는 비단 구름 뿐 아니라 불과 연기(창15:17), 폭풍우(욥38:1), 세미한 음성(왕상19:12)등을 통하여서도 자신의 임재를 나타내셨습니다.

2) 그와 함께...반포하실새-70인역은 "주님이 구름 안으로 오셔서 모세 옆에 서서 말하길 내가 주님이다"라고 가르치는 것으로 나옵니다. 실로 놀랍습니다. 왜냐하면 주님이 모세 옆까지 내려오셔서 내가 주님이다라고 하며 그르쳐 주었기 때문입니다.

출34:6 주님께서 그의 얼굴 앞에 가까이 오시며 나는 하나님 주님이라 불리 우는데 나는 인정이 많고 동정심이 많고 관대하며 자비로 가득하고 진실 된 자니라

1) 여호와로리 여호와로라-하나님은 자신을 나타내시는 분으로, 인간에게 찾아오셔서 스스로를 계시해 주셨습니다. 그러한 하나님께선 모세를 부르실 때(출3:14), 십계명을 주실 때(출20:2) 자신을 '여호와'로 소개하셨는데 이 이름은 하나님의 존재와 행동을 함께 나타내는 것으로(출3:14) 하나님이 세상의 통치자와 구원자가 되심을 가리킵니다(출3:15). 그런데 여기서 이러한 이름이 반복해서 선포된 것은 그 의미를 강조하기 위함일 뿐 아니라, 모세로 하여금 뒤따르는 계시를 삼가 경청하도록 하기 위함입니다.
2) 70인역에서는 하나님께서 모세의 얼굴 앞으로 다가오면서 당신이 하나님이라 불리는 자라하며 당신을 소개하고 있습니다.

출34:7 정의를 지키면 천대에 까지 긍휼을 베풀 것이며 불의와 잘못과 죄를 이동 시켜 줄 것이라 그러나 그 죄악이 결코 정결하게는 못하리라 아버지의 불의가 자녀에게 죄악을 가져와 자식의 자식위에 삼사대까지 미치게 하리라

1) 인자를 천대까지 베풀며-하나님의 진노에 비하여 그 은혜가 훨씬 더 크다는 사실을 수사학적으로 표현한 구절입니다(출20:6).
2) 아비의 악을 자여손 삼, 사 대까지-직역하면 '아버지의 악을 아들들에게 그리고(그 아들들의) 아들들에게 세 번 네 번까지'입니다. 인자를 천대까지 베푸시는 하나님의 은혜에 비하여, 그 진노는 아주 작은 것임을 묘사한 수사학적 표현입니다.

출34:8 모세가 급히 땅에 엎드려 경배하며

출34:9 말씀드리기를 만일 내가 주님 앞에서 은혜를 찾았으면 나의 주님 우리와 함께 가소서 이는 그들이 목이 곧은 백성임이니이다 우리 죄와 불법을 용서하시고 우리를 당신의 것으로 삼으소서

주의 기업 −직역하면 '주의 소유'입니다. 일반적으로 '기업'에 해당하는 '나할'은 '몫,차지,유산'등의 뜻이 있기 때문에(출23:30;32:13;민18:20;수16:4;신32:9), '주의 기업'보다는 '주의 소유'라는 말이 더 좋습니다. 벧전2:9에서 사도 베드로는 성도를 가리켜 '하나님의 소유된 백성'이라고 하였습니다. 이를 70인역에서는 "당신의 것으로 삼으소서"로 되어 있습니다.

출34:10 주님께서 말씀하시기를 보라 내가 한 언약을 세우리니 네 모든 백성 앞에서 내가 영광스러운 일들을 행하리라 그런 일은 아직 온 땅 어느 곳에서도 어느 민족 안에서도 행해지지 않은 것이니라 네가 있는 곳 가운데 있는 모든 백성이 주님의 영광스러운 일을 보리니 이는 내가 너희를 위하여 행할 것이라

1) 언약을 세우나니−이 말에 해당하는 '카라트'는 원래 '자르다,베어내다'는 뜻이다. 고대에는 계약을 체결할 때 고기를 '베어' 조각낸 뒤 계약의 당사자들이 그 사이로 지나갔는데(창15:10-17), 여기에서 '카라트'가 '계약을 맺다'는 뜻으로 전용 되었습니다.
2) 행치 아니한 이적−이는 이스라엘이 향후 가나안 족속을 정복하는 데 있어서 하나님께서 베풀어 주실 놀라운 역사를 가리킵니다. 그 대표적인 예로는 요단 동편 아모리 족속의 두 왕 정복 사건(신2:26-3:17), 요단 강물이 멈춘 사건(수 3:16,17), 태양과 달이 멈춘 사건(수10:12-14) 등이 있습니다.

출34:11 내가 네게 명령하는 것을 조심하라 보라 내가 네 얼굴 앞에서 아모리 사람과 가나안 사람과 헷 사람과 브리스 사람과 히위 사람과 게르게 사람과 여부스 사람을 쫓아내리니

출34:12 너는 그 안에 들어가면 그 땅의 거민들과 언약을 맺지 않도록 조심하라 그것이 너희를 걸려 넘어지지 않게 하라
출34:13 너희는 그들의 제단들을 파괴하고 그들의 기둥을 부수고 그들의 숲을 베어 내고 그들의 신들로 조각된 것을 불로 태워야한다

1) 주상(맛체바)-종교적인 목적으로 세운 비석으로, 곧 우상에게 봉헌된 기념비를 가리킵니다. 70인역에서는 '기둥'으로 되어 있습니다.
2) 아세라 상(아쉐라우)-'축적하다,부해지다'는 뜻의 '아쏴르' 유래한 말로 '풍요의 신'으로 알려진 가나안의 여신입니다. 이 신은 고대 근동의 여러 족속 중 특히 아모리족과 가나안족이 숭배한 여신(女神)으로서 '아낫'과 '아스다롯'과 더불어 가나안의 3대 여신 중 하나입니다. 그리고 이 신은 '생육,생산'의 신인 '바알'과 부부인 것으로 알려졌는데 따라서 이들 두신의 숭배에는 필연적으로 성적인 타락이 수반되었습니다.

출34:14 너는 다른 신에게 결코 경배하지 말지니 질투하는 이름 이신 하나님 주심은 질투하는 하나님이시기 때문이라

'질투의 하나님'이라는 말이 70인역에서는 '하나님의 이름이 질투'로 되어 있습니다.

출34:15 너는 그 땅의 외국 거민들과는 언약을 하지 말지니라 이는 그들의 신들을 따라 음란에 빠지고 그들의 신들에게 제사를 드리고 그들이 너희를 부르면 너희가 그들의 희생제를 먹을까 함이라

음란히 섬기며-이에 해당하는 원어 '자나'는 '간음하다,창기가 되다(창기의 행위를 하다),매춘하(러가)다'라는 뜻을 지니고 있습니다. 따라서 "그들의 신을 음란히 섬기며"를 직역하면 그들의 신에게 매춘하러 가며 혹은 '그들의 신을 좇아 매춘(행음)하며'가 됩니다. 이처럼 가나안 인들이 신을 음란하게 섬기는 것은 그 종교의 속성이었으며 특히 이들 종교의 여사제는 공인된 창기였으니, 신에게 제사 드리러 나오는 남자는 곧 풍요와 다산을 상

출34:16 그리고 네 아들들이 그들의 딸을 취하고 그들의 아들들에게 너희의 딸을 주어 그들의 신을 따라 너의 딸들이 음란에 빠지고 그들의 신을 따라 너희의 아들들이 음란에 빠질까 함이라
출34:17 너희 스스로 주조하여 신을 결코 만들지 말지니라
출34:18 너는 무교절을 지키라 내가 네게 명령한 대로 새로운 달 그때에 너는 칠일동안 누룩 없는 빵을 먹으라 이는 새로운 달에 네가 애굽에서 나왔음이니라

1) 무교절-유월절로 시작되는 7일 간의 축제(출12:15-20)로 누룩을 넣지 않은(무교)떡을 먹기 때문에 무교절이라 했으며 애굽에서 구원받은 것을 기념하는 절기입니다.
2) 아법월-일명 '니산 월'이라고도 하는데(느2:1;에3:7) 유대 종교력 으로는 1월, 민간력으로는 7월, 현대 태양력으로는 3-4월을 가리킵니다. 70인역에서는 새로운 달로 되어 있습니다.

출34:19 자궁(임신)을 연 모든 수컷은 나의 것으로 소의 처음 난 것과 양의 처음 난 것도 그러하며
출34:20 나귀의 첫새끼는 어린 양으로 대속할 것이요 만일 대속하지 않으면 돈으로 대가를 지불해야할지니라 네 아들들 중 모든 장자는 대속해야 하리니 아무도 내 앞에 빈 손으로 나오지 말지니라

개정성경에는 "그 목을 꺾을 것이며"로 되어 있지만 70인역은 "돈으로 대가를 지불해야 한다"고 되어 있습니다.

출34:21 너는 육일동안은 일할 것이나 일곱째 날에는 쉴지니라 씨 뿌릴 때와 수확할때도 쉴지니라

개정성경에는 "밭 갈 때에나 거둘 때에도 쉴지며"로 되어 있지만 70인역은 씨뿌릴때와 수확할때로 되어 있습니다.

출34:22 너는 밀을 태우는 추수를 시작하는 한 주간 절기(칠칠절)를 나에게 지키고 한해의 중간에 회중들이 모이는 절기를(수장절) 지켜라

1) 칠칠절-맥추절 혹은 오순절이라고도 하는데 농작물의 수확을 감사하는 절기입니다(출23:16;신16:9-12).
2) 수장절-이스라엘의 광야 생활을 기념하는 절기이며, 초막절 혹은 장막절이라고도 합니다.
3) 70인역에서는 칠칠절을 태우는 추수의 절기라 합니다.

출34:23 너희 모든 남자 아이들은 일 년에 세 번씩 이스라엘의 하나님 주님 앞에 보일지라

매년 세 번씩-이스라엘의 3대 절기인 무교절,오순절,장막절(출18,22절;출23:14-17)의 때를 말합니다. 그리고 이때마다 '하나님 앞에 보이라'는 말은 '하나님 앞에 나타나라'는 말과 동일한데 이는 이스라엘로 하여금 하나님의 택한 백성으로서 하나님을 중심한 생활을 하도록 하기 위함이었습니다(신16:15,16).

출34:24 내가 민족들을 네 얼굴 앞에서 쫓아내고 네 경계선을 확장시키리니 네가 일 년에 세 번씩 주 너의 하나님 앞에 나오기 위하여 올라갈 때에 다른 사람이 네 땅을 갈망하지 못하리라

1) 지경(개봉)-70인도 "경계선을 확장시키리니"로 되어 있습니다.
2) 하나님께...올 때에...네 땅을 탐내어 엿보지 못하리라-하나님께서는 신12:1-14에서 가나안 정복 이후 제사 조직이 지방에 난립할 것을 방지하기 위하여 백성들이 모두 함께 모여 공식적인 제사를 드릴 곳, 즉 유일한 중앙 성소(예루살렘 성전)에 대하여 명하셨습니다. 따라서 매년 세 차례 이스라

엘에는 전 지경에서 남자들이 예루살렘으로 빠져 나가는 공동(空洞)현상이 생겨나게 됨으로써(눅2:41-42) 지역 방위의 문제가 생기는데, 하나님께서는 본절에서 바로 이를 해결해 주시겠다는 약속을 하고 계시는 것입니다. 70인역에서는 '갈망하지 못하게 하겠다'고 나옵니다.

출34:25 너는 내 향내의 피를 누룩과 함께 드리지 말고 유월절의 희생제물도 아침까지 남기지 말지니라

희생의 피...유교병과 함께 드리지 말며-희생의 피는 죄를 속하는 것인데 반해 유교병은 죄악의 상징인 누룩이 들어 있기 때문에 함께 드려질 수 없었습니다.

출34:26 너희는 너희 땅의 열매를 너희 하나님 주님의 집으로 가져 올지니라 너는 어린양을 그 어미 젖으로 결코 바치지 말지니라
출34:27 주님께서 모세에게 말씀하시기를 너는 이 말들을 기록하라 이 말씀들 위에 너와 이스라엘과 더불어 언약을 맺노라

이 말들의 뜻대로-직역하면 '이 말들을 따라'입니다. 여기서 '이 말들'은 먼저 맺었던 첫번째 언약(출20-31장)을 가리킵니다. 따라서 이는 첫번째 언약을 따라 동일한 내용으로 두번째 언약을 맺는다는 뜻입니다. 그리고 이것은 여기서 세우는 언약이 첫번째 세운 언약과 별개의 것이 아니라, 그 언약의 회복임을 보여줍니다.

출34:28 모세가 주님 앞에 사십일 낮과 사십일 밤을 그곳에 있었으나 빵도 결코 먹지 않고 물도 결코 마시지 않았고 그가(모세가) 언약의 말씀인 열가지를 판위에 이 말씀들을 기록하였더라

1) 사십 일 사십 야-결과적으로 모세는 지난번의 40일(출24:18)과 이번의 40일을 합하여 도합 80일을 금식한 셈입니다. 이것은 첫번째 언약을 맺은 때와 같은 조건(성경에서 '40'이란 숫자는 연단과 시험을 나타내는 수이다)

에서 두번째 언약을 맺었다는 뜻입니다.

2) 여호와께서는...기록하셨더라(이케타브)-원어상으로는 단순히 '그가 기록했다(새겼다)'는 뜻입니다. 따라서 '그'가 누구인지 불분명한데 영어 성경은 대부분 '그'를 대문자(He)가 아닌 소문자(he)로 표기하여, 모세가 기록했다고 나오고 있습니다. 그러나 우리 성경에는 두번째 십계명도 하나님께서 친히 기록한 것으로 번역하고 있으나 모세가 기록한 것이 확실하며 70인역도 모세가 기록한 것으로 되어 있습니다. 모세가 기록했다는 증거는 첫째로 헬라어상 카이가 대문자면 하나님이 기록한 것이 되지만 소문자이기에 모세가 기록한 것이 됩니다. 둘째로 카이 앞의 문장이 모세가 빵도 먹지 않았고, 물도 마시지 않은 것으로 말하고 있는 것에 대한 연속 문장으로 되어 있는데 이를 문법상으로 말하면 등위접속사라 하는데 본절은 카이가 등위접속사입니다)

출34:29 모세가 그 두 판을 모세의 손에 들고 시내 산에서 내려왔는데 그가 산에서 내려올 때 모세는 하나님과 말하는 동안 자기 얼굴 피부색이 영광스럽게 된 것을 결코 알지 못하였더라

출34:30 아론과 모든 이스라엘의 장로들이 모세를 보니 그의 얼굴 피부색이 영광으로 가득차 있는지라 그들이 그에게 가까이 가기를 두려워하니

얼굴 꺼풀에 광채 남을 보고-원문에 가깝도록 직역하면, '보라! 빛나는 얼굴의 피부가 되었도다'란 뜻으로 모세의 빛나는 얼굴의 광채를 보고 놀라워하는 백성들의 모습이 생생히 묘사되었습니다. 70인역에는 보라라는 말이 나오지 않고 "피부색이 영광으로 가득차 있다"고 나옵니다. 또한 모든 백성이 아니라 70인역에는 "모든 장로"로 되어 있습니다.

출34:31 모세가 그들을 부르니 아론과 회중의 모든 지도자들이 그에게로 돌아오고 모세가 그들에게 말하더라

출34:32 그 후에야 모든 이스라엘 자손이 가까이 오는지라 모세가 주님께서 시내산에서 자기에게 말씀하셨던 모든 것을 그들에게 명하고

출34:33 모세가 그들에게 말하는 것을 마칠 때까지 덮개로 자기 얼굴을

가렸더라

수건으로... 얼굴을 가리웠더라-이것은 모세가 자신의 얼굴에서부터 나는 광채에 백성들이 현혹되어 자신이 전하는 하나님의 말씀을 소홀히 할 가능성을 배제키 위한 것이었습니다. 그런데 이 일은 후에 바울이 율법에만 집착하여 그 율법이 가리키는 바, 그리스도의 빛나는 영광을 바로 깨닫지 못하는 유대인들의 어두운 심령 상태를 나타내는 비유로 인용하였습니다(고후 3:7-18). 70인역에는 수건이 아닌 덮개로 나옵니다.

출34:34 그러나 그때에 모세가 주님과 말하려고 주님 앞에 들어갈 때면 나올 때까지 수건을 벗고 있다가 그가 나와서는 그가 명령받은 일을 이스라엘 자손에게 고하더라
출34:35 이스라엘 자손이 모세의 얼굴에 영광이 가득한 것을 보았고 모세는 주님과 대화하려고 들어갈 때까지 그의 얼굴을 다시 덮개로 가렸더라

출애굽기 35장

출35:1 모세가 이스라엘 자손의 온 회중을 소집하여 그들에게 말하기를 주님께서 명령하신 말씀들이 이러하니 너희는 그 말씀들을 행해야 하느니라

출35:2 육일동안은 일하되 일곱째 날은 너희에게 거룩한 날이니 주님을 위해 휴식하는 안식일이라 이 날에 일하는 자 모두는 죽일지니라

출35:3 너희는 안식일 날에 너희의 온 처소에서 결코 불을 피워서는 안 되느라 나는 주님이라

불도 피우지 말지니라-인간이 살아가는 데 있어서 불처럼 요긴한 것은 없습니다. 그런데 하나님께서 안식일만큼은 이러한 필수적인 것조차 금지하셨습니다. 그 까닭은 안식일에는 불을 지펴 음식을 만드는 것과 같은 생활의 가장 기본적인 수단도 '노동으로서는' 하지 않도록 하기 위함이었습니다. 즉 오늘날과 같은 성냥이나 전기 따위가 없던 고대 사회에서는 불을 피우는 것이 쉽지 않은 일종의 노동이었으니 하나님께서는 바로 이러한 노동을 금하셨던 것입니다. 또한 70인역에서는 마지막에 "나는 주님이라"하고 말하고 있습니다.

출35:4 모세가 이스라엘 자손의 모든 회중에게 말하여 이르되 주님께서 지시하여 이렇게 말하여 이르시기를

출35:5 너희는 주님께 드릴 예물을 취하여 마음으로 자원한 모든 것을 주님께 첫 열매로 드려라 금과 은과 놋과

마음에 원하는 자는....드릴지니-헌금의 참 정신이 어디에 있는지를 증거

해 주는 구절입니다. 비록 하나님의 일을 위하는데 쓰기 위한 것이라 할지라도 강제로 거두어들인 헌금이거나 억지로 내는 것이라면 이는 내지 않은 것만 못합니다.

출35:6 청색 자색 이중 주홍색실과 가는 베실과 염소털과

청색 자색 홍색 실과 가는 베실과 염소털-이 중 청색, 자색, 홍색실과 가늘게 꼰 베실로는 성소의 제 1앙장(26:1)과 지성소 휘장(26:31) 및 성소 휘장(26:36), 그리고 대제사장의 의복 중 에봇(28:6)과 흉패(28:15)를 만들었습니다. 반면 베실만으로는 반포 속옷(28:39)과 관(28:39), 고의(28:42)를 만들었습니다. 마지막으로 염소털로는 성소의 제2앙장(26:7)을 만들었습니다.

출35:7 붉게 물들인 숫양의 가죽과 해달 가죽과 아카시아 나무와

1) 수양의 가죽과 해달의 가죽-성막 본체의 덮개와 웃 덮개 곧 제3앙장과 제4앙장을 만드는 재료입니다(출26:14). 그런데 여기서 '해달'로 번역된 히브리어 '타하쉬'가 정확히 어떤 짐승을 가리키는지에 대하여선 의견이 분분합니다.
2) 조각목-아카시아 나무의 일종으로 나뭇결이 아름다우며 재질이 단단하여 가구 제작용으로 많이 사용됩니다. 성소 기구 중에서는 법궤(출25:10)와 진설병 상(출25:23), 성막의 널판(출26:15)과 번제단(출27:1) 등이 이 나무로 만들어졌습니다(출25:5).

출35:7 붉게 물들인 숫양의 가죽과 해달 가죽과 아카시아 나무와 (7절과 동일함)
출35:9 홍보석과 에봇과 흉배에 박을 보석이니라

1) 호마노-빨강, 검정, 흰색 등 여러 빛깔이 겹겹으로 줄이 진 보석입니다. 70인역에는 홍보석으로 되어 있습니다.

2) 에봇과 흉패에 물릴 보석-에봇을 장식하는 데에는 2개의 호마노가 사용되었으며 흉패를 장식하는 데에는 호마노를 포함한 12개의 보석이 사용되었습니다(출28:9,17-20).

출35:10 너희 가운데 지혜로운 마음을 가진 자는 모두 나와서 주님께서 명령하신 모든 것을 만들지니

너희 중 마음이 지혜로운 자-여기서 '마음이 지혜로운'에 해당하는 원어는 '하캄레브'인데, 이들은 각각 하나님께 받은 지혜를 따라 성막의 여러 부품들을 직접 만든 자들을 가리킵니다. 이는 하나님께서 사람들에게 나누어 주신 은사가 제각기 다르다는 것을 시사해 줍니다(고전12:4-11).

출35:11 성막과 그 덮개와 그 위 덮개와 그 고리와 그 빗장과 그 기둥과

성막 본체를 만드는 데 필요한 주요 구성품 들입니다. 이 중 '막'이란 제1,2앙장을 가리키며(출26:1-13), '덮개'란 제 3,4앙장을 가리킵니다(출26:14). 그리고 '갈고리'는 여러 폭의 천을 연결하여 하나의 큰 앙장을 만드는데 필요한 고리이며(출26:6), '널판'은 성막 본체의 남,북,서쪽 벽을 형성하는 조각목판입니다(출26:15-29). 마지막으로 띠와 기둥과 받침은 이러한 널판을 고정시키는데 필요한 부품들입니다(출26:19-29).

출35:12 증거의 상자와 그 장대와 법궤 뚜껑과 휘장과

지성소에 배치할 성구 및 지성소를 가릴 휘장입니다. 이 중 '증거궤'는 일명 '언약궤'(신31:9) 또는 '법궤'(레16:2)라고도 하는데 70인역에서는 '증거의 상자' 또는 '증거의 궤'로 나옵니다. 그 속에 십계명 두 돌판(출25:21)과 아론의 싹난 지팡이와 만나를 넣어 보관하였습니다(민17:10). 이는 그 채, 즉 증거궤를 운반하는데 사용할 장대와 더불어 조각목으로 만든 후 겉에 금으로 도금하였습니다(25:10-16). 그리고 '속죄소'는 일종의 '증거궤' 뚜껑에 해당하는데 정금으로 만들었습니다(출25:17-22). 마지막으로 '가리는 장은 청색, 자색, 홍색실과 가늘게 꼰 베실로 짠후 그 위에 그룹을 수놓아 만들도록 되어 있습니다(출26:31-33).

출35:12-2 마당의 휘장과 그 기둥과 그리고 녹보석과 향과 기름 부음과

개정 성경에는 이 부분이 나오지 않지만 70인역에는 나옵니다.

출35:13 상과 모든 기구와

1) 상과...그 모든 기구-조각목으로 만든 진설병 상 및 정금으로 만든 대접과 숟가락, 병과 붓는 잔 등을 가리킵니다(출25:23-29).
2) 진설병-하나님께 대한 이스라엘 12지파의 헌신과 감사를 나타내는 떡으로서 제사장이 매 안식일마다 6개씩 두 줄로 떡상위에 진열하도록 되어 있습니다(레24:5-9). 70인역에는 진설병이 나오지 않습니다.

출35:14 그리고 불 켜는 촛대와 그 기구 모두와

70인역과 개정 성경은 완전히 다릅니다.

출35:15 그리고 불 켜는 촛대와 그 기구 모두와

70인역에서는 14절과 15절이 동일하게 나옵니다.

출35:16 번제단과 그것의 모든 기구와

70인역과 개정 성경은 본절도 완전히 다르게 되어 있습니다.

출35:17 번제단과 그것의 모든 기구와

70인역에서는 16절과 17절의 내용이 같은 것으로 나옵니다.

출35:18 내용 없음

출35:19 성소에서 섬기는 일을 하기 위한 예복들 즉 여러 향과 올리브 기름으로 기름부을 때 입는 제사장 아론의 거룩한 의복과 그의 아들들의 의복이라

70인역에서는 18절이 나오지 않습니다.

출35:20 이스라엘 자손의 모든 회중이 모세 면전에서 떠나가서
출35:21 마음이 감동된 모든 자와 자기 영혼을 기쁘게 하는 모든 자들이 드렸으니 증거의 성막을 짓기 위한 그 모든 공사와 거룩한 의복을 위하여 주님께 예물을 드렸더라

개정성경에서는 "자원 하는자"라는 말이 70인연에서는 "영혼을 기쁘게 하는자"라 되어 있습니다.

출35:22 감동된 남자들이나 여자들은 누구나 와서 도장과 귀고리와 반지와 목걸이와 팔찌와 모든 금기구와 그리고 모든 사람이 금 예물을 주님께 가져 왔으며
출35:23 그리고 베실과 돌고래 가죽과 붉게 불들인 숫양 가죽을 찾아 가져왔으며
출35:24 은과 놋 예물을 드리는 모든 자도 주님께 예물을 가져왔고 그 섬기는 일에 필요한 아카시아 나무를 가진 자도 그것을 가져왔더라
출35:25 지혜로운 마음을 지닌 모든 여인들은 자기들 손으로 실을 뽑고 그들이 뽑은 청색 자색 주홍색 실과 가는 베실을 가져왔으며

1) 마음이 슬기로운-이 말은 '마음이 지혜로운'(10절)과 원어상으로 동일합니다. 여기서는 '손재주가 있는'으로 번역하는 것이 좋은데, 곧 바느질에 관계된 재주를 가리킵니다. 한편 여기서 우리는 당시 여인들이 족보와 계수에서는 비록 제외되었으나 하나님의 일을 할 수 있는 은사와 은총만은 남자와

동등하게 받았음을 알 수 있는데 이 점은 신약에서도 분명히 드러납니다(눅 8:2,3;롬12:6-8;16:1). 70인역에서는 '지혜로운 여인들'로 되어 있습니다. 다시말해 지혜를 구약에서는 손 기술과 같은 재능을 말합니다.

2) 실을 낳고(타와우)-'실을 뽑고'로 번역해야 의미가 잘 전달됩니다. 70인역에서는 '실을 뽑고'로 되어 있습니다.

출35:26 지혜로 마음이 감동된 모든 여인들은 염소털로 실을 뽑았더라

슬기로운....여인은 염소털로 실을 낳았으며-염소털로 실을 뽑는 작업에는 솜씨가 있고, 한 걸음 더 나아가 마음으로부터 자원하는 여인들이 참여했는데 이로 미루어 보아 이 작업은 일반실을 뽑는 작업보다 더 어려웠던 것 같다.

출35:27 족장들은 녹보석과 또 에봇과 흉배에 박을 보석들을 가져왔으며
출35:28 향료와 붓는 기름인 올리브 기름과 분향할 향을 위한 기름을 가져왔더라
출35:29 주님께서 이스라엘 자손이 예물을 가져왔으니 모든 남자와 여자가 주님께서 모세를 통하여 만들라고 명령하셨던 모든 일을 수행하기 위하여 그들이 마음으로 자원하여 가져왔더라
출35:30 모세가 이스라엘 자손에게 말하기를 보라 주님께서 유다 지파 훌의 손자요 우리의 아들인 브사렐의 이름을 불러 부르시고

1) 브사렐-유다의 6대 손이자, 르비딤 전투시 아론과 더불어 모세의 손을 붙들었던 자인 훌(출17:10-12)의 손자입니다. 그는 특별한 손재주가 있어서 성막과 기구 제작의 실무 책임자로 임명받았습니다(출31:2).

2) 지명하여 부르시고(카라...베쉠)-직역하면 '이름에 의해(by)부르시고'입니다. 히브리인들에게 있어서 이름이란 인격적, 주종적인 관계를 맺는 특별한 매개로, 이름을 부른다는 것은 곧 명명자(命名者)가 피명명자에 대해 소유 내지는 지배의 권리를 갖고 있음을 나타냅니다(출20:7). 따라서 여기서는 하나님이 브사렐에 대해 특별한 관계를 맺으셨음을 알 수 있습니다. 이

처럼 하나님의 일을 하기 위해서는 누구든 하나님과 특별한 관계를 맺고 있어야 합니다. 지명을 70인역은 이름을 부른 것을 말합니다.

출35:31 지혜와 명철과 모든 높은 지식으로 하나님의 영이 그를 채우니

1) 하나님의 신을....총명과 지식으로-원문에는 '하나님의 신을...지혜와 총명과 지식에 충만케 하여'로 되어 있습니다. 즉 브사렐의 지혜와 총명과 지식이 하나님의 신으로 충만케 되었다는 뜻입니다. 70인역에서는 지혜와 명철과 높은 지식으로 하나님의 영이 채웠다고 되어 있습니다.
2) 지혜와 총명과 명철의 차이-영어의 뜻은 세 가지의 차이점이 거의 없지만 지혜는 삶의 이치(원리.법칙.원인.방법.기술자.숙련된 기술)를 아는 것을 말하고, 총명은 영리하고 똑똑한 것을 말하고, 명철은 도리에 밝은 것을 말하는데 도리란 방법과 수단을 말하므로 그러므로 명철이란 방법을 잘하는 것을 말하는데 헬라어에서는 이해력과 판단력을 말합니다.

출35:32 제작하는 기술을 고안하여 금과 은과 놋으로 일하게 하시며
출35:33 보석을 깎는 일과 나무로 만드는 일과 여러 가지 지혜로운 일을 하게 하셨고

정교안 일을 70인역에서는 지혜로운 일로 말하고 있는데 앞에서 살펴 본 것 같이 지혜란 기술자를 말하고(출35:25,31)이치와 노하우와 방법을 말하고 있기 때문입니다. 그러므로 정교한 일을 한다는 말은 특별한 기술을 가진 자만 할 수 있는데 이렇게 특별한 기술을 가진 것을 가리켜 지혜롭다고 하는 것입니다.

출35:34 그리고 그와 단지파 아히사막의 아들 아홀리압에게 마음속에 다른 사람을 이끄는 능력을 주셨으니
출35:35 그리고 하나님께서는 그들을 지혜와 이해력과 지각으로 채우셨고 성소에서 일하게 하여 주홍색 실과 가는 베실로 수놓는 일과 베짜는 일과 또 다른 일도 하게 하시고 자수를 제작하는 모든 일을 하게 하였더라

출애굽기 36장

출36:1 브사렐과 아홀리압과 마음이 지혜로운 모든 사람 곧 지혜와 지식을 주시어 이해하게 해서 주님께서 명령하셨던 모든 것에 따라 성소에서 예배에 필요한 모든 것을 만들었더라

출36:2 모세가 브사렐과 오홀리압과 지혜를 소유한 모든 사람을 불렀으니 곧 하나님께서 그들의 마음에 특별한 능력을 주신 사람들과 자진해서 원하는 모든 사람들이 그것을 수행하기 위해 일하러 왔고

출36:3 그들은 이스라엘 자손이 성소 건축 하는 모든 일을 위하여 드렸던 그 모든 예물을 모세에게서 받았고 백성들은 아직도 아침마다 드리기 위해 예물을 가져왔는데 모세가 받았더라

출36:4 각자 자신의 일에 따라 성소에서 일하던 모든 기술자들인 지혜로운 자들이 와서

출36:5 모세에게 고하여 말하기를 백성들이 주님께서 만들라고 명령하신 일에 필요한 것보다 많이 가져오나이다

출36:6 모세가 명령을 내려 그들이 진중에 전파하여 말하기를 남자든지 여자든지 성소에 드릴 첫 열매를 더이상 만들지 말라하매 이후로 백성들이 가져오는 것을 금하더라

출36:7 이는 그들이 기구가 성소를 만드는 일을 하기에 넉넉해 남았더라

넉넉하여 남음이 있었더라-비록 이스라엘이 출애굽할 때 애굽사람들로 부터 풍부한 은금 패물을 받아 나왔긴 하지만(출12:35,36) 모든 것이 긴요할 광야 생활이라는 점을 감안해 보면 백성들이 하나님의 일에 쓰고 남도록 예물을 바쳤다는 것은 진정한 헌신과 희생의 행위가 아닐 수 없습니다.

출36:8 일하는 사람 가운데 지혜로운 모든 사람이 주님께서 모세에게 명령하신 대로 제사장 아론의 거룩한 옷을 만들었더라

개정 성경은 지혜로운 사람들이 성막의 여러 가지를 만든 것으로 나오지만 70인역은 모세의 명령대로 제사장 아론의 옷을 만든 것으로 나옵니다.

출36:9 그리고 에봇을 금과 청색과 자색과 주홍색을 가늘게 꼰 베실로 만들고

개정 성경은 휘장을 만드는 것으로 나오지만 70인역은 아론의 에봇을 만드는 것으로 나옵니다.

출36:10 그리고 꽃 모양의 무늬를 나누어진 곳에 금실과 함께 청색과 자색과 주홍색실과 가는 베실로 짜고

10절부터 33절까지는 70인역에는 안 나오나 다른 문서에서 나오기에 아래 부분은 다른 문서를 해석한 것입니다. 그래서 아랫부분의 내용은 개정 성경과는 다릅니다.

출36:11 어깨에서 양쪽으로 나누어졌다가 합쳐지도록 에봇을 만들고
출36:12 그들은 그것을 만들 때에 금색실과 청색실과 꼰 주홍색실과 가는 베실로 주님께서 모세에게 명령하신대로 만들었더라
출36:13 녹보석 두 개를 만들어 금 자갈로 입히고 절단한 곳에 이스라엘 자손의 이름을 새겨라
출36:14 주님께서 모세에게 명령한 같이 이스라엘 자손을 기념하는 돌로 에봇의 어깨 위에 놓았더라
출36:15 금색과 청색과 자색과 꼰 주홍색과 가는 베실로 에봇 만드는 작업에 따라 수놓아 짜서 흉패 넣는곳을 만들었더라
출36:16 흉패 넣을 두개를 네모꼴로 손바닥 한뼘의 길이와 넓이로 두개

로 만들었고

출36:17 그리고 거기에는 네 줄의 보석으로 짠 것이 그 안에 섞여 있었는데 첫 번째 줄에는 홍보석과 담황옥과 녹보석이고

출36:18 그리고 두 번째 은 석탄과 청옥과 벽옥이고

출36:19 그리고 세번째 줄은 호박과 마노와 자수정이고

출36:20 그리고 네 번째 줄은 황옥과 녹주석과 오닉스이인데 금으로 둘러싸서 금으로 묶어라

출36:21 그 돌은 이스라엘 자손의 이름대로 열두 개였고 그 이름대로 도장처럼 새겨져 있었으며 각각 열두 지파의 이름대로 새겨 졌더라

출36:22 그리고 너는 순금으로 목걸이를 만들되 땋은 사슬로 흉배의 신탁을 만들어라

출36:23 그리고 그들은 금원 두개와 금 고리 두개를 만들었고 그리고 그들은 흉패의 양쪽 상단 모서리에 두 개의 금 고리를 달았더라

출36:24 그리고 흉패 양쪽에 있는 고리에 금 목걸이를 달았더라

출36:25 그리고 두 개의 목걸이는 두개로 고리에 연결시키고 그리고 그것들을 두개의 고리에 붙이고 앞쪽을 따라 서로 마주보게 에봇의 어깨 위에 달았더라

출36:26 그리고 두개의 금고리를 만들어 흉패의 꼭대기에 있는 두개의 날개와 안의 에봇의 뒷부분 끝에 놓고

출36:27 금고리 두개를 만들어 그 아래 에봇의 양쪽 어깨띠에 올려놓고 에봇을 위로부터 아래까지 연결하여 놓았더라

출36:28 그리고 그 위에 있는 고리에 의해 흉패를 에봇의 고리에 고정시켰는데 에봇을 짠 직조물과 함께 파란색 끈으로 고정 시켰더라 주님이 모세에게 명령하셨듯이 흉패를 에봇에서 결코 풀지 않았더라

출36:29 그리고 그들은 에봇의 아래 겉옷은 모두 파란색으로 짜서 만들었더라

에봇의 아래 겉옷이 정확히 무엇을 의미하는지는 모르지만 에봇안에 입는

출36:30 그리고 겉옷의 가운데 구멍은 촘촘하게 짰고 그 구멍의 주위 가장 자리는 둥글게 했고

출36:31 그 겉옷 가장자리 아래에 꽃이 만발한 석류나무의 석류 형상처럼 만들어 둘레에 청색과 자색과 홍색실과 베실로 가늘게 꼰 실로 만들었더라

출36:32 그리고 금방울을 만들어 석류 형상 사이에 있는 겉옷의 가장자리에 종을 달았더라

출36:33 주님께서 모세에게 명령하신대로 섬기기 위하여 겉옷의 가장 자리에 금방울과 석류를 달았더라

출36:34 아론과 그의 아들들을 위해 수놓아 짠 베옷을 만들었더라

출36:35 그리고 베실로 관과 베실로 사모와 가늘게 꼰 베실로 만든 속바지

출36:36 주님께서 모세에게 명령하신 그대로 베실과 청색과 자색과 꼰 주홍색실로 수놓아 그들의 허리띠를 만들고

출36:37 그리고 금패를 순금으로 성소에서 흔들어 만들었고 그 위에 주님의 거룩한 도장에 글을 썼더라

출36:38 그리고 그들은 주님께서 모세에게 명령하신대로 위에 사모를 씌우기 위해 청색 테두리를 두었더라

10절부터 38절까지는 70인역에서는 안나옵니다.

출애굽기 37장

출36장부터 39장까지는 개정 성경과 내용이 완전히 다릅니다.

출37:1 그리고 열 폭 휘장으로 성막을 지었으니(출36:8중반절.개정성경)

출37:2 한 휘장의 길이는 모두 동일하게 스물여덟 규빗이고 한 휘장의 넓이는 모두 동일하게 사규빗 이었더라(출36:9.개정성경)

출37:3 휘장을 그룹천사로 직공해서 만들되 청색과 자색과 꼰 주홍색과 가늘게 꼰 베실로 만들었더라(출36:8하반절.개정성경)

출37:4 아카시아나무로 네 기둥을 만들어 금으로 도금했으며 네 받침은 은으로 부어서 만들었더라(출36:36.개정성경)

출37:5 그리고 그들은 증거의 성막 문의 휘장을 청색과 자색과 꼰 주홍색과 가늘게 꼰 베실로 그룹천사를 직공해서 만들었더라(출26:1.개정성경)

출37:6 휘장 문의 기둥 다섯과 그 갈고리를 만들고 기둥머리와 그 가름대를 금으로 쌌으며 그 다섯 받침은 놋이었더라(출36:38.개정성경)

출37:7 그가 뜰을 만들었으니 뜰의 남편에 가늘게 꼰 베실로 된 뜰의 휘장이 사방 일백 큐빗이며(출38:9.개정성경)

출37:8 그 기둥이 스물이며 그 받침이 스물이니 (출38:10.개정성경)

출37:9 그 북쪽의 가장자리에도 사방 백 규빗이라 그 기둥이 스물이며 그 받침이 스물이니 (출38:11.개정성경)

출37:10 남쪽 끝에 휘장은 오십 규빗이라 그 기둥이 열이요 받침이 열이며(출38:12.개정성경)

출37:11 동편에도 오십 규빗이라 (출38:13.개정성경)

출37:12 뒤 휘장은 십오 큐빗이요 그 기둥이 셋 받침이 셋이며(출38:14.

개정성경)

출37:13 뜰 문의 저편에는 이편이나 저편이나 십오 큐빗의 막들이요 그 기둥이 셋씩이며 받침이 셋씩이라(출38:15.개정성경)

출37:14 뜰을 둘러치는 막은 모두 가늘게 꼰 모시실로 짰으며(출38:16. 개정성경)

출37:15 기둥 받침들은 놋으로 기둥의 갈고리들과 기둥머리의 덮개와 뜰의 모든 기둥들은 은으로 도금하라(출38:17.개정성경)

출37:16 뜰 문에 치는 막은 청색과 자색과 주홍색 실과 가늘게 꼰 베실로 바느질했으며 그 길이는 이십 큐빗이요 폭의 높이는 오 큐빗으로 뜰의 막과 일치하니라 (출38:18.개정성경)

출37:17 그 기둥은 넷이며 놋 받침도 넷이고 그 갈고리들은 은이며 기둥 머리도 은으로 도금했고 (출38:19.개정성경)

출37:18 그것들은 은으로 도금하고 뜰 주위의 모든 말뚝못은 놋이더라(출38:20.개정성경)

출38:19 그리고 이렇게 모세의 명령에 따라 증거의 성막이 건축되고 제사장 아론의 아들 이다말은 레위인으로 섬기는 일을 하게 되었더라 (출38:21.개정성경)

출37:20 유다 지파 훌의 손자요 우리의 아들인 브사렐은 주님께서 모세에게 명령하신 모든 것을 만들었으며(출38:22.개정성경)

출37:21 단 지파 아히사막의 아들 오홀리압은 그는 조각가며 정교한 기술자고 주홍색 실과 가는 베실로 자수를 놓는 자더라 (출38:23.개정성경)

출애굽기 38장

출38:1 또 브사렐이 궤를 만들었으니 (출37:1.개정성경)

출38:2 안팎을 순금으로 도금했고(출37:2.개정성경)

출38:3 금고리 넷을 부어 만들어서 이 쪽면에 두 고리 저 쪽면에 두 고리며(출37:3.개정성경)

출38:4 장대를 끼워 궤를 메게 하였더라(출37:5.개정성경)

출38:5 그는 궤위에 시은소를 정금으로 만들었으니(출37:6.개정성경)

출38:6 금으로 그룹 천사 둘을 만들었고(출37:7.개정성경)

출38:7 시은소 한쪽 끝에 한 그룹을 시은소 다른 끝에 다른 그룹을 만들었더라(출37:8.개정성경)

출38:8 시은소 위를 그 날개로 가리었더라(출37:9.개정성경)

출38:9 그가 또 순금으로 정돈된 상을 만들었으니(출37:10.개정성경)

출38:10 고리 넷을 부어 만들어서 이쪽면에 두 고리 저쪽면에 두 고리를 만들어 장대를 끼워 메게 하였더라(출37:3~출37:5.개정성경)

출38:11 궤의 장대와 상을 만들어 금으로 도금 했더라

출38:12 상위에 기구 곧 그릇과 향로와 긴병과 잔과 술을 부어 바칠 그릇을 금으로 만들었더라(출37:16.개정성경)

출38:13 줄기를 단단하게 빛을 내는 등잔대를 금으로 만들었고(출37:17 상반절.개정성경)

출38:14 그 줄기로부터 가지를 양쪽으로 나누었더라

출38:15 등잔대의 세 가지는 저쪽으로 나왔고 등잔대의 세 가지는 이쪽으로 나왔으며(출37:18.개정성경)

출38:16 그리고 손잡이 끝에 있는 등잔불은 등잔이 켜질 수 있도록 연결하는데 금으로 만든 촛대 상단에 있는 일곱번째 등잔불과 연결하라

출38:17 그리고 등잔대 일곱 개와 가위와 깔때기를 금으로 만들었고(출37:24.개정성경)

출38:18 그는 그 기둥에 은을 입히고 기둥 마다 금고리를 부어 만들고 금빗장을 튼튼하게 하고 막 기둥에 금을 입히고 금고리를 만들었더라

출38:19 그는 또한 금으로 성막의 갈고리와 뜰의 갈고리와 놋 위의 덮개를 연결하는 갈고리를 만들었더라

출38:20 그는 성막의 끝을 은으로 만들었고 성막 정문의 끝과 뜰의 문은 구리로 만들었고 기둥의 은색 갈고리를 만들었고 그 기둥을 은으로 도금하였더라

출38:21 그는 성막의 말뚝과 뜰의 말뚝을 모두 구리로 만들었더라

출38:22 그는 고라의 모임에 참여해 선동했던 사람들이 가지고 있던 놋 향로로 놋 제단을 만들었더라

출38:23 그는 또한 번제단의 모든 그릇과 냄비와 받침 대접과 놋 갈고리를 만들었고

출38:24 그는 제단의 부속물인 그물 만드는 일과 그 불 냄비 아래에서 그 가운데까지 만들었고 놋 제단의 부속물 네 부분에 네 고리를 달았는데 이는 그 장대를 끼워 제단을 들어올리기 위해서 였더라

출38:25 그는 거룩한 기름 붓는 기름과 분향하는 향인 순결한 향유를 만들었고

출38:26 그는 놋으로 물두멍을 만들었고 그 다리도 놋으로 만들었는데 약혼하지 않은 여인들의 거울로 만들었더라 그것을 설치하는 날에 증거의 성막 문 옆에서 그 여인들이 수종을 들었더라(출38:8.개정성경)

출38:27 모세와 아론과 그의 아들들이 손과 발을 씻을 수 있도록 물두멍을 만들었더라 이는 그들이 증거의 장막에 들어갈 때나 봉사하기 위해 번제단으로 올라갈 때마다 씻기 위해서인데 이는 주님께서 모세에게 명령

하신대로 그곳에서 씻었더라

물두멍-제사장들이 성막에 봉사하러 들어가기 전, 그리고 번제단에서 제사 의식을 행하기 전에 먼저 손발을 씻기 위한 일종의 세수대야입니다.

출38:28 천칠백칠십오 세겔로 기둥 갈고리를 만들고 기둥머리를 싸고 기둥 가름대를 만들었으며
출38:29 드린 놋은 칠십 달란트와 이천사백 세겔이라
출38:30 이것으로 회막 문 기둥 받침과 놋 제단과 놋 그물과 제단의 모든 기구를 만들었으며
출38:31 뜰 주위의 기둥 받침과 그 휘장 문의 기둥 받침이며 성막의 모든 말뚝과 뜰 주위의 모든 말뚝을 만들었더라

출39:1 성소의 모든 물건을 제작하는 것에 따라 금으로 제작하는데 들어간 금은 성소의 세겔에 따라 첫열매로 금 이십구 달란트와 금 칠백이십 세겔 이었더라

출39:2 회중에 계수된 사람들이 드린 은 예물은 성소 세겔에 따라 일백 달란트와 일천칠백칠십오 세겔이니(출38:25.개정성경)

출39:3 계수된 자가 이십세 이상으로 육십만 삼천오백오십 명인즉 성소의 세겔로 각 사람에게 은 한 드라크마 곧 반 세겔씩이라(출38:26.개정성경)

출39:4 은 일백 달란트로 성막의 받침과 휘장 받침을 부어 만들었으니 한 받침에 한 달란트씩 일백 달란트로 일백개의 받침을 만드니라(출38:27.개정성경)

출39:5 일천칠백칠십오 세겔로 기둥들의 고리를 만들고 기둥머리를 입히고 기둥을 장식하여 만들었으며(출38:28.개정성경)

출39:6 특별 예물로 바친 놋은 칠십 달란트와 천오백 세겔이라(출38:29.개정성경)

출39:7 그것으로 증거의 성막 문 받침을 만들었고(출38:30상반절.개정성경)

출39:8 또 뜰 주위의 받침과 뜰문 받침과 성막의 말뚝 못들과 뜰 주의의 말뚝 못들을 만들었더라(출38:31.개정성경)

출39:9 그리고 놋 번제단의 부속물과 번제단의 모든 기명들과 증거의 성막의 모든 비품을 만들었더라(출38:30중반절.개정성경)

출39:10 이스라엘 자손은 주님께서 모세에게 명령하신대로 이와 같이 만들었더라

출39:11 그리고 특별한 예물인 금으로 남은 기구를 만들어 주님 앞에서 섬기었더라

출39:12 그리고 남은 청색과 자색과 주홍색으로 아론이 섬길 때 입는 예복을 만들어 성소에서 그것을 입고 섬기게 하라(출39:1.개정성경)

출39:13 그리고 그들이 예복을 모세에게 가져왔으니 곧 성막과 그 가구와 그 받침과 띠와 기둥을 가져왔더라(출39:33.개정성경)

출39:14 언약의 궤와 그의 장대들과 (출39:35상반절.개정성경)

출39:15 번제단과 그 모든 기구와 기름 붓는 기름과 분향할 향품과

출39:16 순금 등잔대와 그 등잔대 곧 불을 붙이는 등잔대와 불 켜는 기름(등 기름)(출39:37.개정성경)

출39:17 진설병 상과 그 모든 가구와 그 위에 정돈된 빵(출39:36.개정성경)

출39:18 그리고 아론의 성소의 예복과 제사장직을 위한 그의 아들들의 예복

출39:19 그리고 뜰의 휘장과 기둥과 성소 문의 막과 뜰의 문과 성소 기구와 그 모든 비품

출39:20 붉게 물들인 숫양의 가죽 덮개와 해달의 가죽 덮개와 덮는 다른 것과(출39:34.개정성경)

출39:21 그 말뚝 못들과 증거의 성막을 위한 성막의 의식에 쓰는 모든 비품들과(출39:40하반절.개정성경)

출39:22 주님께서 모세에게 명령하신 모든 것대로 이스라엘 자손이 모든 기구를 만들었으며(출39:42.개정성경)

출39:23 모세가 그 모든 일을 보니 보라 그들이 주께서 명령하신 대로 행했으며 그들이 그 일을 이루었으니 모세가 그들을 축복하니라(출39:43상반절.개정성경)

출39:24 청색, 자색, 홍색실과 가는 베 실로 그 옷 가장자리에 석류를 수놓고

출39:25 순금으로 방울을 만들어 그 옷 가장자리로 돌아가며 석류 사이사이에 달되

출39:26 방울과 석류를 서로 간격을 두고 번갈아 그 옷 가장자리로 돌아가며 달았으니 여호와께서 모세에게 명령하신 대로하였더라

출39:27 그들이 또 직조한 가는 베로 아론과 그의 아들들을 위하여 속옷을 짓고

출39:28 세마포로 두건을 짓고 세마포로 빛난 관을 만들고 가는 베 실로 짜서 세마포 속바지들을 만들고

출39:29 가는 베 실과 청색, 자색, 홍색실로 수놓아 띠를 만들었으니 여호와께서 모세에게 명령하신 대로하였더라

출39:30 그들이 또 순금으로 거룩한 패를 만들고 도장을 새김 같이 그 위에 '여호와께 성결'이라 새기고

출39:31 그 패를 청색 끈으로 관 전면에 달았으니 여호와께서 모세에게 명령하신 대로 하였더라

출39:32 이스라엘 자손이 이와 같이 성막 곧 회막의 모든 역사를 마치되 여호와께서 모세에게 명령하신 대로 다 행하고

출39:33 그들이 성막을 모세에게로 가져 왔으니 곧 막과 그 모든 기구와 그 갈고리들과 그 널판들과 그 띠들과 그 기둥들과 그 받침들과

출39:34 붉은 물을 들친 숫양의 가죽 덮개와 해달의 가죽 덮개와 가리는 휘장과

출39:35 증거궤와 그 채들과 속죄소와

출39:36 상과 그 모든 기구와 진설병과

출39:37 순금 등잔대와 그 잔 곧 벌여놓는 등잔대와 그 모든 기구와 등유와

출39:38 금 제단과 관유와 향기로운 향과 장막 휘장 문과

출39:39 놋 제단과 그 놋 그물과 그 채들과 그 모든 기구와 물두멍과 그 받침과

출39:40 뜰의 포장들과 그 기둥들과 그 받침들과 뜰 문의 휘장과 그 줄들과 그 말뚝들과 성막 곧 회막에서 사용할 모든 기구와

출39:41 성소에서 섬기기 위한 정교한 옷 곧 제사 직분을 행할 때에 입는 제사장 아론의 거룩한 옷과 그의 아들들의 옷이라

출39:42 여호와께서 모세에게 명령하신 대로 이스라엘 자손이 모든 역사를 마치매

출39:43 모세가 그 마친 모든 것을 본즉 여호와께서 명령하신 대로 되었으므로 모세가 그들에게 축복하였더라

출애굽기 40장

출40:1 주님께서 모세에게 일러 말씀하시기를

출40:2 너는 증거의 성막을 초승달 뜨는 첫째 달 첫째 날에 세울지니라

출40:3 너는 그 안에 증거의 궤를 놓고 휘장으로 그 궤를 덮을지니라

출40:4 너는 상을 들여와서 그 위에 전시해야 할 것을 전시해서 놓고 너는 등잔대를 들여와서 그 위에 등불을 올려놓고

출40:5 너는 증거궤 앞에 분향하는 금제단을 놓고 성막 정문에 휘장을 달고

출40:6 증거의 성막 정문 앞에 제물을 드리는 번제단을 놓고

출40:7절은 없음

출40:8 그리고 너는 막으로 울타리를 치고 주위를 거룩하게 그 모든 것을 하고

출40:9 너는 붓는 기름 올리브를 가지고 성막과 그 안에 있는 모든 것에 부어 그것과 거기에 있는 모든 기명을 거룩하게 하라 그러면 그것이 거룩하게 되리라

출40:10 너는 제물을 드리는 번제단과 그 모든 기구에 기름을 부어 그 제단을 거룩하게 하라 그 제단이 거룩하고 거룩한 제단이 되리라

출40:11절은 없음

출40:12 너는 아론과 그의 아들들을 증거의 성막 문으로 데려다가 물로 씻기고

출40:13 거룩한 의복을 아론에게 입히고 기름을 부어 그를 거룩하게 하여 그로 제사장의 직분을 행하게 하라

출40:14 너는 그의 아들들을 불러다가 그들에게 옷을 입히고

출40:15 네가 그들의 아버지에게 기름을 부었던 것 같이 그들에게 기름을 부어 그들로 제사장 직분을 감당하게 하라 그들의 기름 부음이 그들 대대로 영원히 제사장이 되리라 하시매
출40:16 모세가 그같이 행하되 주께서 자기에게 명령하신 모든 것대로 행하였더라
출40:17 그들이 애굽에서 나온지 둘째 해 첫째 달 곧 초승달에 성막이 세워졌더라
출40:18 모세가 성막을 세우되 그 끝을 고정시키고 빗장을 끼우고 그 기둥들을 세우며
출40:19 성막 위에 막을 펴고 그 위에다 장막의 덮개를 덮으니 주님께서 모세에게 명령하신 대로더라
출40:20 그가 증거판을 들어 궤 속에 넣고 궤안에 지팡이를 넣고

성막 본체 중 지성소(the Holy of the Holies)를 완성시킨 후, 그 안에 증거궤를 배치한데 대한 언급입니다. 즉 성막 제일 안쪽에 위치한 지성소에 십계명을 넣은 증거궤를 들여 놓고, 그 위를 속제소(궤의 뚜껑)로 덮은 후, 입구에 휘장을 드리움으로써 성소(the Holy Place)와 격리시켰습니다.

출40:21 또 그 궤를 성막에 들여놓고 가리개 휘장을 늘어뜨려 그 증거궤를 가리니 주님께서 모세에게 명령하신 대로 되니라
출40:22 그는 또 증거의 성막 안 곧 증거의 성막 북쪽으로 휘장 밖에 상을 놓고
출40:23 또 주님(법궤) 앞 그 상위에 떡을 진설하니 주님께서 모세에게 명령하신 대로 되니

70인역에서는 법궤를 주님으로 말하고 있습니다.

출40:24 그는 또 증거의 성막 안 곧 증거의 성막 남쪽에 등잔대를 놓아

야 하고

출40:25 그리고 주님(법궤) 앞 촛대에 불을 켰으니 주님께서 모세에게 명령하신 대로 되니라

출40:26 그가 또 금 향단을 증거의 성막 안 휘장 앞에 두고

출40:27 그 위에 향기로운 향을 분향하니 주님께서 모세에게 명령하신 대로 되니라

출40:29 그리고 성막 문 앞에 제물을 드리는 번제단을 두니라

출40:33 그리고 그는 성막과 번제단 주위 뜰에 울타리를 치니 모세가 이같이 역사를 마치니

출40:34 구름이 증거의 성막을 덮고 주님의 영광이 성막에 충만하매

출40:35 모세가 증거의 성막에 결코 들어갈 수 없었으니 이는 구름이 성막 위를 포위했고 또한 주님의 영광이 성막에 충만함이었으며

> 여호와의 영광이 성막에 충만함-아마도 여호와의 영광은 성막의 내외에 가득찬 구름 속에서 찬란히 빛나는 광채의 형태로 나타났을 것입니다(34:30-35;고후3:7-11).

출40:36 구름이 성막 위로 올라갈 때에는 이스라엘 자손이 짐을 가지고 이동하여 나아갔고

> 이스라엘은 구름의 향방에 따라 움직였습니다(민9:15-23). 하나님은 이같이 이스라엘을 앞서서 인도하셨고, 멈추어 서서 이스라엘을 훈련시키셨습니다. 그러므로 이스라엘은 하나님만을 따라야 했고 결코 하나님보다 앞서서 나아갈 수 없었습니다.

출40:37 만약 구름이 올라가지 않을 때에는 구름이 올라가는 그 날까지 결코 움직이지 아니하였으며

출40:38 낮에는 성막위에 구름이 있었고 밤에는 이스라엘의 모든 여정에서 불이 그 위에 있었더라

1).낮에는...구름이...밤에는 불이-흔히 '구름기둥, 불기둥'이라고 하나 원어상으로는 단지 구름(아난)과 불(에쉬)로만 나와 있습니다. 이것은 광야 지대의 기온을 고려할 때, 하나님의 놀라운 사랑의 표현입니다. 즉 하나님은 팔레스틴의 무더운 낮 동안에는 구름으로 그늘을 만들어(민9:18) 더위를 막아 주셨고, 일교차가 큰 관계로 추워지는 밤에는 이스라엘을 불로 따뜻하게 하셨던 것입니다.

2).온 족속이 친히 보았더라-이것은 구름 기둥으로 헌신된 하나님의 동행과 임재를 이스라엘 전 백성들이 친히 목도하고 체험한 사실을 가리킵니다. 그러므로 앞으로 끝없는 광야 여정을 거쳐야 할 이스라엘 백성들에게 있어 은혜와 위로의 증표였습니다.

예수님이 보신 성경 70인역 출애굽기 번역본
예수님과 12제자들과 바울과 스테반과 어거스틴과 요세푸스가 보았던 구약 헬라어 성경 70인역 (가격 18,000원)

예수님이 보신 성경 70인역 창세기 번역본
예수님은 우리가 보는 구약 성경을 보시지 않고 구약 헬라어 70인역 성경을 보셨고, 열두 제자와 바울과 스테반과 어거스틴과 요세푸스도 70인역을 보았는데 그 70인역 창세기편을 제가 번역했습니다. (가격 18,000원)

이렇게 기도했더니 영안(환상)이 열리더라
성도들의 초미의 관심사는 아마 방언을 말하고, 영안(환상)이 열리고, 예언을 하고, 통역을 하는 것이 아닐까합니다. 이 책에는 이런 환상을 보는 방법과 성령의 불을 받는 방법이 기록되었습니다. (가격11,500 원)

이렇게 기도해서 암(병)이 치료된 사람들의 이야기
이 책에는 기도로 여러 가지 병들과 암에서 치료 받은 분들의 기도의 방법이 기록되어 있습니다. 이 분들의 기도의 방법대로 기도한다면 여러분들의 병들도 다 치료 될 것입니다. (가격11,500 원)

천사를 만나 도움을 받은 사람들의 이야기
이 책은 일상생활 가운데서 천사를 만난 사람들의 이야기와 위경에 처했을 때 천사의 도움을 받은 실제적인 이야기가 기록되었습니다. (가격11,500 원)

뉴 동의보감
"허준의 동의보감보다 목사님이 쓰신 이 책이 동의보감보다 더 잘 쓰셨습니다"하고 어느 약사 장로님이 말할 정도로 약초에 대한 내용이 잘 요약 되어 있습니다. (가격

11,500원)

**헬라어적 관점과 역사론적 관점과 관용어적 관점으로 본
하존 요한 계시록 1권(계1-3장 까지)**
이 책은 헬라어적 관점과 역사론적 관점과 관용어적 관점으로 기록한 책입니다.(가
격 12,800원)
하존 요한 계시록 2권 (계4-8장 까지) (가격 12,800원)
하존 요한 계시록 3권(계9-12장 까지) (가격 12,800원)
하존 요한 계시록 4권 (계13-17장 까지) (가격 12,800원)
하존 요한 계시록 5권 (계18-19장,계21-22장 까지) (가격 12,800원)
하존 요한 계시록 6권 (계20장) (가격 12,800원)

나는 기도응답을 100% 받고 있다
여러분들도 이 책에서 제시하는 방법대로 기도하면 기도응답을 거의 100% 가까이
받게 될 것입니다. (가격 11,000원)

기도응답은 만들어 받는 것이다
이 책은 지금 당장 문제 가운데 있는 분들이 보신다면 흑암의 터널을 통과하는 서광
이 될 것입니다. (가격 11,000원)

이젠 돈 걱정 끝
이 책을 보시면 물질이 어떻게 움직이는지 알게 되고, 힘으로도 안 되고, 눈물로도 안
되고, 기도로도 안 되던 문제를 해결하는 만병통치약과 같은 번제에 대하여 잘 설명
되고 있습니다. (가격 12,000원)

한국의 탈무드 1
이 책은 어떻게 하면 솔로몬이 가졌던 지혜를 누구나 가질 수 있는지를 다루고 있습
니다. (가격 11,000원)

한국의 탈무드 2
이 책은 "한국의 탈무드" 1을 기반으로 쓰인 책으로 성공의 원리와 삶의 원리를 다루

고 있습니다. (가격 11,000원)

한국의 탈무드 3
이 책은 하나님이 주신 지혜인 영감과 원리와 예화가 가득 차 있습니다. (가격 11,000원)

임재 기도의 힘, 생각만 해도 응답 받는다
임재 가운데 있으면 응답받는 방법과 방언에 대하여 아주 자세히 설명하고 있습니다. (가격 11,000원)

성령을 이해하면 당신도 환상과 예언을 할 수 있다
이 책은 환상에 대하여 자세히 다루고 있으며, 또한 예언하는 방법에 대하여 자세히 다루고 있습니다. (가격 11,000원)

부자들의 이야기 그들은 이렇게 해서 부자가 되었다
이 책은 록펠러와 빌 게이츠, 샘 월튼, 호텔왕 콘래드 힐튼, 워렌 버펫, 그리고 한국의 부자들이 실제로 어디에 어떻게 투자해서 부자가 되었는지 투자 노하우를 다루고 있습니다. (가격 12.000원)

영적존재에 대한 이야기
이 책은 여섯 가지 영적 존재인 하나님과 천사와 사람과 마귀와 귀신과 미혹의 영에 대하여 다루고 있습니다. (가격 11,000원)

다가온 종말론
이 책은 주님이 보시는 종말론을 기록하고 있으며 종말론의 키워드인 펠라지역을 다루고 있습니다. (가격 11,000원)

성경 보는 눈을 열어주는 창세기
성경 해석의 열쇠는 창세기인데 그 비밀이 이 책 안에 다 들어 있습니다. (가격 11,000원)

삼위일체와 예수

사람들은 삼위일체를 신비라 하며 해석을 못 하는데, 이 삼위일체를 아주 쉽게 다루고 있습니다. (가격 11,000원)

상상하며 기도 하면 100% 응답 받는다

이 책은 제가 지난 36년 동안 기도 응답에 대하여 연구하기 시작하면서 응답 받았던 부분을 종합해 놓은 결론 부분에 해당하는 책입니다. (가격 6,000원)

주님을 사랑하면 복들이 온다.

예수님을 친밀하게 사랑하여 영혼이 잘되고, 범사가 잘되고, 강건한 복을 받는 방법과 또한 번제 부분을 요약해서 다루고 있습니다. (가격 6,000원)

다바르(이름대로 된다)

이 책은 이름에 대한 내용을 다루는 책인데 이 책을 읽어 보시면 이름의 중요성을 알게 될 것입니다. (가격 6,000원)

성경 보는 안경 1 (상)

이 책 상하권은 조식 신학을 아주 쉬운 단어로 누구나 읽으면 이해할 수 있게 해석해 놓았습니다.(가격 11,000원)

성경 보는 안경 2 (하)

조직신학을 쉽게 해석해 놓은 책 하권입니다. (가격 11,000원)

암과 아토피와 성인병은 더 이상 불치병은 아니다

히포크라테스는 말하길 "면역은 최고의 의사이며, 최고의 치료법이다"라고 했고, 유명한 약학 전문가인 "사무엘 왁스맨"은 "모든 질병을 고칠 수 있는 치료법은 이미 이 세상에 존재하고 있다"라고 말했습니다. 이 책에는 바로 이런 불치병을 치료할 수 있는 방법을 다루고 있습니다. (가격 11,000원)

약이 없는 병은 없다 2

이 책에 있는 약초들이 여러분의 병을 치료할 것입니다. (가격 10,000원)

약이 없는 병은 없다 3
이 책에 있는 약초들이 여러분의 병을 치료할 것입니다. (가격 10,000원)

세포를 치료하면 모든 병(암)이 치료된다.(절판)
이 책은 피와 세포를 어떻게 하면 정상으로 만들 수 있는지를 다루고 있습니다. (가격 4,000원)

구원과 성막
이 책에는 구원의 3단계와 성막에 대하여 쉬우면서도 심도 있게 다루고 있습니다.(가격 11,000원)

침례와 성경
저는 모든 성도가 반드시 침례를 받아야 한다고 개인적으로 주장하는데 제가 왜 이렇게 주장하는지 그 이유가 이 책에 나옵니다. (가격 11,000원)

성경의 진수(1)
이 책은 성경을 입체적으로 보는 방법인 성경에 나와 있는 용어들이 잘 정리되어 있습니다. (가격 11,000원)

성경의 진수(2)
이 책은 1권과 같이 성경의 용어를 헬라어 원어와 쉬운 용어로 설명하고 있는 책입니다. (가격 11,000원)